U0165746

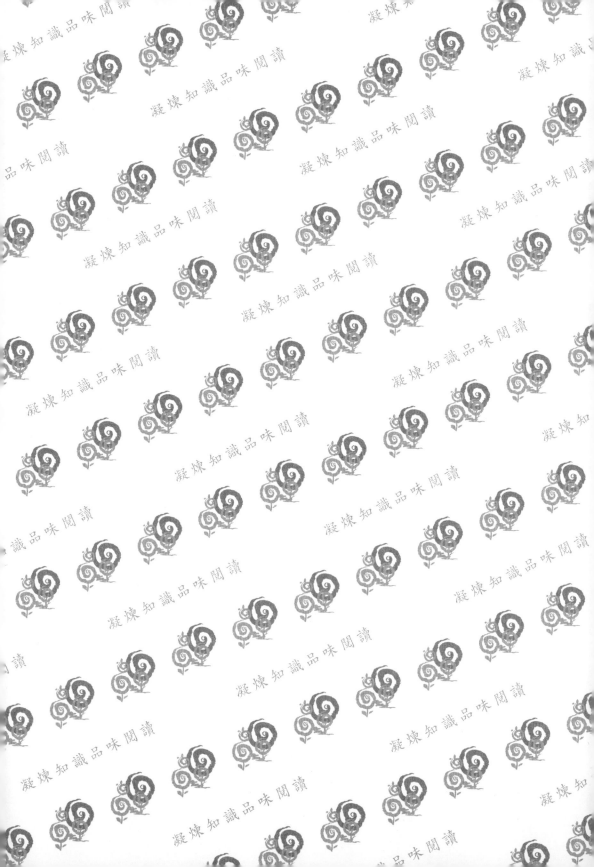

戰後在日台灣人的處境與認同

The Situation and Identity of Taiwanese in Japan after WWII

五南圖書出版公司 印行

何義麟 ——著

目 錄

圖表目錄

導論

　　近幾年來研究並介紹「在日台灣人」的過程中，經常被反問，你是說「日本華僑」？爲何不說「台僑」？可以說「旅日台灣人」嗎？沒錯，「在日台灣人」是日式漢字用詞，一般人不太使用，但是談論台灣人法律地位（日式漢字：「法的地位」）時，還是有必要用這個詞語。一般而言，談論旅居日本的台灣人法律地位問題時，同時也會牽涉到「台灣」做爲政治主體之法律地位問題，以及更重要的台灣人的認同問題。所以，「在日台灣人」是具有擴散性的議題，稍作延伸就會觸及台灣在國際關係與國際法上「法的地位」問題。在日台灣人與台灣之「法的地位」、台灣人之認同等，至少有這三個層面的問題，聯結起來錯綜複雜，也牽涉到「台灣法律地位未定論」等。因此，本書把議題聚焦，以戰後台灣人在日本的居留問題、印刷媒體經營與言論活動等爲中心，釐清整個問題的起源與初期之情況，同時，1960年代以後的後續變化，也將概略性地觸及。當然，在日台灣人或涵蓋日本華僑社會變遷之整合研究，還有待日後持續的努力，本書可以說只是一個開頭，而非總結性的研究成果。

一、問題提起：何謂「在日台灣人」

　　在日本有許多來自台灣的知名人士，例如，常被媒體提到的棒球選手中的郭源治、陽岱鋼等，演藝人員中則有翁倩玉、歐陽菲菲等，還有圍棋選手林海峰、謝依旻等。過去我們常用旅日華僑來稱呼他們，近年來則常改稱爲台僑或旅日台灣人。當然，還有其他早期的知名人士，如王貞治、邱永漢、陳舜臣等，他們最後部分歸化爲日籍，或許只能稱爲華人，而非嚴格定義下的華僑。早期的僑民，有些是戰前從中國大陸或台灣移居者，有些則是戰後移住者。不論其移居的時間，若用其出生地與本籍來區分，大致可以分爲中國大陸籍華僑與台灣籍華僑。但若用日本的法律用語，必須用「在日台灣人」才能更精準地說明其歷史脈絡。

　　冷戰時期，在國共爭取華僑支持的過程中，在日台灣人的國家認同相當分歧，有些台灣人支持中共，有些人支持在台灣的中華民國政府（以下

簡稱「國府」）[1]，還有一些人從事獨立運動。例如，支持國府者中最具象徵意義的王貞治，他的祖籍是浙江；作家陳舜臣以中國歷史文化代言人立足日本文壇，長期支持北京政府，其祖籍為台灣。相對地，活躍於同時期的王育德，則是最具影響力的台灣獨立運動領袖。在戒嚴時期，這些人的國籍與認同等問題無法被提出來討論，直到台灣本土化、民主化以後，許多所謂旅日台灣人的處境與其認同轉折等問題，才逐漸受到學界的關注。這項課題自然地也聯結到台灣島內的族群關係與國家認同等問題。但是，要展開相關討論之前，首先要對「在日台灣人」範圍稍加界定。

1945年8月15日，日本帝國瓦解之後，不少出身舊殖民地的民眾還持續居留於日本，因而產生所謂「在日朝鮮人」或「在日台灣人」等特殊的外國人。所謂在日台灣人，是指戰前來自舊殖民地台灣並且在戰後還持續居留日本的台灣人。這群殖民地出身者原本是以「外地」住民身分抵達日本「內地」，除了少數透過婚姻或收養，被納入內地戶籍管理之外，其本籍還是屬於「外地」台灣，戰後，日本政府將這群人排除在「日本人」範圍之外。這是最嚴謹界定下的所謂在日台灣人。但是，戰後從台灣移居日本者，一般也被稱為在日台灣人，因此，若稍為擴大範圍，打破赴日時間點限定，納入戰後才抵達日本且在台灣設有戶籍者，就是廣義的在日台灣人，如此一來，1949年前後之來台外省人旅日者，也可以稱為在日台灣人，而其他未曾設籍於台灣的中華民國籍旅日僑民，只能稱為「華僑」，王貞治是這類華僑之代表性人物。在日台灣人取得日本籍的人數不少，因此不宜將歸化日籍者排除在外。總言之，若要區分狹義與廣義的在日台灣人，必須拋開「國籍與省籍」的界線，根據本籍、出生地與日本外國人管理法令來區隔，而當事人之「國家認同」應不納入考量。

依照日本法令規定，本書所界定狹義與廣義的在日台灣人，其法律地

1　「國府」原為「國民政府」之簡稱，1948年5月20日中華民國實施憲政之後，國民政府解消。但是，在動員戡亂體制之下，國民黨「以黨領政」體制不變，且大部分日文文獻也沿用此一簡稱，因此本文持續以「國府」做為「中華民國政府」之簡稱。

位有所差異。有關在日台灣人的法律地位問題，法學或政治學研究者有不少研究成果。但這些論著大多涵蓋討論日本華僑或在日外國人問題，而非以台灣人問題為中心。戰後居留日本的台灣人，最初大半都以取得「臨時華僑登記證」完成外國人登錄手續，因此被稱為「日本華僑」。但是，舊殖民地出身的台灣人（殖民地法制上所謂「本島人」），並非一夜之間就可以融入華僑社會，而且宗主國日本也以不同的法令管理舊殖民地人，因而衍生出本文所界定之狹義的「在日台灣人」。所謂日本華僑，除了廣義與狹義的在日台灣人之外，還有與台灣沒有淵源的中華民國籍華僑，以及與中華民國與台灣兩者都沒有聯結的中華人民共和國之華僑。值得注意的是，狹義的在日台灣人的居留問題，與在日朝鮮人問題一直都有部分的共通點。

戰後，在日台灣人與日本華僑隨著遣返作業的進展，人數有相當劇烈的變化，以1950年前後較穩定時的人數為準，包括華僑與學生以整數估算不會超過五萬人，其中半數為台灣人。[2]在日台灣人受過較完整之學校教育，具有專業技術者比例較高，而華僑則以勞工、餐飲業者與商店經營者居多。從居住區域來看，華僑大多居住在東京橫濱地區與京都大阪神戶地區，第三位集居地為長崎，在日台灣人則較集中於東京與神戶兩地。台灣學生分布日本各地，但人數最多的還是東京地區，此外大阪與京都也是較多留學生聚集之處。

日本華僑與世界各地華僑相同，原本各地就有許多以同鄉同業網絡組成的幫會公所等團體，但是較特別的地方是，戰爭時期全日本統合性華僑聯合會已被迫成立，戰後體系化華僑團體也被承接下來。戰後，人數眾多的台灣人也成為華僑，參與華僑社團。為了加以區隔，一般通俗性地稱呼

---

[2]　戰後日本華僑與在日台灣人的人數有各種統計數字，但何者較為準確很難判定。本文不擬詳加比對討論，此處推估之數據，主要參閱：菅原幸助，《日本の華僑（改訂本）》（東京：朝日新聞社，1991），頁111。

大陸出身爲「老華僑」，台灣人則被稱之爲「新華僑」。[3]兩者赴日歷史經驗不同，教育背景與職業等也差異甚大，當然也會出現一段調適過程。有關戰後華僑社會的整合與變遷問題，在日本已有相當豐碩的報導與學術研究成果。其中陳來幸與許瓊丰之論著，將焦點鎖定於在日台灣人，其研究成果值得參考。[4]兩位研究者雖然都以神戶地區華僑爲主要研究對象，但對全日僑界的動向也有完整的介紹，同時也詳細地討論了台灣人的角色與定位。本研究是在上述之研究基礎之下，展開進一步的研究。

二、第一部：從「解放人民」到「戰勝國民」

要談戰後在日台灣人的處境，一切可能要先回到1945年日本戰後的情況談起。從1945年到1952年間，戰敗國日本喪失國家主權，受到同盟國之軍事統治，一般稱這期間爲GHQ[5]占領期。中華民國是戰勝的同盟國之一，戰後就直接宣布將旅居日本的台灣人視爲華僑。1946年6月22日，國民政府公布「在外台僑國籍處理辦法」，根據這項辦法的第一條，台灣人從1945年10月25日「恢復」中華民國籍，外交部同時要求各國大使館將這項法令轉達各國政府。該辦法第二條規定，旅外的台灣人只要依照華

---

3 譚璐美、劉傑，《新華僑 老華僑——変容する日本の中国人社会》（東京：文藝春秋，2008），頁161-163。本書介紹的新華僑是指1980年以後來日者，爲了與被稱爲「新華僑」的在日台灣人進行區隔，這批人應該稱爲「最新華僑」。

4 例如，許瓊丰，〈在日台灣人與日本神戶華僑的社會變遷〉，《台灣史研究》18: 2（2011年6月），頁147-195；陳來幸，〈在日台湾人アイデンティティの脱日本化——戰後神戶・大阪における華僑社会変容の諸契機〉，收於貴志俊彥編，《近代アジアの自画像と他者——地域社会と「外国人」問題》（京都：京都大学学術出版，2011），頁83-105。兩位學者還有其他論著，當然還有不少相關的研究者，這些學者之先行研究成果，將在本書各章中逐一介紹。

5 GHQ可譯爲「占領軍司令部」。1945年9月3日受降儀式結束後，統治日本的同盟國占領軍總部全名爲：General Headquarters, the Supreme Commander for the Allied Powers（日譯「連合國軍最高司令官總司令部」），GHQ是總部的簡稱，大部分的文獻都以此縮寫稱呼。

僑登記辦法向駐外單位申請,即發給視同國籍證明書的「華僑登記證」,並可取得與僑民相同的法律地位。第五條則特別強調,居住在日本、韓國者享有與戰勝同盟國僑民同等之待遇。當時,日本雖然在盟軍占領下,不是主權獨立的國家,但日本政府依然持續運作。日本官方認為,和平條約簽定之前,在日的朝鮮人與台灣人還是「潛在的」日本國籍擁有者,雙方的觀點顯然出現對立。

　　有關在日台灣人國籍與在日法律地位問題,原本並未受到關注。但是,因「澀谷事件」的發生,迫使各方必須面對這個問題。所謂澀谷事件是指1946年7月19日於東京發生的日本警察槍擊台灣人之武力鎮壓事件,而後進而衍生出在日台灣人法律地位之爭議。此次日警鎮壓行動,起因於台灣人攤販業者與日本黑社會勢力的利益衝突,中國駐日代表團應台灣人之要求出面保護,當代表團以卡車載運護送台灣人攤販業者返回居住地時,竟然與日警發生槍戰。槍戰的結果造成多名台灣人死傷,而被捕者被送交軍事審判後,大多數被判有罪,隔年判刑確定後遭遣送返台。這是一個影響深遠的事件,因為後續的審判過程,突顯出台灣人法律地位不明的問題。但是,該事件卻長期被歷史學界所忽視,直到近年才逐漸受到關注。

　　事件發生後,中國駐日代表團在國內輿論及在日台灣人的壓力下,開始積極展開與日方的交涉。到了1947年2月,在GHQ的同意下,台灣人登錄為華僑(Formosan-Chinese)的辦法才獲得承認,這樣的身分主要是在刑事裁判權方面享受到等同於華僑的待遇。相對地,日方堅持在締結和平條約之前不承認台灣人為戰勝國國民之主張,也獲得盟軍總部的承認。[6]經過澀谷事件的衝擊,在日台灣人的法律地位才獲得妥協性的解決,釐清這段史實是本書第一章的主要課題。但是,還有另一個衍生的問題,也相當值得關注。亦即,澀谷事件發生的經過與後續發展,經由中國大陸與台

6　外務省編,《日本占領重要文書第二卷》(東京:日本図書センター,1987),頁61-69。外務省1949年刊行,1987年復刻。

灣報紙的詳細報導，不僅引起兩地輿論界的關注，在台灣甚至引發群眾遊行示威的活動。此一事件的相關報導，大約延續了半年多。這段時間，台灣報業遭逢廢除日文版、二二八事件發生，以及事件後主要民營報社遭查封等重大衝擊。因此，透過澀谷事件信息傳播過程之分析，可以探討島內外新聞傳播與報導模式，深化台灣媒體發展之研究。

　　台灣媒體史之相關研究，向來都忽略了海外台灣人的部分，本書第二章就是以此為主題，探討在日台灣人在華僑新聞雜誌史中的地位。跟一般華僑比較起來，在日台灣人擁有高學歷與專門技能者之比例相當高。因此，盟軍占領時期，台灣人掌握華僑報紙、雜誌與通訊社等媒體之經營權與論述主導權。這些印刷媒體主要都是使用日語，媒體刊載的內容中，有關中國大陸情勢的報導有一定的比例。更值得注意的是，隨著時間的推移言論逐漸左傾化。國民黨政府警覺到這樣的變化之後，從1949年起開始干涉華僑之新聞媒體，並打壓其言論自由。最後，在日台灣人幾乎徹底喪失了出版媒體的經營權與言論的主導權。這段在日台灣人的歷史，在華僑出版史或報業史中，幾乎從未被提起。

　　GHQ占領期，有關在日台灣人法律地位問題值得重視之外，台灣人的新聞事業與言論活動也非常值得注意。透過第一部這兩章的研究成果，筆者認為，這是台灣人從「解放人民」變成「戰勝國民」所發生的問題。直至目前為止，研究者大多認為，戰後居留在日本的舊殖民地住民變成在日外國人，可以稱為：從「帝國臣民」變成「外國人」或「在日華僑」。[7]然而，兩者之間最關鍵的是，成為戰勝國之國民的吸引力問題。在日台灣人藉著華僑的身分，不僅可擺脫被壓迫的「第三國人」之身分，還可進而變成「戰勝國民」，而取得各種權益。

---

[7]　包括田中宏與楊子震等都提出這類的論點，請參閱：田中宏，《在日外国人——法の壁、心の溝　新版》（東京：岩波書店，1995），頁53-76。楊子震，〈帝国臣民から在日華僑へ——渋谷事件と戦後初期在日台湾人の法的地位〉，《日本台湾学会報》14（2012年6月），頁70-88。

　　戰勝國之國民有很多好處，首先一般民眾可以獲得「特配（特別配給）」，戰後許多華僑與在日台灣人，包括留學生都獲得較優渥的糧食與布料等實物之配給，渡過戰火餘生的艱苦日子。[8]更進一步則是部分台灣商人，藉著戰勝國民可獲得大量新聞用紙配額的機會，投入新聞事業。戰後，GHQ為了抑制戰爭時期配合日本政府宣傳政策的全國性大報社，決定優先把新聞紙分配給戰後創刊的新興報紙，同時也給同盟國戰勝國民較高的配額。部分在日台灣人很快地發現這個機會，因此積極創辦報社，並提出新聞用紙配額的申請。包括在東京發行的《中華日報》，以及在大阪發行的《國際新聞》，兩報社負責人都是在日台灣人。兩家報社以服務數萬人華僑之名創報，發行量最初各僅約三千份，但因是戰勝國民之緣故，竟能得到大量新聞用紙的配額。[9]從這個角度切入，我們可以看到以台灣人為主的華僑新聞事業之興衰，這部分研究成果構成本書之第一部。

三、第二部：「兩個中國」與「第三選擇」

　　1946年發生的「澀谷事件」，對在日台灣人產生很大的衝擊，也影響到在日台灣人的法律地位。但隨後發生的二二八事件與中華人民共和國建國，對於在日台灣人的國家認同與法律地位的影響更大，這些相關的問題目前並未被充分討論。為了彌補這個無法鳥瞰全局之缺憾，本文將上溯問題之起源，從中國內戰擴大與國際政治激盪的過程中，探討在日台灣人如何面對這一連串的變局，而非從韓戰以後兩岸對峙以後談起，如此才能

---

[8] 読売新聞社横浜支局，《横浜中華街物語》（東京：アドア出版、1998），頁170-176。

[9] 《國際新聞》左翼色彩鮮明，而《中華日報》則屬支持國府的報紙。其中1945年10月創刊的《國際新聞》是僑界報紙中最早創刊，發行量最大的報紙。中國人民共和國成立後，大量採用新華社等通訊社之稿件，1959年經營不善而倒閉。許淑真，〈國際新聞〉，收於可兒弘明、斯波信義、游仲勳編，《華僑‧華人事典》（東京：弘文堂，2002），頁227。

回到歷史現場，體會當時相關人物的感受。筆者認爲若從較長遠的視野來看，「澀谷事件」是在日台灣人受國際局勢擺弄的序曲，而後的二二八事件、國共內戰之擴大延續與東亞冷戰體制的確立，才是眞正製造台灣人面對國家認同分歧與國籍選擇困擾之主因。

面對「兩個中國」，在日台灣人如何做選擇呢？本書第三章以台灣留日學生的言行變化爲考察對象。日治時期台灣青年赴日求學，原本是屬於日本帝國領域內的升學，戰後因國籍變更而成爲中華民國政府管轄的留日學生，這個變化影響到台灣青年的前程。因此，台灣青年不僅關心自己的學業，也關心國家大事。透過口述訪談與相關史料考察後發現，二二八事件之後，台灣青年開始對國民黨政府抱持負面評價。1948年以後，國府因內戰迅速潰敗而遷播來台，隔年中華人民共和國成立，許多台灣留學生開始對「新中國」有所認同與期待，不久甚至出現集體前往中國之現象。透過學生報與僑界刊物內容分析可知，僑界的左傾言論是催化台灣學生親共的原因，但不可忽視這股風潮是由在日台灣人所主導，其背後雖然曾受到共產黨宣傳的影響，但國府的失策引起留學生反彈，也是重要的因素之一。大致看來，戰爭時期赴日學生，若戰後繼續在日升學，大部分就此定居日本。其中少數返台之學生，縱使未曾遭到迫害，也很少獲得政府的重用。留日學生的左傾風潮是台灣本土菁英預備軍大量流失的原因之一，這樣的結果應該有助於國民黨鞏固在台統治基礎。但是到目前爲止，尚未見到台灣政治史研究者討論這方面的問題。有關在日台灣人個別人物的思想轉折，以及本土菁英流失之影響等，未來都值得持續探究。

1946年以後，在經濟大環境不佳，加上變成外國人後受到的限制等因素，很多在日台灣人生活得相當辛苦。當然，也有部分台灣人充分發揮商才與戰勝國國民有利的地位，在經濟方面建立穩固的基礎。1950年以後，這些具有較高的社會經濟地位的華僑，都成了國共雙方所要爭取的對象。結果，僑社中出現各種不同的政治立場。僅限在日台灣人部分來觀察，這時在日台灣人，大致出現所謂「國府派」、「中共派」與「獨立派」三足鼎立的局面。目前學界對台灣獨立運動的研究，已經累積一定的

成果。[10]但是，對於中共派與台獨派雙方，為何出現對立，如何展開論辯
等問題，卻很少進行討論。從各種僑界刊物可以看出，不同政治立場的在
日台灣人之間，曾經針對二二八事件展開激烈的論辯，在僑團與留日學生
報等刊物留下大量的紀錄。因此，本書第四章的主要目標，除了探討華僑
間對立的情況之外，同時也將蒐集並分析，各方有關二二八事件之論述。

1950年以後，由於日本的僑界不但有眾多的中共支持者，還出現了
台灣獨立運動，因此國民黨政府開始監控日本華僑與台灣人。這時情治單
位與外交部或黨部的駐外機關聯手，不僅建立嚴密的監控系統，還留下不
少檔案紀錄。利用這批檔案，我們大致可以釐清整個情報機關的指揮體
系、各種監控的手法，以及與美日政府交涉經過等問題。從監控報告可以
看到，情治人員一直將共匪與台獨分子視為同一夥人，甚至強調他們互相
勾結。實際上，這兩個反國民黨陣營是水火不容，長期存在著對立的關
係，特別是兩陣營之間，對二二八事件有相當分歧的見解。

本書主要分析在日台灣人的新聞雜誌、外交部檔案與個人日記回憶錄
等史料，試著釐清曾發表意見的各方人士，如何以各自的立場論述二二八
事件，或是因有各自不同的觀點，而逐漸形成對立的立場。唯有如此深度
解讀官方檔案的，我們才能更進一步地了解戰後海外台灣人的處境。爬疏
這些文獻還可以發現，島內戒嚴時期，在日台灣人擁有豐富的資訊，他們
不僅可以接收到有關「台灣前途」的各方觀點，同時也有發表自己意見的
機會，並從事各種政治運動。有些人還更進一步投入台灣相關的研究工
作，發奮著述累積了豐富的成果。這些相關的文獻，今日都可視為一種台
灣的文化資產。既然如此，他們活動的軌跡與成果，就應該給予一定的評
價。

討論台灣與台灣人的困境與前途，一直是海外台灣知識分子思索的焦

---

10 有關台獨運動，請參閱：陳銘城，《海外台獨運動四十年》（台北：自立晚報，
   1992）。陳佳宏，《台灣獨立運動史》（台北：玉山社，2006）。陳慶立，《廖文毅的
   理想國》（台北：玉山社，2014）。

點。這些論述中也會出現，企圖在統一與獨立之外尋找第三條路。然而，卻很少看到有研究者眞正投入問題起源的回顧，以及整個演變的過程。[11] 日本學者丸川哲史在研究台灣民族主義發展時，曾經用「東亞近代難題」來形容這個問題。他認爲台灣想要在國際舞台獲得具有「主體性」之地位，會面臨近乎「兩難的困境」，台灣很難跟中國大陸切割，也無法無視國民黨政府的存在。因此，台灣主體性的建構，必須與中國進行長期的互動協商，並考量包含朝鮮半島問題解決之東亞整體發展的脈絡，才能尋找一個新的出路。[12]這些都是當代學者的提議，或有參考價值。然而，筆者認爲，在討論台灣前途之前，首先應該切實回顧過去。本書第二部即以此爲目標，試著釐清一些長期被淹沒的基本史實。

四、第三部：「僑居」與「歸化」之間

1952年4月28日，同盟國舊金山對日和約生效，日本政府也正式宣布舊殖民地出身者喪失日本國籍，並新公布第125號之「外國人登錄法」進行管理。這時在日台灣人才正式脫離日本國籍，正式成爲居留於日本的「外國人」。然而，「在日台灣人」與「華僑」居留日本的歷史背景不同，其「在留資格」也與華僑不同。兩者的外國人登錄之國籍欄，雖然都同樣登記爲「中國」，但適用的外國人管理法令並不一樣。因爲，日本公布第125號之外國人登錄法的同一天，還公布法律第126號[13]，處理舊殖民

---

[11] 這種類型的台灣海外知識分子，可以旅美學者郭煥圭爲例，其論點請參閱：郭煥圭，《台湾の行方　Whither Taiwan?》（東京：創風社，2005）。中文版：郭煥圭，《台灣的將來——國際政治與台灣問題》（台北：致良出版社，2005）。

[12] 丸川哲史，《台湾ナショナリズム——東アジア近代のアポリア》（東京：講談社，2010），頁194-205。文中之摘要爲筆者之讀解。作者提出台灣民族主義或台灣前途，面臨類似「アポリア（aporia）」這種兩難困境的說法，並思考解決之道，或許也可以說是在找尋台灣前途的「第三條路」。

[13] 這條法律全名：「ポツダム宣言の受諾に伴い発する命令に関する件に基づく外務省関係諸命令の措置に関する法律」。因爲名稱太長，大部分研究者都稱其爲「法126」。

地住民法律地位問題。這項特例的法令,原本適用的對象應該是少數,但實際上法126號適用者及其子女,約占全體外國人的90%以上,其中絕大多數是朝鮮人,其次是台灣人。出現這種不可思議的現象,充分突顯舊殖民地人的問題之特殊性。由於法126號的規定相當含混,竟然沒有「在留資格」與「在留期限」,因而就衍生該法之適用者,是否擁有「永住權」的想像與爭議。

此後,適用法126號的在日台灣人雖然可以長期居留,但住民權益沒有任何保障。1965年日韓建交,兩國簽定賦予在日韓國人協定永住權,在日台灣人遭受差別待遇問題更加明顯。台灣人並無永住權之基本保障,華僑團體曾經向外交部請願,要求政府交涉爭取協定永住權待遇。但因政府並未積極進行交涉,而日本政府也不願放寬外國人管理辦法,故此一目標並未達成。有關這個問題,還有一段插曲。亦即,對於台灣人永住權保障的問題,台灣獨立運動團體曾提出異議。他們主張「台灣法律地位未定」,因此日本政府應該與台灣人代表交涉協定永住權問題,而不是非法占領台灣的中華民國政府。但是,這樣的說法日本政府完全沒有回應。而後,國際局勢遽變,1972年台日斷交,許多台灣人擔心失去法律地位之保障,紛紛尋求歸化日籍,永住權早已不再受到關注了。環繞著永住權取得與歸化日籍之問題,顯示在日台灣人法律地位問題之特殊性,本書第五章主要就是探討這方面的問題。

為什麼戰後台灣人居留日本會衍生出複雜法律地位的相關問題呢?除了因日本官方的外國人管理法規出現模糊空間之外,台灣、日本、中國三角國際關係之問題,也是讓問題複雜化的原因之一。即使在台日維持正式邦交的1972年之前,在日台灣人的法律地位依然沒有明確的保障,許多台灣人無法安心地定居日本。戰後日本的自民黨政府,雖然與國民黨政府簽定和約,並承認其為代表中國的合法政權。但是,日本社會各界人士大多不認為蔣介石政權足以代表中國,不僅給予獨裁政府相當負面的評價,同時也極力疏離台灣。在此情勢下,當然影響在日台灣人的國家認同,部分反對國民黨政府的台灣人,很自然地會強調自己的華僑身分,同時傾向

支持中華人民共和國。1972年日本與中共建交後，不少這類親共的台灣人進而取得中華人民共和國護照。但是這樣的情況，在文革真相逐漸爲外界所知之後，開始出現變化。1989年天安門事件發生之後，大部分親共的在日台灣人，都徹底地對中國感到絕望，並轉而支持民主化的台灣。本書第六章就是以左傾的在日台灣人之生平經歷，探討其國籍轉換與國家認同轉折之歷程。

有關在日台灣人的國籍轉換如果要找一位代表性知名人物，我想應該可以陳舜臣（1924-2015）爲代表。[14]陳舜臣雖然在神戶出生，但本籍爲台灣，故屬於殖民地人。由於戰後的國籍轉換，竟使他無法擔任國立大學助手的工作，被迫離開學術界。而後，他在1961年以〈枯草の根〉獲得江戶川亂步賞而踏入文壇，並成爲日本家喻戶曉的知名作家，由於創作大量中國歷史小說，因而成爲中國歷史與文化的代言人，同時也比較認同北京政府。1972年日本與中國建交後隔年，陳舜臣正式取得中華人民共和國護照。但是，天安門事件之後，他對中國政府極度失望，因而辦理歸化日本籍，[15]同時也開始關心台灣的民主化，並介紹好友司馬遼太郎到台灣訪問，撰寫紀行文並與李登輝對談，對行銷台灣貢獻良多。這樣三度國籍轉換與國家認同轉折的心路歷程代表了部分在日台灣人的無奈。

五、跨界交錯的在日台灣人研究

從各種文獻來看，戰後在日台灣人的稱呼，出現許多變化。包括在日本被盟軍占領時期曾出現的「解放人民」、「第三國人」等，以及部分華僑團體曾用「台灣省民」之自稱。中華民國政府則以「旅日台籍華僑」來稱呼，或逕行稱之爲「華僑」。但是，值得注意的是在日方外交紀錄中，

---

[14] 陳舜臣編，《陳舜臣読本 Who is 陳舜臣？》（東京：集英社，2003）。陳舜臣，《道半ば》（東京：集英社，2003）。陳舜臣在2015年1月21日去世後，也有很多報導，台灣媒體都稱其爲「台裔日籍作家」。

[15] 〈（天声人語）作家の陳舜臣さん死去〉，《朝日新聞》，2015年1月22日，第一版。

還出現「元台灣人」、「中華民國人」等用語。根據日本官方的分類，舊殖民地住民出身者被稱爲「元台灣人」，對於1952年4月28日以後來自台灣者（不分本省人或外省人）都稱之爲「中華民國人」。當然，還有戰前從中國大陸來日定居者，他們大多是持有中華民國護照的「老華僑」。不論來日本時間先後，或是來自中國哪一省，在日本外國人登錄文書中，華僑的國籍欄都被登載爲「中國」。但是，其中只有「元台灣人」才能適用管理外國人的特別法之條款。綜合以上各種區分，有關在日台灣人的定義，應該可以將「元台灣人」及其子孫視爲狹義的「在日台灣人」，而包括曾在台灣設有戶籍的「中華民國人」，或許可以稱之爲廣義的「在日台灣人」。

然而，不論是台灣人或是華僑，1952年以後日本外國人登錄證上國籍欄都登載爲「中國」。即使到1972年「日中建交」、「台日斷交」之後，國籍欄登錄方式依然沒有更改。2001年以後，經過在日台灣人團體推動正名運動，日本政府才同意修改外國人登錄辦法。新的辦法中，讓台灣人在「國籍‧地域」一欄中，可以填入「台灣」。2012年7月新法實施，所有外國人登錄證都改用「在留卡」制度重新進行登錄，這時在日台灣人的自稱與他稱才獲得一致。如今，我們若要探討戰後以來在日台灣人問題，需要更多法學、國際政治等領域的學者投入。如此，或許可以讓這個議題成爲跨領域的研究。

回顧在日台灣人的戰後史，1970年代應該是最重要的轉折點。1971年10月，國府宣布退出聯合國，其代表權席位被中共所取代。1972年3月美國總統尼克森前往北京訪問，隨後簽定〈上海公報〉。同年9月29日，中共與日本發表「共同聲明」，宣布即日起建交，同時日本也與中華民國政府斷交。在此前後，國府爲了爭取華僑的支持，授權駐日各地辦事處，大量發給華僑放棄國籍證明書，以利華僑順利辦理歸化日籍手續。因此，國府與日本斷交前後幾年，歸化日籍的華僑暴增數倍，其中當然包括不少在日台灣人。但是，這段歷史已經不是本書研究的主要範圍。

根據統計，2009年在日中國人超過60萬，總數更超越在日朝鮮人，

成爲在日外國人的第一位。在此情況下，未來在日台灣人的身分與認同如何維持，已成爲一項新的課題。有關海外台灣人的研究原本就是跨國界的存在，要探討這群人的境遇，也必須跨領域交錯展開研究。例如，在日台灣人大量歸化之過程，或是歸化的台灣人在日本社會的適應等，都需要各領域的研究者投入進行研究。1970以後，日本各地陸續出現台灣同鄉會的組織，各大學同學會也出現變化。1980年代以後，大量中國人來到日本，讓華僑社會快速地變化。如今所謂在日台灣人大多是已歸化者或其第二代、第三代。已歸化日籍者，一般被稱爲「日籍台灣人」或「台裔日本人」。由於日本外國人管理體制中，包括對外國人的出生地都有詳細的紀錄。只要願意認同自己是台灣人，長年居留日本或歸化者，都可以很快地找回失落的記憶。

　　本書之各章，主要課題都是探討戰後在日台灣人的處境與認同，這部分的歷史應該納入台灣史的範疇。眾所周知，在歷史上「台灣人」的自我認同，主要是受到外來統治者的影響。但相對地，台灣人去到海外，所受到的各種刺激，也必然對自我認同產生相當大的衝擊。其中戰後居留日本的台灣人，自然就成爲最佳的觀察分析對象。這樣的研究不僅試著讓台灣史與東亞國際關係史接軌，同時也希望能拓展戰後台灣史研究之視野。

第一部

從「解放人民」
到「戰勝國民」

第一章　澀谷事件報導之傳播過程及其影響

一、前言

　　1945年日本戰敗投降後，國民政府任命陳儀主掌台灣省行政長官公署，負責來台接收統治。此時台灣社會面臨一個全新的變局，許多民眾都急著想要了解世界的新局勢，同時還有很多人急著想要與海外親人聯繫。在此歷史轉折期，台灣民眾透過什麼管道獲得海外台灣人消息？他們透過何種媒體認識「外界（包括中國、日本與世界）」的情勢？台灣社會內部的情況又如何被媒體報導？這些基本的問題，至今似乎還沒有被完全釐清。雖然有關戰後台灣報章雜誌與廣播之研究，已有不少研究成果，但島內外新聞傳播的途徑與問題點，則很少受到關注。戰後初期（1945-1949）台灣媒體報導之國際新聞，應該有一定程度影響部分民眾之自我認識、世界觀與國家認同等。因此，如果能將當時媒體上國際新聞傳播的管道與內容釐清，必定有助於了解戰後台灣社會變遷，以及新聞自由與管制之演變過程等相關問題。[1]此外，透過新聞傳播過程之分析，也可以同時探討在日台灣人與島內民眾的聯繫關係。

　　戰後，許多台灣知識分子投入報業，這些報紙都致力於傳達台灣島外消息，透過報紙、廣播、郵件或人的移動等在島內傳布，傳播速度並非迅速，但並無新聞管制等問題。報紙上最常見的國際新聞主要是美國相關之動向。此外，在冷戰體制確立前，蘇聯的外交活動、第二次世界大戰的分析、戰後各國之復興、殖民地獨立運動等，也是常見的國際新聞。若以島內外消息來區分，國民政府的動向之外，台灣人在中國大陸、日本或東南

---

[1]　有關戰後國際新聞之傳播研究較少，有關新聞管制問題，請參閱：楊秀菁，《台灣戒嚴時期的新聞管制政策》（台北：稻鄉出版社，2005），頁19-33。

亞等地遲遲未能送還等問題，也是島內民眾關注的一項重點。對台灣人而言，當時有關外面世界的消息，最大量、最普及的傳播方式應該是報紙。當時報紙上的國際新聞，大多採用中央通訊社之新聞稿，或中央社翻譯外國通訊社之電訊稿。屬於黨營的中央社，如何撰寫新聞稿或翻譯並傳送外電呢？台灣各報除了採用中央社發送的新聞稿，是否還有其他取得國際新聞的管道？同一則外部消息，各報社處理方式是否相同？這些相關問題都值得逐一詳加檢討，以釐清戰後國際新聞傳播方式之基本問題。

綜觀戰後與台灣人較密切相關的國際新聞，最值得關注的消息應該是「澀谷事件[2]」。該事件是指1946年7月19日於東京發生的日本警察槍擊台灣人之武力鎮壓事件，而後進而衍生出在日台灣人法律地位之爭議。此次日警鎮壓行動，起因於台灣人攤販業者與日本黑社會勢力的利益衝突，中國駐日代表團應台灣人之要求出面保護，當代表團以卡車載運護送台灣人攤販業者返回居住地時，竟然與日警發生槍戰。槍戰的結果造成多名台灣人死傷，而被捕者被送交軍事審判後，大多數被判有罪，隔年判刑確定後遭遣送返台。

澀谷事件發生的經過與後續發展，經由中國大陸與台灣報紙的詳細報導，不僅引起兩地輿論界的關注，在台灣甚至引發群眾遊行示威的活動。此一事件的相關報導，大約延續了半年多。這段時間，台灣報業遭逢廢除日文版、二二八事件發生，以及事件後主要民營報社遭查封等重大衝擊。因此，若能透過澀谷事件息傳播過程之分析，不僅有助於了解島內外新聞傳播與報導模式等問題，同時亦可深化台灣媒體發展之研究。

2　有關澀谷事件，國史館與外交部有許多相關檔案值得參考，本文主要參考以下已出版的事件報導文獻如下：沈覲鼎，〈對日往事追憶（27）〉，《傳記文學》，第27卷第6期，1975年12月，頁78-80。林歲德，〈戰後日本軍国主義復活と在日華僑の苦難〉，《日中》第4卷第1期，1973年，頁54-55。松本邦彦解說、翻譯，《GHQ日本占領史16 外国人の取り扱い》（東京：日本図書センター，1996），頁123。而後，林歲德發表如下專書並有中譯本出版：林歲德，《私の抗日天命──ある台湾人の記録》（東京：社会評論，1994）；《我的抗日天命》（台北：前衛出版社，1996）。

　　2000年以前，民間學者郭譽孚就曾探討澀谷事件，他在其論著中詳述事件來龍去脈，並強調該事件史實被淹沒的問題點。[3]隨後，許多學者投入該事件之研究。例如，中央研究院的湯熙勇發表多篇論著，不僅探討事件經過，同時也分析此事件對海外台灣人國籍問題的影響。[4]同一時期，東華大學歷史學者許育銘與日本學者澀谷玲奈也發表相關的研究成果。[5]最新的研究成果以楊子震的論文最具代表性，他透過外交部等檔案與多元史料詳細討論國府的對外交涉過程，以及台灣人法律地位變化與當時國際局勢。[6]此外，楊子震還發表一篇研究筆記，補充說明當時台灣島內的反應，以及其他相關的問題。此文末段提及，台灣社會因抗議澀谷事件判決不公，透過「通電」（公開電報）向中央陳情，結果不僅迫使中央政府重視，同時獲得各省的回應，如此結果讓台灣被納入中國之「通電圈」。中國地方政府運用電報訴諸輿論的模式，原本就是一種消息傳播之路徑，這種現象也可以聯結本研究關注的問題點。亦即，戰後台灣報紙的國際新聞被納入中國新聞傳播網絡，但是在二二八事件後，台灣國際新聞逐步遭到管制。[7]

3　郭譽孚，〈東京澀谷事件與其時代——被犧牲在美蘇冷戰中一段當代台灣史〉，收於氏著，《自傷的主體的台灣史》（台北：汗漫書屋籌備處，1998）。

4　湯熙勇，〈日本東京澀谷事件的發生及國民政府的交涉——戰後台灣人與日本警察衝突的個案研究（1946-47）〉，《東亞歷史轉型期中的台灣：紀念馬關條約110週年暨台灣光復60週年國際學術研討會》(台灣國際學會籌備會主辦，2005年10月23-24日)；湯熙勇，〈恢復國籍的爭議——戰後旅外台灣人的復籍問題（1945-1947）〉，《人文及社會科學研究集刊》17：2（2005年6月），頁393-437。

5　例如：許育銘，〈戰後留台日僑的歷史軌跡——關於澀谷事件及二二八事件中日僑的際遇〉，《東華人文學報》7（2005年7月），頁151-185。渋谷玲奈，〈戰後における「華僑社会」の形成〉，《成蹊大学法学政治学研究》32（2006年3月），頁1-32。

6　楊子震，〈帝国臣民から在日華僑へ——渋谷事件と戦後初期在日台湾人の法的地位〉，《日本台湾学会報》14（2012年6月），頁70-88。

7　楊子震，〈「中国人の登録に関する総司令部覚書」をめぐる政治過程——戦後初期日台関係への一考察〉，《現代中国》86（2012年9月），頁135-147。

　　總而言之，有關澀谷事件研究成果豐碩，事件的全貌大致已經獲得釐清。故本章主要目的並非探討事件本身，而是藉此事件重新檢視，戰後初期在日台灣人的法律地位問題。同時也將從新聞傳播的角度，將焦點鎖定在戰後台灣國際新聞如何在台北、上海、東京之間傳遞擴散，以及1947年前後政治情勢與新聞檢閱制度之強化，以及新聞傳播管道之變化等問題。

二、戰後台灣報刊雜誌之國際新聞

　　戰後初期台灣發行的報紙，新聞版面大致可分為「國際新聞」、「中國新聞」、「台灣新聞」等三大部分，版面充分時分別配置於不同之版面，有時也會將「國際與中國新聞」放在同一版。以《台灣新生報》為例，1946年間大略是三大張六個版面，第一版為公告，第二版是中國新聞，第三版為世界與台灣新聞，第四版為日文版，第五、六版為專欄等，日文版廢除後第四版為台灣新聞。相對地，民營報紙則較重視國際新聞。例如，《民報》在1946年9月30日之前，就是將國際與中國消息放置於第一版，台灣島內消息放在第二版，1946年10月到隔年2月間，因為整分報紙版面調整為四版，於是將國際新聞放在第一版，中國大陸消息放第二版，其餘兩版則是台灣消息。以1946年2月11日《人民導報》為例，當天該報在第一版最明顯的位置報導了美國重申對華政策的新聞，以及聯合國大會的消息。[8]

　　此外，各報在戰後第一年尚保留的日文版面中，明顯也是較注重國際情勢的報導。例如，在尚未裁併日文欄的《人民導報》中，對於日本的人口問題、年底的選舉動向等皆有詳盡的報導。[9]由於戰後台灣物價飛漲，

8　〈美國重申對華政策　對華門戶開放係美傳法政策，任何國家享有平等貿易機會〉，《人民導報》，1946年2月11日，第1版。〈聯合國大會決議　西班牙法西斯政權四十五國反對入會〉，《人民導報》，1946年2月11日，第1版。

9　〈日本人口問題　產兒制限實施か、衛生局長と一問一答〉，《人民導報》，1946年

許多民營報社經營困難，以致版面安排變化頗大，但不論如何改版，重視國際新聞的傾向大致不變。再以《大明報》為例，該報於1946年9月7日因為經營虧損之壓力，在價格不變下將四版縮小為兩版，提前取消日文版。但縮減版面之後，該報是將原日文版的國際新聞放在第一版，並開設「每日國際」之專欄。[10]

相對於民營報紙，省營的《台灣新生報》與黨營的《中華日報》較重視中國國內消息，且將中國新聞置於明顯的版面位置。但是，可能因為擁有充分的資源，兩報的國內新聞中較常插入國際消息，另外也製作了國際新聞的專欄。以《台灣新生報》為例，實際上該報每週都闢有「國際一週」專欄，報導一週來的國際局勢。這個專欄每週六也在台灣廣播電台播出，週日刊載於第三版。[11]廢止日文版之前，這個專欄的日譯版也會刊載於週一或週二之日文版。[12]「國際一週」專欄最初由宣傳委員會主任委員夏濤聲主持，1946年11月之後改為張皐負責，1947年1月之後作者標明為「台灣廣播電台」。而《中華日報》則在第四版日文版中，開設國際新聞之專欄，不定期地編譯世界各國之重要新聞。[13]綜觀以上各報情況可知，各報都有意以國際新聞吸引讀者，同時可能是時代的需求，台灣的民眾似乎也相當關心戰後世局的變化。

大略瀏覽當時報紙之國際新聞後，可以明顯發現，多數新聞都是來自中央社提供的新聞稿或外電之翻譯稿。此外，海外廣播也是一項重要的新聞來源，當時報社都派有專人收聽東京、香港甚至倫敦等地之短波廣播，並撰寫新聞稿。當然也有報紙派出駐外記者，但這種情況應屬特例。例如，《大明報》曾派謝爽秋為駐日記者，他曾傳回戰後日本社會不再像

2月11日。〈日本總選舉　立候補禁止者約三千名、違反者は公民權剝奪〉，《人民導報》，1946年2月11日，第1版。

[10] 〈本報改版自白〉，《大明報》，1946年9月7日，第1版。

[11] 夏濤聲，〈國際一週〉，《台灣新生報》，1946年1月13日，第3版。

[12] 夏濤聲，〈國際週間の回顧〉，《台灣新生報》，1946年4月15日，第4版。

[13] 〈国際ニュース〉，《中華日報》，1946年5月20日，第3版。

圖1-1　1946年10月14日《大明報》謝爽秋的東京報導（吳三連台灣史料基金會／提供）

以往那樣守法，每日均有各種犯罪之特稿，同時也報導戰後日本交通方面
也不如已往，遭逢百業蕭條、通貨膨脹等問題。[14]此時，報紙還重視一項特
殊的海外新聞，亦即有關流落海外台灣人處境的新聞。這類新聞無法依賴
中央社的新聞稿、外電或外國廣播，必須由報社積極設法採訪才能取得。[15]

---

[14]　筆者找到的謝爽秋通訊稿如下：〈東京は變はつた　街行く人は只默默〉，《大明
報》，1946年9月6日，第3版。〈重臨東京感慨　街頭觸目景物九年記憶全非〉，《大
明報》，1946年9月7日，第1版。〈到東京月餘後〉，《大明報》，1946年10月14日，
第1版。

[15]　1946年10月25日，台灣報紙的日文欄被廢止，但是部分雜誌的日文版依然存續一段時
間。這段期間雜誌的日文版面，也相當關注海外台灣人的遭遇，因此也可以發現不少相
關的報導，但因篇幅所限，在此只能略而不談。

實際上，也有部分是海外台灣人為了求援，而主動地提供消息給報社。為何會出現這種情形呢？這必須先從戰後台灣人的處境談起。

　　日本戰敗後，依照同盟國的協議，台灣與澎湖諸島由國民政府接收，國府則將台灣交由陳儀政府來治理。如此，未來簽定和約時，台灣主權將歸屬中國。1946年1月12日，國民政府行政院逕行發布訓令：「台灣人自1945年10月25日起恢復中華民國國籍。」[16]一般而言，國籍變更應以國際條約進行，而且必須給予當事人選擇國籍的機會。然而，當時台灣人的國際法觀念並不普遍，這個問題並未被充分的討論。國籍變更對台灣人權益的影響很大，若被視為中國人將面臨「漢奸」的審判，若屬日本人則可能被視為「戰犯」。許多海外台灣人都曾因國籍問題而受到迫害，即使島內的台灣人也有這類似的困擾。[17]陳儀政府在這方面處置不當，也是台灣民眾對新政府的期待很快消失殆盡的原因之一。

　　戰後許多台灣人在中國大陸或日本各地都遭受到不公平的待遇，其悲慘的狀況在陳儀政府來台後，陸續在民間創辦的報紙上披露出來。例如，1945年10月27日的《民報》，報導部分台灣人自力從日本搭船返台的消息，同時也刊載他們控訴受到不公平待遇的訪談報導。根據16位返台人士報告，在日本有數萬台灣人走投無路，瀕臨餓死的邊緣。這些返台人士是10月17日從佐世保偷偷潛入開往沖繩的貨船，在那霸登陸後再改乘其他船隻，23日才平安回到台灣。[18]這篇報導刊出後隔天，台灣民間領袖發起的「省外台胞送還促進會」正式成立，由此顯示這項救援計畫醞釀已久，新聞報導只顯露冰山之一角而已。翌日，促進會代表向長官公署提出「嘆願書（請願書）」，並向駐台美軍代表處尋求協助。在28日的成立

16　〈台灣省行政長官公署訓令〉，《台灣省行政長官公署公報》第2卷第7期，1946年2月3日，頁5。其內容為傳達同年1月12日行政院訓令。

17　有關台灣人被視為戰犯或漢奸審判之問題，請參閱：和田英穗，〈戰犯と漢奸のはざまで——中国国民政府による対日戰犯裁判で裁かれた台湾人〉，《アジア研究》49：4（2003年10月），頁74-86。

18　〈數萬男女徬徨路頭　飢寒交迫狀極悲慘〉，《民報》，1945年10月27日，第2版。

大會上，林獻堂被選為促進會會長，林茂生和陳炘被選為副會長。促進會成立後，全島各地也成立分會，該會除進行旅外人士調查之外，也透過台灣信託公司進行募款之活動。[19]

　　促進會在成立後，獲得各界熱烈的迴響，各地出現旅外台胞救援活動。例如，三民主義青年團等團體共同發起救援在日台灣人的募款活動。此外，在台日本人代表也打電報給內務大臣等日本官員，同時聯絡東京的「台灣協會」，請求日本官方與民間共同援助在日台灣人。全島各地方的救援會派代表到台北，向長官公署、促進會本部以及民報社提出訴願。《民報》連日報導了救援活動情形，並在頭版頭條刊載提交給長官公署的請願書。[20]隨後在11月16日，等待救援者的親屬在台北舉行救援大會，並再度向行政長官遞交請願書。同一天，促進會裡有關親人安危和活動進展的詢問蜂擁而至，因此副會長兼民報社長的林茂生，在報上發表聲明文，提出救援活動的具體計畫：第一、派遣林茂生等三人到東京，負責與「聯合國善後救濟總署」聯絡；第二、設立東京聯絡事務所。但是，因陳儀政府不准民間人士擅自前往東京與外國機關聯絡，是故這項計畫無法採行，民間的救援活動只能在島內進行。[21]

三、海外台灣人救援活動之報導

　　陳儀政府接到民間人士的請願書之後，曾以電報聯繫國府陸軍總司令何應欽與盟軍總司令麥克阿瑟。但是，除了轉達台灣民眾請求之外，政府並未提出任何具體救援政策。因此，1945年11月之後，台灣社會不滿政府處理方式之傳言四起，警備總司令部僅強調請求救援電報已送出，並未

---

[19] 《民報》，1945年11月1日、11月9日促進會幹部還包括總務主任委員廖文毅、聯絡主任委員張鴻圖、設備部主任委員施江南。該組織以台灣信託為據點，與當時「歡迎國民政府籌備委員會」相同，屬於台灣本土資產階層所組成的團體。

[20] 〈促進海外難歸台胞　上呈救援策於長官〉，《民報》，1945年11月6日，第1版。

[21] 請參閱：〈在日同胞救濟辦法〉，《民報》，1945年11月18日，第1版。該辦法之內容已於11月16日透過廣播宣布，當天的報導是刊載廣播稿。

正視救援問題的嚴重性。[22]相對地，焦急的民間人士在各地相繼舉辦旅外台灣人親屬大會，同時也舉辦慈善募款演奏會。[23]雖然民眾殷切企盼，但卻沒有傳來任何好消息，不僅未見海外台灣人被政府送還，到了1946年初《民報》等民營報紙又不斷出現廣東與海南島等在外台胞慘狀之報導。海外台灣人的處境是民眾亟欲知道的消息，但卻不是主要通訊社與官營媒體的關心焦點，而民營報社的消息大多是透過民眾主動提供，新聞重點的落差應該也是戰後官民心理隔閡形成的原因之一。

　　1946年2月11日，新成立的「台灣民眾協會」也加入了救援海外台灣人的活動。[24]該會對國府來台巡視的官員李文範提出數十條改革要求，其中一部分內容即是強力要求確保旅居中國大陸的台灣人生命及財產（第6條），以及在港台灣人財產被英國軍隊沒收，籲請外交部向英國提出抗議（第14條）等。[25]接著2月14日，民眾協會與促進會同時接到海南島台灣同鄉會的救濟請求，因而召開了緊急幹部會議。會中決議向長官公署和省黨部展開陳情活動，要求緊急救濟對策。[26]該協會在2月23日還進一步舉辦救援海南島台灣人的座談會，會中決定要採取組織性救援活動，同時提供援助金並處理島內外的郵件聯絡等。[27]同年4月6日，民眾協會改組為

---

[22] 報紙上報導盟軍計畫將菲律賓的台灣人送還，但是卻找不到願意收容的政府單位，因此當地的台灣人返鄉無門，這是對政府嚴重的指控，但卻不見陳儀政府說明，如此當然無法取得民眾的信任。《民報》，1945年11月25日，第2版。

[23] 例如，11月21日在員林舉辦「在外台胞家族大會」，以及埔里舉辦的「慈善演奏會」，入場費皆捐為救濟金。〈在外台胞家族大會〉、〈救濟演奏　埔里盛會〉，《民報》，1945月11月25、28日，第2版。

[24] 有關「台灣民眾協會」與改組後的「台灣省政治建設協會」之定位，請參閱：何義麟，〈台灣省政治建設協會與二二八事件〉，收於張炎憲主編，《二二八事件研究論文集》（台北：吳三連台灣史料基金會發行，1998），頁169-205。

[25] 閩台通訊社編，《台灣政治現況報告書》（香港：閩台通訊社，1946年3月），頁30-31。

[26] 〈海南島の台胞三萬餘名〉，《台灣新生報》，1946年2月17日，第4版。

[27] 〈民眾協會決匯卅五萬元救濟瓊崖台胞〉，《人民導報》，1946年2月25日，第2版。

「台灣省政治建設協會」後，對於救援工作依然持續關注。例如，同年4月12日的政治建設協會常務理監事會議，就首先討論關押在廣東省汕頭的台灣人死刑犯的救援問題。[28]

　　1946年以後，台灣社會對陳儀政府的不滿與批判日益高漲。例如，在香港發行的《台灣政治現況報告書》，對陳儀政府處理台灣人救援工作態度冷淡一事，提出了嚴厲的批判。根據該書之內容顯示，陳儀在口頭答應救援台灣人的要求後，除了做一次廣播呼籲救援台胞活動，以及打電報到各地軍事機構交代救援台胞之外，並未見任何積極的動作。海外台灣人歸鄉被阻絕，並不是單一事件，而是一個普遍現象。例如，廈門市政府原本打算用美國軍艦送還台灣人，然而長官公署卻以收容場所不足爲由拒絕。[29]再者，1946年1月19日「平津航政局」雖然准許送還聚集當地等待歸鄉的台灣人，但因陳儀政府的主管機關未積極聯繫，出發之際又臨時被迫取消。[30]

　　1946年2月至6月之間，一部分廣東及海南島的台灣人回到了故鄉，同時也披露出當地的悲慘狀態。在外台灣人的遭遇和歸鄉的延遲，引發其親屬的不滿，這些親屬同時也不斷地遞交陳情書到長官公署。爲此，民政處處長周一鶚在4月20日發表了〈告旅外台胞家屬書〉，代表政府說明救援的進展狀況。[31]然而，儘管後來海外歸來的台灣人數量增加了，但其悲慘之境遇仍未獲改善。例如，同年6月間《人民導報》上就刊載了〈與飢餓、病魔博鬥，救救海南島的台胞吧！〉一文，報導留在海南島的1萬6千多名台灣人的悲慘狀況，他們的現金與財產全被奪取，即使還留下一條命，但也已無任何資金可以返台了。[32]

---

[28]　〈台灣省政治建設協會第7次聯席會議〉，《人民報導》，1946年4月13日，第2版。

[29]　閩台通訊社編，《台灣政治現狀報告書》，頁24-27。

[30]　〈航政局拒絕台灣籍同胞回籍〉，《新台灣》第2期，1946年2月，頁5（北平台灣同鄉會發行）。

[31]　周一鶚，〈告旅外台胞家屬書〉，《人民導報》，1946年4月20日，第2版。

[32]　〈飢餓、病魔と戰ふ　海南島同胞を救へ〉，《人民報導》，1946年6月18日，第2版。

　　戰後國府統治體制之下，要保護中國大陸與海外各地的台灣人，必須要由行政院下令才是正途。然而，在法令制度尚未完備的中國大陸，地方政府卻仍繼續採用迫害台灣人的相關法令。其中以1945年11月「上海區處理敵偽產業審議委員會」公布的《朝鮮台灣人財產處理辦法》最讓人震驚，該法令規定：沒收台灣人和朝鮮人的所有財產，除非能提出過去未曾協助日本軍的證據，私有財產才准予歸還。[33]此令在報紙上一刊出，立即引發旅居大陸台灣人的恐慌，抗議之聲四起。1946年1月9日，《台灣新生報》之社論以〈確定台灣同胞的身分〉為題，對此事提出嚴厲的批評。三天後的1月12日，國民政府正式公布《台灣同胞國籍回復令》，這項法令規定溯及1945年10月25日，台灣人恢復中華民國籍，並給予台灣人一般國民的待遇。緊接著，2月26日行政院又公布了台灣人財產的處理原則，其中明確規定：除被認定觸犯戰犯或漢奸罪者外，台灣人的財產和本國人一樣受到法令的保障。這樣的宣布讓旅居大陸的台灣人稍感寬慰，但是對國民政府的不信任卻仍然存在。[34]而且，實際上日後還是有為數不少的台灣人在上海或大陸各地被逮捕，或是被沒收財產。[35]

　　戰後台灣人不僅是旅居中國大陸者遭到迫害，其他海外各地的台灣人也面臨許多困境，致使個人權益方面遭到極大的損失。例如，雅加達台灣同鄉會的代表團請求中華民國總領事派出送還船，卻遭到總領事的拒絕，而且同樣的請求在新加坡又被拒絕。[36]這些海外消息並未即時被報導，如果當時的海外消息傳布較為順暢，島內民眾對政府的不滿必然更加高漲。相對地，這段期間居留在日本的台灣人遭到殺害的澀谷事件，則受到較充

33　〈為旅滬台胞伸冤〉，《台灣月刊》創刊號，1946年1月，頁1（上海台灣革新協會發行）。

34　〈確定台灣同胞的身份〉，《新台灣》第3期，1946年4月，頁13。

35　楊肇嘉，《楊肇嘉回憶錄（下）》（台北：三民書局，1970），頁350。

36　クリスチャン・ダニエルス，〈雲間の曙光──『明台報』に見られる台湾籍日本兵の戦後台湾像〉，《アジア・アフリカ言語文化研究》51（1996年），頁145（東京外国語大学アジア・アフリカ研究所發行）。

分且完整的報導。因此，以下將針對澀谷事件的報導情況進行檢討，以釐清戰後台灣國際新聞的傳播方式。

四、澀谷事件之報導與傳播管道

　　戰後，居留日本的台灣人與中國大陸的台灣人相同，都面臨因國籍變更而遭受到差別待遇的問題。1946年6月22日，國民政府公布「在外台僑國籍處理辦法」，辦法中宣布旅外台灣人只要依華僑登記辦法向駐外單位登記，立即發給登記證，登記證可視同國籍證明書（第二條），而且恢復中國籍的台灣人其法律地位與華僑相同，居住在同盟國與日本、韓國等地之僑民皆享有同等之待遇（第五條）。同時，這項行政命令中也規定，不

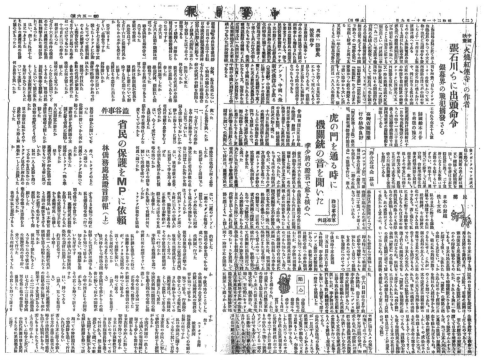

圖1-2　1946年11月9日《中華日報》報導澀谷事件（原資料收藏：Gordon W. Prange Collection, University of Maryland　圖檔提供：日本國立國會圖書館）

願意恢復中國籍者在1946年12月31日前必須向當地之中國大使館、領事館或駐外代表提出申請（第三條）。[37]從以上國府的行政命令來看，旅日台灣人似乎都可以如願取得中國籍，而且享有戰勝國民的待遇，甚至還有選擇國籍的自由。然而，日本政府卻主張簽訂和平條約之前，台灣人與朝鮮人依然具有日本國籍。[38]

盟軍正式進駐日本後，從殖民地統治下解放出來的台灣人、朝鮮人與日本警察出現對立的情勢早已開始。敗戰後的日本因爲糧食不足，民生經濟問題非常嚴重，黑市交易盛行，許多台灣人與朝鮮人爲了謀生，也開始投入各地的黑市攤販工作。日本被盟軍占領後，部分台灣人自認爲已經獲得解放，享有不受日本警察逮捕審判的特權，但日警卻將台灣人、朝鮮人視爲必須嚴格取締的對象。[39]同時，日本攤販業者爲了爭奪地盤，也雇用黑社會組織之成員，企圖襲擊澀谷地區朝鮮人和台灣人的攤販業者。

7月上旬起日方攤商與台灣人的衝突就日益頻繁，被日本黑社會趕出新橋站前黑市的台灣人企圖召開抗議集會，在澀谷黑市營業的台灣人也與日警發生糾紛。在此情況下，群情激憤的台灣人透過「東京華僑聯合會」向中國駐日代表團請求援助。1946年7月19日，中國駐日代表團爲了保護華僑團體聚集的僑胞的安全，決定以卡車載送這些攤販業者回到他們居住地。然而到達新橋的櫻台時，竟與警官隊發生了槍擊衝突。台灣方面新聞報導認爲，這是日警的鎮壓陰謀，槍擊現場至少2名台灣人死亡，另有20餘人輕重傷，此外還有40人遭到逮捕。日方公布的資料則顯示，日警有1人死亡。被逮捕的台灣人，隨後被移送到盟軍的軍事法庭審理。12月11日宣判，其中1人被判3年有期徒刑，35人被判2年有期徒刑。隔年2月複審結果公布，幾乎全部維持原判。透過隨後的外交談判，被判刑者在1947年4月間，除因病無法搭船者之外，全部都被遣送到台灣，這就是著名的

---

[37] 林歲德，《私の抗日天命——ある台湾人の記録》，頁126-127。
[38] 松本邦彦解說、翻譯，《GHQ日本占領史16　外国人の取り扱い》，頁77-86。
[39] 松本邦彦解說、翻譯，《GHQ日本占領史16　外国人の取り扱い》，頁83-86。

所謂澀谷事件。[40]

　　對日本而言，澀谷事件基本上是日警爲了展現其奪回治安掌控權決心的行動，雖然另一主角是舊殖民地的台灣人，但整體而言是踏出掌握外國人治安管理權的第一步。從結果來看，日警的計畫是成功的，因爲這項行動獲得盟軍司令部（GHQ）的支持，日警確立取締非法台灣人與朝鮮人的合法性與正當性。但是，對台灣社會而言，新聞報導是否激發民眾對日本政府或陳儀政府的不滿情緒，才是最值得探討的問題。

　　戰後一年來，台灣民眾最企盼的是海外親人的儘早歸來，但是沒想到陳儀政府的處理態度卻甚爲消極，這種不滿的情緒在澀谷事件中爆發出來。如前所述，戰後台灣人因法律地位與政治處境的改變，在中國大陸遭受了各式各樣的歧視或迫害的問題，沒想到在日台灣人也遭到這樣不公平的待遇。相對地，當時在台日本人也受到了很大的衝擊。例如，7月28日《和平日報》上刊出，居住於台南的三名日本人因間諜嫌疑而遭逮捕，這件事可說是官方的一種報復行動。[41]而後報紙的評論中即指出，由於間諜案與澀谷事件的刺激，台灣社會一時之間反日情緒高漲。[42]由於國際新聞的迅速傳播，台灣人對國府與日本政府很快地發出各種抗議聲明，這個連鎖反應正好可以說明當時新聞傳播的實況。

---

[40] 有關澀谷事件傷亡人數，各方提供數字不一，詳細傷亡與被捕受審人數之考證，請參閱：湯熙勇，〈日本東京澀谷事件的發生及國民政府的交涉——戰後台灣人與日本警察衝突的個案研究（1946-47）〉，《東亞歷史轉型期中的台灣——紀念馬關條約110週年暨台灣光復60週年國際學術研討會》，頁6-16。有關傷亡數字，其他參考文獻如下：沈覲鼎，〈對日往事追憶（27）〉第27卷第6期，頁78-80。松本邦彥解說、翻譯，《GHQ日本占領史16　外国人の取り扱い》，頁123。

[41] 有關這次逮捕行動的前因後果，請參閱：許育銘，〈戰後留台日僑的歷史軌跡——關於澀谷事件及二二八事件中日僑的際遇〉，《東華人文學報》7，頁160-169。

[42] 〈擊碎日本在台灣的陰謀〉，《和平日報》，1946年8月9日，第1版。涉案的日本人之中有人擔任中華日報社之短波收音員，對照《中華日報》可以確認，報紙上日文版「国際ニュース」專欄，部分國際新聞是透過日語廣播內容撰稿。

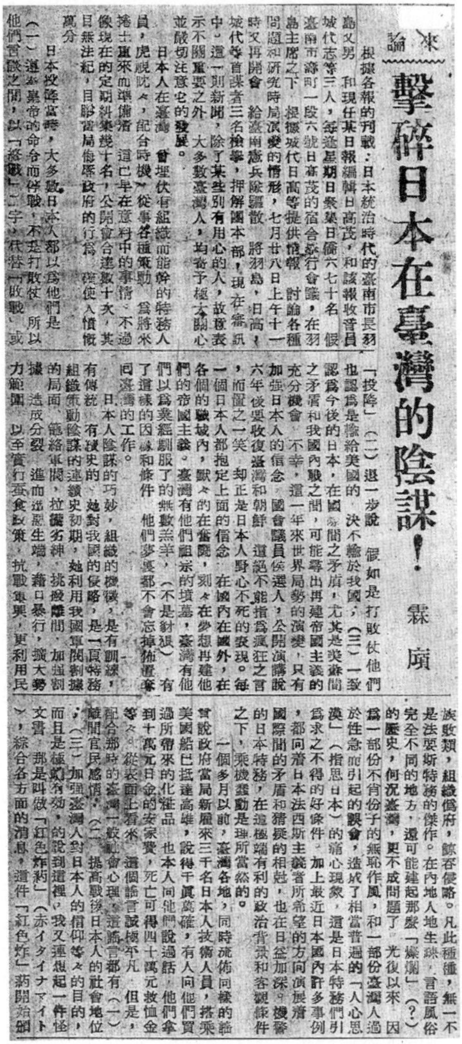

來論

擊碎日本在臺灣的陰謀！

霖　廣

根據各報的刊載：日本統治時代的臺南市長羽島又男，和現任某日報編輯日高茂，和該報收音員城代志等三人，每逢星期日聚集日僑六七十名，假臺南市爺町一段六號日高茂的宿舍舉行會議，在羽島主席之下，根據城代日高等提供情報，討論各種問題和研究時局演變的情形，七月廿八日上午十一時又再開會，給臺南憲兵隊驅散，將羽島，日高，城代等首謀者三名檢舉，押解團本部，現在審訊中。這一則新聞，除了某些別有用心的人，故意表示不關重要之外，大多數臺灣人，均會予極大關心並嚴切注意它的發展。

日本人在臺灣，曾埋伏有組織而能幹的特務人員，虎視眈々，認台時機，從事各種策動，爲將來捲土重來而準備着，這已是在意料中的事情，不過像現在的定期糾集幾十名，公開會合達數十次，其目無法紀，目盼當局僞際政府的行爲，確使人憤慨萬分。

日本投降當時，大多數日本人都以爲他們是（一）遵奉皇帝的命令而停戰，不是打敗仗，所以他們言談之間，以「終戰」二字，代替「敗戰」或「投降」（二）退一步說，假如是打敗仗他們也認爲是輸給美國的，決不輸於我國；（三）一致認爲今後的日本，在國際間之矛盾，尤其是美蘇間之矛盾和我國內戰之間，可能尋出再建帝國主義的充分機會。不幸，這一年來世界局勢的演變，只有加強日本人的信念。國會議員侯選人，公開演講說六年後要收復臺灣和朝鮮，這絕不能指爲瘋狂之言，而僅之一笑，却正是日本人野心不死的表現。每一個日本人都抱定上面的信念，在國內在國外，在各個的職域內，默々的在奮鬥，刻々在夢想再建他們的帝國主義。臺灣有他們祖宗的墳墓，臺灣有他們以爲業經剿服了的無數羔羊，（不是豺狼）有了這樣的因緣和條件　他們夢裏都不會忘掉佈置牽同臺灣的工作。

日本人陰謀的巧妙，組織的機微，是有訓練，有傳統，有歷史的。她對我國的侵略，是一貫特務組織策動陰謀的連續史，初期，她利用我國軍閥割據的局面，籠絡軍閥，拉攏劣紳，挑撥離間，加強割據，造成分裂，進而造惡生端，藉口暴行，擴大勢力範圍，以至實行蠶食政策，抗戰事興，更利用民族敗類，組織僞府，鯨吞侵略。凡此種種，無一不是法要斯特務的傑作。在內地人地生疎，言語風俗完全不同的地方，還可能建起那麼「燦爛」（？）的歷史，何況臺灣，更不成問題了。光復以來因爲一部份不肖份子的無耻作風，和一部份臺灣人過於性急而引起的誤會，造成了相當普遍的「人心思漢」（指思日本）的痛心現象，這是日本特務們引爲求之不得的好條件。加上最近日本國內許多事例，都向着日本法西斯主義者所希望的方向演展着，國際間的矛盾和猜疑的相尅，也在日益加深。機警的日本特務，在這極端有利的政治背景和客觀條件之下，乘機蠢動是理所當然的。

一個多月以前，臺灣各地，同時流佈同樣的謠言說政府當局新雇來三千名日本人技術人員，搭乘美國船已抵達高雄，說得千眞萬確，有人向他們買過所帶來的化粧品，也有人同他們說過話，他們拿到十萬元日金的安家費，死亡可得四十萬元救恤金等々。從表面上看來，這個謠言誠極平凡，但是，配合那時的臺灣一般社會心理，這謠言都有（一）離間官民感情；（二）提高戰後日本人的社會地位；（三）加強臺灣人對日本人的信仰等々的目的，而且是極有效。說到這裡，我又連想起一件怪文書，那是叫做「紅色炸葯」（赤イダイナマイト），綜合各方面的消息，這件「紅色炸葯」開始……

圖1-3　1946年8月9日《和平日報》〈擊碎日本在台灣的陰謀〉（吳三連台灣史料基金會／提供）

事件在7月19日發生，7月21日上海發行的《中央日報》即刊出中央社東京電傳之消息，標題爲〈東京日警橫行槍殺我台胞〉，其他中國各地包括台灣的報紙，除了少部分採用外電，大多同樣是依賴中央社新聞稿。[43]由於當時的航空與新聞傳播路線都是「台北——上海」、「上海——東京」往返傳輸，而非「東京——台北」的直接聯結，因此，以下將以東京《朝日新聞》、上海《正言報》、台北《民報》這三地報導來進行比較。彙整各報之報導時間與標題後，大致可整理爲表1-1之內容：

---

[43] 除此之外，南京發行的《中央日報》也同一天刊出消息，重慶發行的《中央日報》則在7月22日刊出。有關《中央日報》的發行與報導，以及當時除中央社之外，外交部的電報聯繫狀況之分析，請參閱：楊子震，〈「中国人の登録に関する総司令部覚書」をめぐる政治過程——戰後初期日台関係への一考察〉，《現代中國》86，頁135-147。

表1-1　三份報紙對澀谷事件的報導時間與標題一覽表

項目	東京《朝日新聞》	上海《正言報》	台北《民報》
7/19事件發生	7/20特別取締法を日本人外の不法行為に、7/21警官と台湾省民が拳銃の射ち合ひ	7/21旅日華僑被日警察槍殺（外電）	7/22東京日警察槍殺台胞、（中央社東京電、同日晚報及23日早報持續報導）
官方的反應	7/24渋谷事件、第八軍司令部で見解発表 7/25大村内相答弁、日本人と区別なし、解放在留者の取締	7/24帝國主義的復活，對槍殺我僑胞日內相態度蠻橫（中央社電與外電）7/25日方不知悔過（根據外電報導之大村內相答辯概要）	7/24日晚報、日警槍殺台胞案我將採取有效步驟（中央社南京電）
死亡者的葬儀	7/29渋谷の犠牲者に華僑総会葬	7/29旅日華僑聯合會追悼死難台胞（外電）	7/29日將禁止露天擺攤、僑胞追悼澀谷死者 7/30東京僑胞昨開會紀念罹難五台胞（中央社東京電）
民間人士反應	7/31陳氏が調停に、渋谷事件後 8/1渋谷事件の調停、代表団に一任	7/25上海台胞開緊急會、台北報紙表示東京慘殺僑胞必須嚴懲凶手（中央社台北電）	7/29旅滬台胞電請嚴懲日警槍殺台胞凶犯 7/30旅青同鄉會提六建議

出處：筆者自製

注：日期之後是報紙標題。《正言報》為上海三民主義青年團經營的國民黨系統之報紙。「調停の陳氏」是指住在東京的「中日親和會顧問陳諒」。「旅青同鄉會」是指住在青島的台灣人團體。而後，《正言報》曾把旅青同鄉會提出的六項建議，誤報為台北新聞界提出的意見，轉載失實問題明顯。

　　從上表可以看出，東京到上海、台北的新聞報導幾乎沒有時間落差，各家報紙都報導了事件的經過，以及善後處置的情況與辦法。當然，各報的立場不同，報導的用詞也有很大的差異。例如，《朝日新聞》使用「台灣省民」這個稱呼。另一方面，上海《正言報》引用外電，稱之為日本

警察槍殺我「僑胞」，台北的《民報》直接稱被害者爲「台胞」。另外，
1946年7月23日有關眾議員大野伴睦對大村內相的質詢，各方的報導也有
很大的差異。《朝日新聞》標題說明質詢內容：「與日本人沒有區別，對
解放後的所有居留者都將進行取締。」但上海《正言報》則是：「帝國主
義的復活，對槍殺我僑胞日內相態度蠻橫。」由此可見兩者的立場完全對
立。《民報》並未詳細報導眾議院的質詢經過，《台灣新生報》則詳細
刊載答詢內容，由此報導可發現：日本眾議院討論澀谷事件時，自由黨大
野伴睦議員發言，明白地把在日之非日本人（指朝鮮人與台灣人）比喻爲
「牧場中的豺狼」，而答辯的大臣則主張日本應強化警察權。[44]基於這個
事實，《正言報》的報導顯然也加了評論，以新仇舊恨的口氣強調：「帝
國主義復活」、「態度蠻橫」、「不知悔改」，這樣的報導模式，在往後
各報的報導中也相當常見。

　　檢視日本的觀點，以《朝日新聞》爲例，該報基本上將澀谷事件視爲
國內治安問題，因此刊載澀谷事件同時，同一版面是報導日本已開始取締
在黑市活躍的外國人。[45]接著7月22日報導，將封閉各地露天的黑市，7月
29日同樣報導取締黑市的裁罰問題。翻閱1946年《朝日新聞》復刻版的
索引，可以發現澀谷事件被分類爲「社會」類之「取締、裁判」，其中還
有一個小項目是「第三國人與澀谷事件」。[46]相對地，台灣方面不僅將事
件認定爲壓迫台灣人問題，同時也認爲是海外台灣人全體的權益問題，甚
至可以說是台灣人法律地位的相關問題。因此，事件判決後，才會讓台灣
人在戰後以來累積的不滿爆發出來。

---

44 〈我を侮辱・渋谷事件〉，《台灣新生報》，1946年7月26日，第4版。
45 《朝日新聞》7月20日標題：「大物を狙ひうち、日本人外の勢力もどしどし摘發」；7
　　月22日的標題：「岐路に立つ青空市場、新橋、渋谷は閉鎖」；7月29日標題爲：「闇
　　は凡て罰するが、生活は苦しめぬ、取締強化に即決裁判を」等。
46 請參閱：《朝日新聞》復刻版，1946年7月20日至12月11日，共有12件相關報導。

五、判決後之相關評論與抗議活動

　　澀谷事件發生後，不僅新聞快速傳播，新聞評論也立即出現，不問評論內容是否有所偏頗，整體情況來看，新聞自由確實充分展現。根據《正言報》報導，上海的台灣人團體發表抗議聲明，聲明中表達對國民政府外交能力的強烈不信任感。[47]《民報》則彙整輿論界的反應，由此介紹可以看出事件發生後中國大陸各大媒體都發表評論，例如：7月13日《大公報》就發表〈社評〉加以評論，7月26日《新聞報》也發表〈社評〉，7月26日《聯合晚報》刊出〈讀者之聲〉，還有7月28日《群眾週刊》、7月29日《文匯報》都有〈短評〉，8月5日《僑聲報》也發表相關之〈社論〉，這些評論大致都表達他們的憤怒與抗議。[48]同樣地，台灣島內各團體也極力表達其不滿，例如台中人民自由保障委員會與各團體代表，直接在報紙上發表了抗議聲明。[49]

　　而隨著事件審判問題的發展，民眾關注焦點也隨之轉移。同年12月11日澀谷事件宣判，其中被捕的30多名台灣人被判有罪，而日籍警官卻都獲判無罪。透過這類案件審判的相關報導，島內民眾才逐漸了解，旅日台灣人並非比照戰勝國中華民國之國民，在法律地位上遭到歧視待遇。[50]此一消息傳來，民眾輿論沸騰，報紙上連日刊載相關報導，同時也出現批判歧視台灣人與判決不當之評論。官營《台灣新生報》與黨營《中華日報》當然義正辭嚴地表達抗議立場，其他各報也都不例外。大略整理當時的報紙評論文章如表1-2，這些評論中，主要都詳細說明了台灣人未被視為戰勝國國民的政治處境。

---

[47] 請參閱：劉浦生，〈澀谷事件的剖析〉，《和平日報》，1946年12月14日，第4版。〈如此判決　談澀谷事件〉，《大明報》，1946年12月18日，第2版。聯名發表抗議聲明的團體包括：「旅滬台灣同鄉會」、「台灣重建協會上海分會」、「閩台建設協會上海分會」、「升學內地大學公費生同學會」等。

[48] 〈澀谷事件的輿論〉，《民報》，1946年12月24日，第3版。

[49] 〈省民　日本に嚴重抗議叫ぶ〉，《台灣新生報》，1946年7月26日，第4版。

[50] 陳知青，〈第三國民〉，《和平日報》，1946年12月7日，第4版。

表1-2　台灣島內各報對澀谷事件的評論文章一覽表

報刊名	作者與標題	時間	備註
《和平日報》	劉浦生〈澀谷事件的剖析〉	1946年12月14日	
《大明報》	短評〈如此判決！談澀谷事件〉	1946年12月18日	
《東台日報》	社論〈爲澀谷事件作不平鳴〉	1946年12月18日	
《興台日報》	社論〈澀谷事件台胞冤沈海底〉	1946年12月22日	
《民報》	〈澀谷事件的輿論〉	1946年12月24日	中國輿論介紹
《大明報》	〈澀谷事件經過〉	1946年12月25日	「資料室」編輯
《國聲報》	劉浦生〈澀谷事件半年總報告〉	1947年1月13日	13-16日連載
『國聲報』	社論〈抗議澀谷事件的判決〉	1947年1月28日	

出處：筆者自製

注：省營《台灣新生報》與黨營的《中華日報》的評論省略。

　　整體而言，當時國際新聞的傳播快速且順暢，海外的消息可以迅速傳達到上海或台北，當地媒體接收後也會立即給予報導、評論。從上表可知有關澀谷事件，社會輿論直到一月底依然持續關心。談論的內容涵蓋各個層面，包括事件的經過，判決結果與審判不公等問題，特別是有關台灣人法律地位問題，更是大家評論的重點。台灣島內的政治建設協會在接到這項判決後，馬上計畫後援活動及抗議集會。12月20日，政治建設協會及青年學生發起反對澀谷事件判決的集會，並且進行示威抗議。參與此次抗議集會者多達5千人，集會中還有大批的青年學生參加，這次示威抗議被認爲是戰後台灣最大規模的集會。在此次大會中，除了有學生代表和參議員發表演說外，政治建設協會幹部也上台慷慨演說。[51]抗議集會結束後，政治建設協會發出救援澀谷事件關係者的請求電報給國民政府。翌年1月

---

[51]　〈澀谷事件宣判不公　省都三團體舉行講演大會〉，《國聲報》，1946年12月21日-22日，第3版。報載此次集會由政治建設協會、台灣省學生自治會與台灣青年澀谷事件後援會主辦。另外，參與集會的學生陳炳基受訪記錄中批判政治建設協會幹部，認爲他們介入並操縱此次集會。藍博洲，《沈屍‧流亡‧二二八》（台北：時報文化，1991），頁79-80。

20日，報載國民政府外交部已通知該協會有關澀谷事件的外交交涉過程。[52]在此前後，包括表1-2所列之評論，報紙上陸續刊出對澀谷事件的總結評論，其論點大致上都強調：台灣人戰後已取得中華民國籍，是屬於戰勝國國民，日警對台灣人的取締與施暴皆屬不當之處置，事後盟軍的裁判也偏袒日方，致使台灣人遭到不公平的待遇。[53]

當然，該事件也引起國府官員與中國駐日代表團外交官的關注，雖然在日台灣人批判沈覲鼎等國府外交官員，未曾眞心關懷台灣人的利益，只是以外交辭令虛應了事而已。[54]但是，拋開民族主義的情緒，澀谷事件的根本解決辦法，確實需要透過外交談判。戰後，國府逕行宣布在外台僑可以取得中國國籍，但日本政府既不承認台灣人爲戰勝國的中

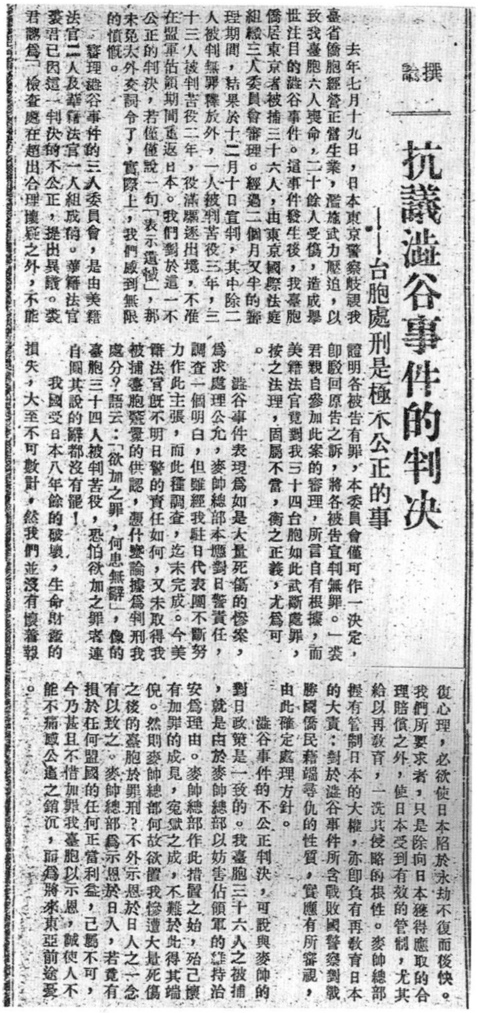
撰論

抗議澁谷事件的判決

——台胞處刑是極不公正的事

去年七月十九日，日本東京警察歧視我臺省僑胞經營正當生業，濫施武力壓迫，以致我臺胞六人喪命，二十餘人受傷，造成舉世注目的澁谷事件。這事件發生後，我臺胞僑居東京者被捕三十六人，由東京國際法庭組織三人委員會審理。經過二個月又半的審理期間，結果於十二月十日宣判，其中除二人被判無罪釋放外，一人被判苦役三年，三十三人被判苦役二年，役滿驅逐出境，不准在盟軍佔領期間重返日本。我們對於這一不公正的判決，若僅僅說一句「表示遺憾」，那未免太外交詞令了，實際上，我們感到無限的憤慨。

審理澁谷事件的三人委員會，是由美籍法官二人及華籍法官一人組成的。華籍法官婁君已因這一判決的不公正，提出異議。婁君認爲「檢查處在超出合理懷疑之外，不能證明各被告有罪，本委員會僅可作一決定，即駁回原告之訴，將各被告宣判無罪。」婁君親自參加此案的審理，所言自有根據，而美籍法官竟對我三十四台胞如此武斷處罪，按之法理，固屬不當，衡之正義，尤爲可。

澁谷事件表現爲如是大量死傷的慘案，爲求處理公允，麥帥總部本應對日警責任，調查一個明白，但雖經我駐日代表團不斷努力作此主張，而此種調查，迄未完成。今美籍法官既不明日警的責任如何，又未取得我被捕臺胞豎覺的供認，憑什麼論據爲判刑我處分？語云：「欲加之罪，何患無辭」，像的臺胞三十四人被判苦役，恐怕欲加之罪者連自圓其說的辯都沒有罷！

我國受日本八年餘的破壞，生命財產的損失，大至不可數計，然我們並沒有懷着報復心理，必欲使日本陷於永劫不復而後快。我們所要求者，只是除向日本獲得應取的合理賠償之外，使日本受到有效的管制，尤其給以再教育，一洗其侵略的根性。麥帥總部握有管制日本的大權，亦即負有再教育日本的大責；對於澁谷事件所含戰敗國警察對戰勝國僑民藉端尋仇的性質，實應有所審視，由此確定處理方針。

澁谷事件的不公正判決，可說與麥帥的對日政策是一致的。我臺胞三十六人之被捕，就是由於麥帥總部以妨害佔領軍的維持治安爲理由。麥帥總部作此措置之始，殆已懷有加罪的成見，不難於此得其端倪。然則麥帥總部何故欲置我慘遭大量死傷之後的臺胞於罪刑？不外示恩於日人之一念有以致之。麥帥總部爲示恩於日人，若竟有損於任何盟國的任何正當利益，已屬不可，今乃甚且不惜加罪我臺胞以示恩，誠使人不能不痛感公道之銷沉，而爲將來東亞前途憂。

圖1-4　1947年1月28日《國聲報》〈抗議澀谷事件的判決〉（吳三連台灣史料基金會／提供）

---

52 〈澀谷事件的經過　外交部電復政建協會〉，《民報》，1947年1月22日，第3版。

53 〈抗議澀谷事件的判決〉，《國聲報》，1947年1月28日，第1版。劉浦生，〈澀谷事件半年總報告　日警槍殺台僑的前後經過與最近發展〉，《國聲報》，1947年1月13日-16日，第4版。

54 林歲德，《私の抗日天命——ある台湾人の記録》，頁138-139。

國人，也不把舊殖民地出身者的台灣人與朝鮮人視為日本人，而是一併稱之為「第三國人」[55]，這才是問題的根源。由於一般日人認為第三國人犯罪比例較高，所以實際上這個稱呼往往也含有歧視之意味。相對地，華僑與在日台灣人都自認為戰勝國民，這段期間在日本應該享有較高的法律地位。由於有這種法律地位認知的差距，才會衍生出能否接受澀谷事件審判結果之問題。

1945年9月2日，簽訂降書後的日本被盟軍（實質上是美軍）占領統治。盟軍駐日司令部（GHQ）統治期間，日本雖然喪失了獨立主權，但各級政府依然存在，只是必須接受盟軍司令部的指揮。在盟軍占領下，居

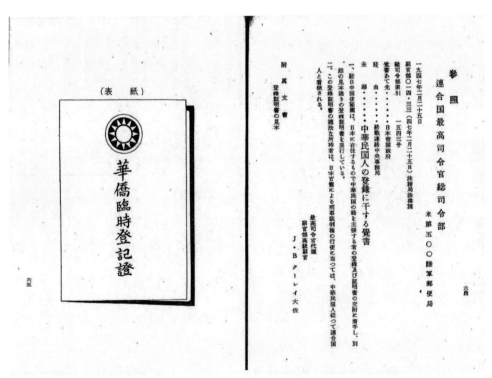

圖1-5　《華僑臨時登記證》製作規範（資料來源：《台湾人に関する法権問題》）

---

[55] 最高裁判所事務總局涉外課編，《台湾人に関する法権問題》（東京：最高裁判所事務總局涉外課發行，1950），頁7-15（部外秘）。

留日本的外國人依照其法律地位，大略可分為四種人，第一是同盟國占領軍與其國民，第二是德、義等軸心國國民，第三是瑞士等中立國國民，第四為台灣人、朝鮮人等舊殖民地出身者（包含琉球人）。其中占領軍及其眷屬享有廣泛的治外法權，並擁有糧食配給上的特權。其他中立國人雖有糧食配給上的特權，但是必須服從日本政府的管轄。軸心國民眾與舊殖民地出身者沒有任何優惠，僅能得到部分的救濟與返國的協助，這兩類民眾之受刑人在其被遣返之前，所觸犯之案件也必須由盟軍再審理處置。[56]

　　在日台灣人當然無法認同以上的法律地位之規範。國府駐日代表團認為，台灣人只要登記為華僑，就可以獲得戰勝國民之待遇，但日方則主張，台灣人與朝鮮人在和平條約簽定之前都具有日本國籍。事件發生後，中國駐日代表團在國內輿論及在日台灣人的壓力下，開始積極展開與日方的交涉。到了1947年2月，在GHQ的同意下，台灣人登錄為華僑（Formosan-Chinese）的辦法才獲得承認，這樣的身分主要是在刑事裁判權方面享受到等同於華僑的待遇。相對地，日方堅持在締結和平條約之前不承認台灣人為戰勝國國民之主張，也獲得盟軍總部的承認。[57]經過澀谷事件的衝擊，在日台灣人的法律地位獲得以上妥協性的解決。另一方面，在日朝鮮人法律地位則一直未獲妥善的處理，1946年下半年起朝鮮人與日本政府的對立與衝突日益嚴重。[58]當然，台灣人與朝鮮人在日的個人心境與實際處境大不相同，實際上是由諸多因素所累積造成，澀谷事件只是兩者處境分道揚鑣的轉折點而已。[59]

---

[56] 畑野勇等，《外国人の法的地位》（東京：信山社，2000），頁66-69。

[57] 外務省編，《日本占領重要文書第二卷》（東京：日本図書センター，1987），頁61-69。外務省1949年刊行，1987年復刻。

[58] 松本邦彦解說、翻譯，《GHQ日本占領史16　外国人の取り扱い》，頁124-128。

[59] 澀谷事件不僅對在日台灣人法律地位有重大衝擊，該事件也影響到戰後日本出入境法令與外國人管理辦法的建立。1947年5月2日，日本政府在GHQ的支持下，以敕令206號公布「外國人登錄令」，這項法令的第11條明定，台灣人與朝鮮人皆為外國人。而「外國人登錄令施行規則」中第10條中更明定，內務大臣對台灣人的認定是：同盟國占領軍與

六、政局的演變與新聞管制之強化

　　回顧二二八事件之前的新聞報導，除了最常見的刊載中央社海外分社的專電與外電新聞稿之外，各報社也都持續收聽東京等海外廣播，因此媒體能夠充分掌握最新國際情勢，包括東京澀谷事件之發展。然而，進入1947年之後，台灣社會所關心的焦點已經轉移到島內的治安敗壞、通貨膨脹等社會經濟問題，在日台灣人問題不再是新聞重點。不久後二二八事件發生，海外的澀谷事件近乎被台灣民眾所遺忘。1947年4月23日，因澀谷事件被判決有罪者與其家屬共40餘人被遣返台灣，當時報紙僅輕描淡寫的報導而無評論，隨後雖刊載訪談當事人的報導，但社會輿論並沒有任何回應，相較於先前激烈抗議或示威遊行有如天壤之別。[60]這個劇烈的變化，當然與二二八事件的衝擊有密切的關聯。

　　二二八事件的鎮壓不僅讓台灣社會菁英沉寂下來，新聞自由也受到嚴重的打擊。鎮壓開始後，陳儀政府不僅採取查封報社與出版社，甚至還採取逮捕或殺害報人的極端手段。接著，長官公署也重新公告既有「出版法」、「出版法施行細則」等，積極加強對印刷媒體的管制。[61]陳儀政府來台後，立即宣布所有民國的法令都適用於台灣，因此國府在大陸的法令，包括出版法或戰時的管制辦法，實際上早已「延長」適用於台灣。但是，由於從殖民地解放的氣氛，讓台灣享有一段意外的言論自由時期。等到時機有所變化，國府不僅採取嚴懲的措施，同時也再次宣告既定的法令。整體而言，鎮壓手段原本就是非法而殘暴，事後又展開最常見的選擇性執法，台灣的言論自由與新聞自由當然受到嚴重的打擊。

　　檢視國際新聞傳播的自由程度，不能僅限於新聞接收的層面，台灣社會實情如何自由地向國際傳布，應該也是另一項重要的指標。以上海與南

　　眷屬之外，領有中華民國駐日代表部登錄證明書之台灣出身者。這項規定顯然是澀谷事件後外交談判之結論。請參閱：畑野勇等，《外国人の法的地位》，頁77-90。

60　〈由日返省台胞談澀谷事件〉，《台灣新生報》，1947年4月27日，第4版。

61　楊秀菁，《台灣戒嚴時期的新聞管制政策》，頁52-61。

京的中文報刊而論，有關二二八事件的消息，中央社的電文是最重要的
新聞來源。但是，查閱1947年3月分《朝日新聞》可以發現，當月分報導
二二八事件的新聞共有16則，這些新聞都是來自「上海發UP＝共同」、
「南京發AP＝共同」、「南京發UP＝共同」等新聞稿。亦即，當時台灣
的消息主要是經過上海與南京發送到海外，並非直接從台灣發出，而國外
的媒體大多採用外國通訊社之新聞稿，包括日本的共同通訊社、UP（合
衆社）、AP（美聯社）等。[62]所謂本國的中央社，原本就是統治者的附
屬黨營機構，並非民眾的喉舌。官方的新聞管制辦法實施後，不僅台灣民
衆的耳目遭到封鎖，台灣之社會情況或民眾心聲也無法傳達出去。二二八
事件發生前，儘管台灣住民對陳儀政府有許多不滿，然而民眾的祖國認同
似乎尚未出現分歧。[63]遭到武力鎮壓與屠殺之後，島內台灣人的國家認同
明顯出現動搖。

　　二二八事件後，島內台灣人雖然只能保持沉默，但海外台灣知識分
子在不受拘束的情況下，開始發表嚴厲批判國民政府之言論。例如，
1947年9月由廖文奎、廖文毅兩兄弟爲中心在香港組成的「台灣再解放同
盟」，開始提出台灣應交由聯合國託管並舉行公民投票之主張。[64]此外，
1948年8月24日上海《大公報》根據東京外電，報導在日台灣人秘密組織
開始展開台灣獨立之宣傳活動。這類消息台灣島內並無立即的報導。但
是，相關的消息卻會以另一個方式出現。例如，8月26日台灣省黨部舉行
經濟座談會，同時也討論海外台灣人之託管論或獨立主張，會中決議由

---

[62] 有關日本對二二八事件的報導，請參閱：《朝日新聞》復刻版，1947年3月2日-28日，
該報復刻版的「記事索引」中，此事件列入「外國」新聞「中華民國」項目之下，並標
注爲「台灣事件」。

[63] 1946年間在日台灣人曾組織「中華民國台灣省民會」之類的組織，顯示當時台灣民眾對
中國具有強烈的國家認同。請參閱：張良澤、張瑞雄、陳碧奎合編，《高座海軍工廠台
灣少年工寫眞帖》（台北：前衛出版社，1997），頁226。

[64] 張炎憲，〈戰後初期台獨主張產生之探討——以廖家兄弟爲例〉，收於二二八民間研究
小組編，《二二八事件研討會論文集》（台北：二二八民間研究小組，1992）。

台灣省總工會等人民團體共同發表聲明強調：「台灣爲中國領土，台灣同胞爲中華民族的一員，全省同胞支持政府，誓言粉碎海外台灣獨立陰謀。」[65]然而，他們所攻擊的海外陰謀分子之言行，在島內並未公開被報導過。看到這類聲明，讀者必須發揮推理能力，才能查覺事情的始末，這顯示島內的新聞自由已經受到限制。隨著內外情勢的變化，台灣新聞管制界線逐漸形成，最明顯的是海外消息早已無法像澀谷事件那樣，無須顧忌地大肆報導。

1947-1949年間，台灣各種人民團體、省市參議會甚至部分知名人士，經常發表表示效忠國家、擁護政府之聲明，其中不少是以公開電文的方式發表。這些言論是報紙上常見之新聞。當時媒體記者曾經明言，這類報導充分顯示台灣的民心不穩。[66]由於海外台灣人不僅出現追求獨立的論述，還有部分人士逐漸轉而支持中國共產黨，這些都讓國府日益加強警戒。因此，國府逐步加強對媒體的控制，對國際新聞當然也開始進行過濾審查。而後，因國共內戰日益激烈，共產黨或共產國家動向之新聞也開始受到管制。1947年7月，國府宣布實施國家總動員，翌年動員戡亂時期體制確立，1949年5月20日戒嚴令在台實施。戒嚴之後，非常時期的新聞管制更迅速地建立，從此以後台灣之新聞自由當然受到更嚴重的傷害。

七、結語

從以上的變化可知，戰後初期台灣報紙上的國際新聞傳播管道與內容，曾經出現很大的變化。1946年10月25日廢止日文版之前，台灣民營報紙的國際新聞經常出現「本報收音」之消息，如果再加上外電的報導，當時國際新聞的內容確實相當豐富。此外，陳儀政府也曾經招待中國大陸

---

[65] 〈台灣爲中國當然之一省　自不能脫離祖國獨立〉，《中華日報》，1948年8月27日，第4版。

[66] 本刊記者，〈台灣在動盪中〉，《台灣春秋》第3號，1948年12月，頁2。

與國外的記者到台灣考察，企圖將台灣的實況介紹給國外民眾與中國各界人士。[67]由此可見，當時台灣內外的資訊流通是相當的廣泛而自由。這樣的情形在澀谷事件的報導上充分展現，因此才會出現台北、上海、香港等地輿論界關切該事件審理不公的情況。[68]然而，到了1947年3月以後，台灣民營報紙因二二八事件遭到查封，國際新聞的傳播管道顯然受到很大的打擊。

首先，招待外國記者介紹台灣的活動從未再出現。其次，事件發生前由台灣知識分子介紹戰後日本的報導也不復見。[69]以《台灣新生報》為例，1947年3月以後國際新聞雖然不少，但絕大多數為中央社通訊稿或外電，採用「本報電台收某地某日電」的新聞稿逐步減少。此外，對於日本的消息也開始採取評論報導的方式。例如，1947年4月20日出現〈戰後日本面面觀——王成章先生晤談記〉的訪問稿，無疑地是一篇批判日本以教育台灣人之報導。[70]同類型的文章也出現在每週三或週五的「國際」的專欄，其中陳松明〈令人失望的日本選舉〉一文最具代表性。[71]該專欄內容相當豐富，大致包括國際人物的介紹，以及對世界局勢的評論，像是美蘇在朝鮮的鬥爭、巴勒斯坦等問題之評論。[72]由此可知，了解外國情勢的需

---

[67] 宣傳委員會編，《外國記者團眼中之台灣》（台北：台灣省行政長官公署宣傳委員會，1946）。

[68] 香港出刊的《華商報》也發表社論評論澀谷事件，請參閱：〈社論 今日東京 從戰犯公審與「澀谷事件」說起〉，《華商報》，1946年7月26日。有關民間關心澀谷事件審理結果的情況，請參閱：湯熙勇，〈日本東京澀谷事件的發生及國民政府的交涉——戰後台灣人與日本警察衝突的個案研究（1946-47）〉，《東亞歷史轉型期中的台灣——紀念馬關條約110週年暨台灣光復60週年國際學術研討會》，頁12-14。

[69] 謝南光，《敗戰後日本真相》（台北：民報印書館，1946）。本書為中日對譯，部分內容曾在《民報》上刊載。

[70] 蔡荻，〈戰後日本面面觀——王成章先生晤談記〉，《台灣新生報》，1946年4月20日，第2版。

[71] 陳松明，〈令人失望的日本選舉〉，《台灣新生報》，1947年5月9日，第5版。

[72] 例如：杏庭，〈美蘇鬥爭在朝鮮〉；迪生，〈國際人物小誌 英國首相艾德禮〉，《台

求依然存在，但其內容顯然都是經過編輯人員揣摩上意，確定對國民黨政府無害的部分，才能得以刊登。

1949年5月20日戒嚴令實施前，台灣曾經還有另一段創辦新報紙的熱潮，但是因經濟困境，大部分報社都無心經營國際新聞部分。到了1950年以後，則開始出現各種管制國際新聞傳播之辦法。例如，9月6日內政部公布《新聞紙社派遣新聞記者出國申請辦法》，嚴格限制新聞雜誌社派出駐外記者。[73]同年11月16日行政院公告《台灣省戒嚴期間廣播無線電收音機管制辦法》，要求擁有收音機者皆需確實登記，由保安司令部嚴格控管，相關管制辦法中不但限制不得將收音機改造成具有收發報機之功，還要求民眾不得收聽奸匪廣播，甚至獎勵密報鄰里偷聽之行為。[74]此外，戒嚴時期外國報章雜誌的進口也受到嚴格的限制。以上的管制辦法，等於封鎖台灣民眾接受海外資訊的機會，至此國際新聞的管制體制已完全確立。

透過以上的檢討，若要再給予澀谷事件適當的歷史定位，大致上可以提出以下兩個重點。第一，澀谷事件的外交談判是國籍變更之重要案例。國籍變更不是行政命令可以解決，它牽涉到國籍選擇自由之人權問題，日本政府與國民政府未曾考慮台灣住民之立場，都採用粗暴的方式來處理。第二，澀谷事件是一個因台灣同胞受到差別待遇的新聞報導而激發民族主義的實例，但這是在消息傳遞尚稱自由的時期，群眾並未被任何團體操控，大家也有機會發言或進行遊行抗議。然而，隨著台灣外部資訊逐漸

灣新生報》，1946年5月2日，第5版。〈國際人物介紹　美眾院外委會主席〉，《台灣新生報》，1947年5月9日，第5版。阿金，〈巴勒斯坦問題透視〉，《台灣新生報》，1947年5月14日，第5版。陳松明，〈難解決的巴勒斯坦問題〉，《台灣新生報》，1947年5月28日，第5版。該專欄從5月2日到6月11日共發行七期，此專欄後續發展不詳。杏庭為楊杏庭，赴日後以筆名楊逸舟寫作。

[73] 〈新聞紙社派遣新聞記者出國申請辦法〉，《台灣省政府公報》39年秋字第69期，1950年9月15日，頁938。

[74] 〈台灣省戒嚴期間廣播無線電收音機管制辦法〉，《台灣省政府公報》39年冬字第61期，1950年12月12日，頁890-891。

被封鎖後，島內的情勢也無法獲得充分的報導。總而言之，澀谷事件之外交談判，不僅對在日台灣人法律地位有重大影響，其相關的新聞報導，對探討台灣接收國際新聞之方式，也具有指標性的參考價值。相較之下，二二八事件的衝擊，不僅壓縮台灣民眾接收國際新聞的機會，島內新聞的發送也開始受到嚴格的管控，這是台灣新聞自由日益緊縮的起點。

　　1949年5月戒嚴體制逐步確立，言論自由的日益緊縮，涉及中華民國國際地位或台灣前途等問題都成為禁忌，由於相關的外部資訊都受到嚴格的管制，國際新聞當然不可能自由傳播。包括部分反政府的海外台灣人，也被當成有害「媒體」而限制入境。亦即，從印刷媒體、視聽媒體到人際間口耳傳遞消息等，都是官方管制的對象。這樣的新聞傳播與人員往來管制，從台灣人的世界觀到國家認同，必然對台灣社會整體有重大的影響。個人相信，這應該是台灣戰後史研究中一項重要的課題，未來還必須持續進行更加深入的探討。

第二章　在日台灣人與華僑新聞事業之發展

一、前言

　　有關日本華僑之歷史，學術界已經有很多研究成果，但華僑新聞事業相關研究，則相對地顯得比較單薄。一般華僑史的通史性論述都會提到新聞事業部分，但內容都相當簡略，雖有整體性概要的敘述，卻沒有詳細的說明。以台灣出版的日本華僑史專書爲例，大致都是將「教育」與「新聞事業」各用一小節介紹，然後合成一章。有關新聞事業分爲戰前、戰後兩部分敘述，戰前部分引用實藤惠秀的著作，將1898年到1911年的中國留日學生出版品清單列出之後，特別強調，1907年在日本刊行的出版品種類比中國國內還多。此外，還發現1932年到1937年間受時局影響，中國留日學生曾出版有十幾種出版品，且研究中將刊物名稱一一羅列出來。但是，談到有關戰後華僑的新聞事業時，卻僅僅說明戰後華僑發行了不少新的刊物，但大多發行不久即停刊，對於停刊原因沒有深究，也未見全部出版品種類清單。[1]

　　爲何戰後華僑新聞事業未能進一步發展？在1965年由僑務委員會所主編出版的《日本華僑志》書中，有以下說明：「戰後旅日華僑，率多智識份子，本其個人對於文化宣傳之重視，亦欲在新聞通訊書刊上有所作爲。然終以個人資金有限銷路太差，無法長久維持下去，所以戰後雖有許多書刊出現，然不久即告停刊。」這段敘述，雖然觸及戰後華僑出版業的榮景，但並未說明其興衰之歷程與原因，還有很多問題值得探討。第

---

[1] 陳鵬仁，《日本華僑概論》（台北：水牛出版，1989），頁43-71。有關戰前出版品清單，此書乃參考以下之文獻：実藤恵秀，《中国人日本留学史》（東京：くろしお出版，1970），頁418-420、頁509-510。

一，戰後許多華僑報紙雜誌出現的原因與情況，完全被省略了。第二，華僑報紙雜誌的停刊，到底有何經營上的問題，並未被提及。該書對日本輿論界有以下的敘述：「日本輿論界完全左傾，人民思想亦多傾向親共容共態度，對於生硬之反共刊物毫無興趣。」另外，對於華僑文化界則說明如下：「僑胞們受環境的影響，既以閱讀日文書報為滿足精神上的需要，則在當日本整個書報充滿容共彩色〔色彩〕之下，不祇在精神上無形之中，受其麻醉，甚至潛移默化之下，對於中文書報的需求，亦更日見〔漸〕冷淡。」[2]筆者認為，實際上這段敘述帶有許多偏見。大致而言，戰後日本華僑新聞事業本來有很好的發展機會，然而在國府反共國策的壓制下，不僅新聞事業中挫，新聞自由也受到了箝制。因此，以下筆者將發掘這段被掩埋的華僑史，釐清華僑新聞事業之興衰歷程。

1945年之前，除了中國留日學生曾發行一些中文革命宣傳刊物外，日本的華僑完全無法參與日本的新聞事業。這個問題的產生，除了日本政府長期以來對華僑的職業限制的壓迫外，還因為華僑界的知識分子不多，也欠缺撰稿者與讀者，這些都是影響華僑從事新聞事業的重要因素。根據1948年的調查報告顯示，戰後新設之華僑企業、餐廳等，總數約達15,000件，但是出版社、報社及文化振興會等僅共計約30件，占華僑經營事業2%左右而已。另外，依據職業別之調查也顯示，華僑人口之中，從事餐飲業、美髮業、服飾業者居絕對多數，文化相關職業之人口數不超過2%。[3]從這些統計資料可知，戰後從事言論出版業之華僑確實不多。但從另一個角度來看，這個數字表示，這時已經有部分華僑參與言論出版事業，在此基礎上只要善加經營，後續必能有所發展。

---

[2] 華僑志編纂委員會編，《日本華僑志》（台北：華僑志編纂委員會發行，1965），頁174-175。〔〕中之文字為錯別字訂正，以下同。

[3] 陳尊芳，〈在日華僑言論出版界の現狀〉，《中国公論》創刊号，1948年6月，頁16-20。有關盟軍占領時期定居日本各地華僑職業別的統計數字，請參閱：內田直作、塩脇幸四郎編，《留日華僑經濟分析》（東京：河出書房，1950）。

1945年日本敗戰後，官方對華僑的政治壓制解除，加上在日台灣人積極跨入言論出版事業，華僑新聞雜誌確實如雨後春筍般發行問世。戰後初期，在日台灣人的法律地位並不明確，直到1946年7月發生「澀谷事件」[4]，才讓這個問題浮現檯面。而後，經過中國駐日代表團與盟軍總部、日本政府進行交涉，最終確定讓取得臨時華僑登記證的在日台灣人，獲得與大陸出身華僑同樣之待遇，亦即被視為戰勝國之國民。因戰爭動員而來到日本的台灣人，戰後陸續被遣返故鄉，部分持續居留的台灣人，大多受過高等教育，他們擁有充分的日語能力，也具有參與文化出版業之實力。因此，從1945年起，一些由台灣人創辦的報刊雜誌陸續發行。其中有兩份報刊最具代表性，其一是在東京發行的《中華日報》，另一家是在大阪發行的《國際新聞》，還有一家由中共秘密黨員創立的「中國通訊社」，而這三家新聞事業的創立與經營者都是被稱為「新華僑」的在日台灣人。此外，各類華僑發行的雜誌約有30多種，華僑團體及學生團體的會報也有約20多種。包括，在東京發行的《中國留日學生報》、《中國公論》、《華僑民報》等，以及在神戶發行的《華僑文化》等，都是相當具有代表性的刊物。[5]

這些華僑報章雜誌，大致上都刊載有關日本民主化問題、國共內戰、美國的動向與世界局勢等報導和評論，內容相當多元而豐富。其中部分文章轉載自中國的報章雜誌，同時也轉載一些日本知識分子的文章，當然也有一些現地華僑撰寫的文章。從1945年到1952年間，戰敗國日本喪失國家主權，受到同盟國之軍事統治，一般稱這期間為GHQ占領期。有關這時期的日本媒體史，目前日本學界已經有不少研究成果，但有關華僑媒體的發展情況，依然很少受到關注。相對地，這段期間在日朝鮮人報刊雜誌

---

4   正如本書第一章所提及，所謂澀谷事件是指日本警官取締台灣攤商所引起的衝突事件，透過這次事件的司法管轄權之外交交涉，確定在日台灣人獲得等同華僑的待遇。

5   陳來幸，〈神戸の戦後華僑史再構築に向けて──GHQ資料・プランゲ文庫・陳德勝コレクション・中央研究院档案館文書の利用〉，《海港都市研究》5（2010），頁65-73。

比較受到矚目，相關學術研究成果中，目前以小林聰明的研究成果最具代表性。小林在論著中不僅大致釐清該時期在日朝鮮人報紙之發行狀況，同時也詳細分析其整體之言論活動。[6]有關華僑媒體史方面，陳來幸與澀谷玲奈的論著，已經大略說明在日台灣人相當活躍之概況。[7]但是，在日台灣人或全體華僑報刊雜誌事業發展情況，依然還有許多不明之處，有關刊物內容的分析也才剛起步而已。[8]與在日朝鮮人的出版品比較起來，華僑的報刊雜誌種類與發行量都少很多，但還是有其獨特性與重要性。更值得一提的是，華僑新聞事業中台灣人扮演著重要角色，此事鮮為人知。因此，本文主要目的就是，增補這段失落的華僑新聞事業史。釐清這段歷史，相信必定有助於充實戰後日本的媒體史。

有關占領期的媒體發展與GHQ的檢閱政策，日本學界已有許多研究成果，其中以山本武利的論著最具代表性。[9]然而，日本學界對於華僑新聞、雜誌發展之研究並未多見。研究上未能快速進展或突破，其首要原因可能是華僑的出版品並未獲得完善的保存，其次則是華僑社會人際網絡很難清楚掌握。筆者除了蒐集到非賣品的《內外タイムス50年》及《国際新聞の思い出》兩本書之外，也對華僑、在日台灣人進行訪談，並參考相關人士之已刊或未刊行之回憶錄等，如此才大略了解華僑人際關係。同時，筆者也從個人收藏與華僑總會、博物館等，蒐集到更多的華僑出版

---

[6] 小林聰明，《在日朝鮮人のメディア空間——GHQ占領期における新聞発行とそのダイナミズム》（東京：風響社，2007）。

[7] 陳來幸，〈戰後日本における華僑社会の再建と構造変化——台湾人の台頭と錯綜する東アジアの政治的帰属意識〉，收於小林道彦、中西寛編，《歴史の桎梏を越えて——20世紀日中関係への新視点》（東京：千倉書房，2010）。渋谷玲奈，〈戰後における「華僑社会」の形成——留学生との統合に関連して〉，《成蹊大学法学政治学研究》32（2006年3月），頁1-32。

[8] 有關華僑與留日學生刊物內容分析之主要的論文，請參閱：何義麟，〈戰後初期台灣留日學生的左傾言論及其動向〉，《台灣史研究》19：2（2012年06月），頁151-192（收於本書第三章）。

[9] 山本武利，《占領期メディア分析》（東京：法政大學出版局，1996）。

品。根據統計，GHQ占領期，日本各地發行的每日發行的報紙約150種，非每日發行的小型報約2,000種，總發行量約1,600萬份。另外，還有雜誌類出版品，約達3,000種。相較之下，只有20至30種的華僑報刊雜誌，不論種類和發行量確實都顯得相當貧乏，以致於長期以來遭到忽略。然而，探討華僑出版媒體史，同時也可以做為研究戰後中日關係史的切入點，若能從這樣的角度來看，華僑媒體史就應該獲得重視。GHQ占領期，日本華僑報刊雜誌是戰勝國民的出版品，華僑如何看待日本社會，以及他們與在日朝鮮人的往來情況，都是相當值得探討的課題。戰後旅日華僑，包括在日台灣知識分子，他們如何看待戰後中國重建與國共內戰問題，以及抱持何種國際觀與日本觀等，值得我們重新檢視。此外，他們的言論活動是否影響中日或台日關係？也有必要再檢討。

　　有關華僑新聞事業興衰之演變，應該以何種角度來檢討呢？如果以新聞學的概念，大致可以「政論報刊」與「商業報刊」之用語來檢視。大致而言，部分華僑刊物具有黨派色彩與意識形態，這類可以視為「政論報刊」，但部分日刊報紙為了爭取讀者並確保市場，基本上言論不得不標榜中立客觀，這類應該屬於追求營利性目標之「商業報刊」。[10]而後，此種追求利潤的報刊，終究還是被日本報業所吞噬，持續發行的刊物，大多屬於具政治色彩之僑團機關報。但不論哪一種類型的報刊，其中都留下不少在日台灣人之言論活動紀錄。因此，這些報刊都是探討華僑新聞事業史，以及中日、台日關係史之基本文獻。透過這些史料的分析，也可進一步檢視戰後華僑史與東亞國際政治史。

---

[10] 根據佐藤卓己的分析，在英國與德國，有不少標舉意識形態或支持政黨之政論報，但消費社會化的美國，則是標榜「客觀」的商業報很早就興起。相較之下，快速近代化的日本，歐洲型政論報為主的報業發展期很短，很快就進入美國型大眾商業報的時代。以下本文將根據佐藤之分析概念來檢視，華僑報業是否兼顧之政治性與營利性的問題。佐藤卓己，《現代メディア史》（東京：岩波書店，1998），頁86-87。

二、在日台灣人對戰後華僑出版界之影響

有關戰後日本華僑報刊雜誌的發行狀況,活躍同時代的陳萼芳曾在《中國公論》(創刊號,1948年6月)發表〈在日華僑言論出版界の現狀〉專文,提出概略的介紹。同年8月,這篇文章被翻譯成中文,刊登在大阪發行的《華文國際》雜誌。[11]根據文中的說法,戰後發行的華僑報紙主要是《國際新聞》與《中華日報》兩種,其他小型四開報約17種左右。這些小報不僅發行量少,也少有華僑關心或購讀,對一般日本人而言,更是無從知悉。而這些華僑經營的報社或雜誌社,大概只有大阪的國際新聞社有正式登記為株式會社,其他都是個人經營的型態。文中還特別強調,這些小本經營的出版者,大約有一半以上是台灣人,其次為東北出身者,作者對此現象的說明如下:

圖2-1　留日華僑總會發行之《中國公論》創刊號
　　　　封面(筆者/翻攝)

---

[11] 陳萼芳,〈在日華僑言論出版界の現狀〉,《中国公論》創刊号,1948年6月,頁16-20。陳萼芳,〈華文出版文化界的現狀〉,《華文國際》第2卷第4-5合併号,1948年8月,頁12-16。這兩篇的內容相同,從日文版翻譯為中文版,譯者應該就是作者陳萼芳本人。《華文國際》是神戶與大阪華僑經營的中華國際新聞社所發行之刊物。

內地各省出身的華僑，並無進出到文化方面。如偽滿時代及舊台灣時代，在十數年或五十數年的長時間，被日本逼作屬國或殖民地，同時由於日本的奴化教育，將民族意識薄弱化的東北及台灣，反而活潑地在文化界活動，此事為值得注目的現象。[12]

戰後的華僑出版言論界，不僅出現有這樣人才分布不均的問題，從經營到編輯等各方面也有各種問題存在。例如，這篇文章中舉出僑界沒有成立「華僑新聞協會」與「記者俱樂部」等組織，商業價值較低的華文報紙雜誌逐漸地被迫停刊，言論的主義、主張變得曖昧而成為「無主義新聞」，以及未提出代表整體華僑之言論等。不僅如此，陳夢芳也對戰後日本的新聞事業提出以下的批判：

戰後，日本的大新聞亦經過了三種變化。即是起初有急進的傾向，後來有了傍〔旁〕觀的態度，最近卻變成了反動的傾向。但關於此點，可以說在華僑報紙也有同樣傾向。這是因為新聞關係人缺乏對於真正文化事業的理想，同時將出版文化事業當做資本經濟的目的物，完全看為一個企業體的緣故。[13]

陳夢芳在此揭示報紙應該具有「批判權力」與「客觀報導」之特質，並極力主張戰後日本與華僑之報業都必須儘早脫離商業機制。這樣的主張，可說是當時知識分子的基本理念。[14]透過這篇文章，我們可以了解戰

---

[12] 陳夢芳，〈華文出版文化界的現狀〉，頁12。作者中文並不流暢，必須參照日文原文，才能更深入理解其涵義，以下同。

[13] 陳夢芳，〈華文出版文化界的現狀〉，頁12-13。

[14] 根據佐藤卓己的分析，日本的大眾報業確立後，新聞報導必須「不偏不黨」之要求，已經明文列入編輯綱領中，但這個條文與「報業商品主義」，原本就是一體兩面的東西。請參閱：佐藤卓己，《現代メディア史》，頁91。相較之下，陳夢芳在其論述中，批判媒體的商業主義」，同時也主張「批判權力」與「客觀報導」是大眾媒體之職責。

後華僑新聞出版業的概況。但是,這個「理想與現實」應該是很多華僑報刊雜誌所面臨的兩難困境。

戰後的華僑報刊雜誌,如何從追求「營利性」改往「公共性」發展呢?這是陳夢芳提出的問題,因此討論這個問題,首先我們應該要先了解他的生平事蹟。根據目前的資料可知,陳夢芳(1920?~1955?)生於苗栗(日治時期屬新竹州),戰時期畢業於東京醫學專門學校,具有醫師資格,但戰後再進入中央大學法學部就讀。在學期間,他積極地參與戰後僑界之政治運動,發表許多批評時局的文章。由於他也是中國傳統音樂戲劇的愛好者,因此也發表不少藝文評論之相關文章。1953年左右,他為了表明支持北京政府,前往中國大陸,而後傳出1955年前後在北京去世的消息。[15]

戰後,陳夢芳很早就發表有關華僑文化事業發展之文章。1947年間,他在中國留日學生總會機關誌《中國留日學生報》,共發表三篇探討華僑文化、出版相關發展的文章。隔年,這些短文再彙整為〈在日華僑言論出版界の現狀〉一文,刊登於《中国公論》。[16]1948年間,陳夢芳從留日學生總會轉移到留日華僑總會,並負責機關誌《中國公論》的編輯工作。雖然,中途離開了雜誌主編的位置,但是從執筆者和編後記的署名(依然標記「陳」)可知,他一直是這本雜誌編輯的負責人。從其活動與

---

[15] 有關陳夢芳的生平事蹟是比對各種資料整理的結果。根據1949年度發行《東京華僑聯合會會員名簿》之記載,這一年的陳夢芳才29歲,東京醫專畢業,出身地新竹。根據《新華澳報》2012年11月29日的報導,他是在1953年前往中國大陸,曾任職於中央人民廣播電台國際部日本組(中国人民ラジオ局国際部日本部門)。此外,訪談在日台灣人,也獲得知一些相關資訊,大致可以確認,他在中國大陸生活2、3年後在北京去世。

[16] 陳夢芳發表於留日學生報的代表性文章如下:陳夢芳,〈津田左右吉史觀を批判す シナの史というものを中心として(上)(下)〉,《中國留學生報》第8、9号,1947年7月15日、8月15日、第4、7版。陳夢芳,〈終戰後の華僑文化界(上)(下)〉,《中國留學生報》第9,10号,1947年8月15日、9月1日、第7、4版。陳夢芳,〈華僑言論出版界展望 書ける人の欠乏か読者層の素養の不足か〉,《中國留日學生報》第15号,1947年12月15、30日合併号,第2、4版。

發表文稿數量來看，他應該可說是戰後初期華僑言論界核心人物之一。

　　留日華僑總會發行的《中國公論》，在1948年6月創刊，12月發行至第1卷第7號，1949年1月發行第2卷第1號，3月出版第2號，因無後續的出版跡象，推測應該至此停刊，共計發行9期。這段雜誌出刊期間，陳蕚芳除發表前述探討華僑出版界的文章之外，也發表評論華僑日本觀與討論台灣前途的文章。[17]《中國公論》大致可視為僑界政論雜誌，在這不到一年期間內，除了刊登一些華僑意見領袖的文章之外，也轉載《大公報》或《文匯報》之社論。最值得注意的是，各期翻譯轉載不少上海發行的《亞洲世紀》之文章。《亞洲世紀》是戰後在上海成立的「亞東協會」之機關誌，該協會主要成員都是國民黨內知日派知識分子。[18]兩份刊物的聯結顯示，《中國公論》原本與親國民黨知識分子還有一定的往來。但是，1949年以後，該刊物支持中國共產黨的言論增多，左傾化的跡象明顯，這可能也是其停刊的原因之一。該刊發行期間，陳蕚芳是編輯者、執筆者，另一面似乎也參與翻譯的工作。失去《中國公論》的發言管道後，陳蕚芳轉往《民主朝鮮》等雜誌發表文章。正如後敘，從1949年4月起，他陸續發表支持中共的文章，清楚表明反國民黨獨裁與反美帝國主義之政治立場。總而言之，戰後初期日本華僑言論界左傾化之發展，他似乎扮演著相當關鍵的角色。

　　當然，華僑文化界並非只有以啟蒙或政治宣傳為目的之政論報，也有一些基於商業主義而重視「營利性」的商業報，其中在東京發行的《中華日報》就是最具代表性的例子。1945年12月29日，台灣人羅錦卿創立「中日公報社」，隔年1月起，每週發行兩次《國際中日公報》。而後，

---

[17] 陳蕚芳發表於《中國公論》雜誌的相關文章如下：〈在日華僑の対日觀──終戰以来の華僑言論の三つの流れ〉，《中國公論》第1卷第2号，1948年7月，頁17-21。〈最近の台湾よもやま話〉，《中国公論》第2卷第2号，1949年3月，頁32-48。

[18] 孫安石，〈上海の《亞洲世紀》から見た戰後日本の政治〉，收於大里浩秋編，《戰後日本と中国・朝鮮──プランゲ文庫を一つの手がかりとして》（東京：研文出版，2013），頁203-234。

因該社獲得新聞紙之配給，故開始掌握印刷工廠增加印量，並把公司名稱改為「東京中華日報社」。該社發行的《中華日報》（*The China Daily News*），主要是以3萬多名華僑為讀者，其公開揭示的發行方針為：「介紹中國的實況，代表華僑的言論，從中國人的立場表達我們同盟國的明確立場，亦即傳達協助日本進行民主化的占領政策。」[19]該報可視為戰後日本的新興報刊，編輯局長由李獻章擔任，編輯部的職員與記者，也大多是聘用當地華僑。估計該報發行量僅數千份，但因華僑是戰勝國民，故新聞用紙獲得10萬份（2版份量）的配額。[20]當時日本物資缺乏，許多物料都採用配給制。尤其是新聞紙的配給特別嚴格，所以各大報社都為新聞紙不足而傷腦筋。為得到華僑的新聞用紙配額，各大報社都積極設法與中華日報社進行合作，最後是由讀賣新聞社取得建立協力關係之約定。1949年初，社長羅錦卿不僅私下賣給讀賣新聞社新聞用紙，更在未來準備廢刊而計畫先將《中華日報》停刊。[21]

　　對於報社的這項計畫，許多華僑極力反對，留日華僑總會也派人前往調查。另外，站出來反對廢刊賣身的「中華日報員從業員組合」，組織「中央鬥爭委員會」，並於1949年2月發行《中華日報斗争ニュース》。在這份會報中該委員會聲明表示：「中華日報是反映在日華僑意見的喉舌，也是啓發他們的木鐸。該報可以溝通中日兩國的看法，也可以成為雙方交流文化的媒介。一旦被賣掉的話，對重建中的日本，等於失去了必要的他山之石，同時也將造成數萬華僑被剝奪基本的民主與自由之結

---

19 〈身売反対を決議、全華僑の輿論ついに爆発〉，《中華日報斗争ニュース》第1號，1949年2月27日，第一版。這份由「中華日報中央斗争委員会」編輯發行之《中華日報斗争ニュース》，到同年3月13日發行第5號為止。

20 戰後，華僑發行的報紙與雜誌的情況，以及新聞紙配給問題，請參閱：渋谷玲奈，〈戰後における「華僑社会」の形成——留学生との統合に関連して〉，《成蹊大学法学政治学研究》32，頁1-32。

21 內外タイムス社50年史編纂委員会編，《內外タイムス50年》（東京：內外タイムス社発行，2000），頁25-35（非賣品）。

圖2-2　1946年9月4日《中華日報》第一版（原資料收藏：Gordon W. Prange Collection, University of Maryland　圖檔提供：日本國立國會圖書館）

果。」[22]而後，工會的反對運動因爲得到了東京華僑聯合會的支援，羅社長勉強同意《中華日報》續刊，反對運動才得以告一段落。[23]然而實際上，同年6月1日羅社長還是與讀賣新聞社簽訂秘密協議，將該報更名爲《內外タイムス》，而成爲《讀賣新聞》晚報之替代品，也因此編輯人員大多由讀賣新聞社晚報員工來接手。不僅報社人員的更替，報紙的印刷、

22　〈身売反対を決議、全華僑の輿論ついに爆発〉，《中華日報斗争ニュース》第1號，1949年2月27日，第一版。原文日文，筆者翻譯。

23　在批判羅錦卿社長的連續報導中，曾提到他提出的都是假學歷與假經歷，並以「羅金狂」（日文發音與其姓名相同）的綽號嘲笑他，並指稱他是具有狂人異常性格的人，其中部分明顯屬於人身攻擊之言論。《中華日報斗争ニュース》第4號，1949年3月2日、第2版。

銷售、廣告等相關業務，也全部轉由讀賣新聞社掌管。[24]這項交易細節無法得知，但《中華日報》實質上等於遭到變賣。報社實質經營權移轉後不久，日本市場再生紙生產明顯增加，新聞紙供應問題大致獲得解決。因此，讀賣新聞社決定將《內外タイムス》脫手，並從1949年12月1日起停刊。在這種情勢之下，羅社長只好重新尋找其他的經營者。同年12月29日，《內外タイムス》重新發行，這時經營權轉移到另一位在日台灣人蔡長庚之手。[25]據說這次經營權的轉讓金只有30萬日元，一般被認為這是親國民黨華僑間之「私下交易」，因此華僑界反國民黨政府的氣勢更加高漲。

為什麼發生《中華日報》經營權被轉賣的問題呢？最主要是當事者基於資本主義之原則，以追求利潤為目標來經營新聞事業。對於這個情況所產生的問題，陳蕚芳在前述文章中提出批判說：戰爭時期，一些賺了錢的商人，一直抱著再投資什麼有利的新興事業之夢想。戰後，被日本言論界追放者和從外地撤退者，則是期望能再就職。結果，兩者竟一拍即合地結合起來，共同經營起報社。[26]戰後日本新聞業界出現如此變化之下，台灣商人羅錦卿趁機投資新興報業，但他並非單純地投資經營報社，而是看準戰勝國民具有獲得一定新聞用紙配額之特權，藉此透過轉賣剩餘用紙來獲利。在這種心態下，將報社整個出售也是一種自然的趨勢。但是，由於很多報社的職員或臨時員工都是留學生，所以引發許多學生的不滿。由於中國駐日代表團並未出面阻止經營權的轉賣，而社長羅錦卿的政治立場又傾向支持國民政府，因此代表團自然地就成為反對者攻擊的箭靶。從這個實

---

[24] 日本華僑華人研究会編著，陳焜旺主編，《日本華僑・留学生運動史》（埼玉：日本僑報社，2004），頁274-275。

[25] 該社社長蔡長庚為台灣人，早稻田大學畢業，1949年任職於讀賣新聞社的運動部，擅長武術，曾在比賽中眼睛受傷，因此常年戴著墨鏡。他是日本華僑中擁護國民黨政府的代表人物，1950年返台時曾經獲得蔣介石的接見。內外タイムス社50年史編纂委員会編，《內外タイムス50年》，頁25-35。

[26] 陳蕚芳，〈在日華僑言論出版界の現状〉，《中国公論》創刊号，1948年6月，頁17。有關以這種動機來經營報社的說明，後述《國際新聞》的創辦應該就是最代表性一個例子。

例可知，雖然在日台灣人是華僑言論出版界的領導群，但是某種情況下也可能成爲攫取暴利的商人。

三、華僑新聞事業的擴張及其言論之變化

　　除了東京發行的《中華日報》之外，神戶與大阪華僑經營的《國際新聞》也是一家值得注意的報社。相對於支持國民黨政府的《中華日報》及後續的《內外タイムス》，在大阪發行的《國際新聞》之言論，從1947年以後就逐漸傾向支持中國共產黨。從創辦者背景與辦報動機來看，兩家報紙同樣是貿易商創辦，同樣是資本家爲了追求利潤而經營的報社。然而，同樣的出發點爲何會出現全然不同的發展方向呢？兩家報社經營發展的轉折，值得我們詳加比較分析。

　　1945年10月20日，台灣台南出身的康啓楷率先在大阪創立「中華民國國際報社」，並在27日發行《中華民國國際新聞》第1號（最初爲週刊）。這是個人經營的小報社，但刊物發行並逐漸打開知名度之後，很

圖2-3　1946年12月25日《國際新聞》第一版（東京華僑總會／提供）

自然地就被視爲在日中國人之喉舌。因此，該報之辦事處獲准使用中國駐
日代表團阪神僑務分處（前滿州國領事館）的七、八樓。同時，該社向新
聞紙分配委員會申請40萬份之配額，而且在同年11月獲得許可。1946年3
月，在原大阪新聞社前田久吉社長協助之下，發行日報的準備已經就緒。
前田社長如此熱心地提供了從採訪、編輯到印刷等全面性支援，主要目的
無非想獲得這40萬份新聞用紙之配額。經過檯面下運作之結果，新聞社
經營權轉讓給前田久吉的約定大致談妥，康啓楷社長在此交易中將可獲得
巨額的讓渡金。但這項密約曝光後，許多的華僑公開站出來反對。結果，
在駐日代表團謝南光副組長從中斡旋之下，經營權先在1947年6月轉讓給
新設的中華國際新聞股份公司（依照中國公司法）。隔年6月，再改組爲
中華國際新聞株式會社（依照日本株式會社法），如此才保住華僑經營新
聞事業的主導權。

　　國際新聞社之新社長黃萬居，主要股東林炳松與林清木等三人，都是
台灣出身旅居神戶的商人。[27]雖然股東是神戶台灣商人，但是編輯部有幾
位是中國大陸出身的幹部。其中，支持北京政府的總主筆韓飛鳳、編輯
局長鄭孝舜兩人，都在1953年間返回中國大陸。[28]另外值得注意的是，國
際新聞社編輯部內，還有一位台灣出身的重要人物林炳耀。他畢業於台北
高等學校後，就讀京都帝國大學哲學科，畢業後進入每日新聞社任職。
戰爭期間，他曾經被派遣到廣東以及東南亞等地擔任特派員，而後被任
命爲每日新聞社之京都分局長。可能是林炳耀的新聞工作者經驗獲得肯
定，1948年5月他獲邀擔任《國際新聞》之主編，隔年2月更進一步就任
社長。[29]雖由如此資深的新聞專業人才擔任社長，但報社的經營情況還是

---

[27] 內田直作、塩脇幸四郎編，《留日華僑経済分析》，頁20。大股東之中，黃萬居（甲業
　　實業公司＝大信實業）、林清木（大同貿易公司）、林炳松（松永洋行）等都是貿易商
　　投資報社經營的代表性人物。

[28] 大類善啓，《ある華僑の戦後日中関係史──日中交流のはざまに生きた韓慶愈》（明
　　石書店，2014），頁107-111。此書也提及一些《國際新聞》的言論左傾化之細節。

[29] 有關國際新聞社之社史請參閱下列之資料集。「コクサイ友の会」文集編集委員会編，

沒有改善，依然長期持續地虧損。

　　1950年之後，隨著國際情勢的變化，國際新聞社經營上的問題點也逐漸浮現。國際新聞社一向聲稱該報發行量為44萬份，但實際上推估大約只有15萬份。對報社的經營而言，發行量是非常重要的事，由於國際新聞社並無附帶事業，完全是靠報紙銷售與廣告收入，如此的發行量必然影響報社財務。為了改善經營狀況，在任職代表團的謝南光的斡旋下，1948年間該社從駐日代表團獲得2萬美元融資。此外也有人提出，以企業重建之名義吸收新的資金，或是設立新的公司等建議，但新社長林炳松反對這些重建計畫，他認為這是「無視大股東」的存在。同時，他選擇向自己的公司松永洋行貸款，採取維持獨立經營。1950年5月，日本新聞用紙、報費定價等管制都被廢止，新聞業界的競爭更為激烈。雖然國際新聞社多次進行削減人員與節約經費之改革，卻還是未能打開新的局面。最後，1958年終於放棄由華僑出資重建的想法，決定交由日本報業人士經營。由華僑創刊發行的《國際新聞》，從1946年3月1日每日發行起，到1958年3月1日改名為《大阪新夕刊》為止，共維持了12年，這段期間合計共發行4,442號的報紙。[30]

　　國際新聞社為何無法由華僑持續經營呢？有些人認為，因為該社無法對抗激烈的行銷競爭，也有人認為是散漫經營所致。然而，不能忽視的問題是，支持北京政府也是重要的原因之一。該社創立之初，訂立以下五大編輯綱領：「確立公正言論」、「強化中日提攜」、「助成日本民主化」、「促進亞洲復興」、「確保世界和平」。[31]以此為原則的經營之下，《國際新聞》獲得部分日本讀者肯定的評價。根據舊社員鐘明炫的回

《国際新聞の思い出》（同委員会発行，1997）（非賣品）。林炳耀的戰時期著作如下：林炳耀，〈廣東の唄ごゑ〉，《文藝春秋》（1939年1月，頁98-102）。林炳耀，〈脱皮なる廣東〉，《文藝春秋》（1939年2月，頁58-63）。林炳耀，《ブキテマ》（東京：大新社，1943）。

30　〈国際新聞のあゆみ（略年表）〉，《国際新聞の思い出》，頁79-86。
31　〈国際新聞のあゆみ（略年表）〉，《国際新聞の思い出》，頁79-86。

顧表示：「根據GHQ的新聞出版規則（Press Code for Japan，日文：プレスコード）之規定，在事前檢閱情況下，日本各報無法以獨特的海外新聞、大膽的報導與有骨氣的論調等，呈現出報紙的特色，這些問題在這份唯一的在日華僑報上都已獲得解決，同時還詳細介紹新中國消息。」[32]另外，在國民黨潰敗日益明顯之際，社長黃萬居擔心擁有這份支持新中國立場之報紙股份，會捲入國共內戰而影響到自己商業活動，因而決定賣出屬於自己的大同貿易公司持有之報社股份。而後，該報支持新中國支持的方針，雖然開始受到駐日代表團和國府的干涉，但卻未曾改變。

有關這段受干擾的艱困時期，經營幹部曾森茂表示，當時報社主要堅持著以下三項明確之目標：一、「向日本介紹新中國」，二、「推動中日友好」，三、「促進在日華僑的愛國團結。」[33]鐘明炫進一步說明當時報社氣氛表示，中共勝利到來之前，報社內毛澤東主席的肖像被掛起來，並在大地圖上描繪解放軍的進攻路線。「由於其他社員有意見，同時顧慮外界的目光，所以不久肖像和地圖都被取下。但是報紙的特色並沒有變化，進步的報導和評論依然持續，我覺得當時可說充滿社會黨左派之色彩。」[34]總而言之，《國際新聞》之左傾化，大致可歸納出以下之原因：第一，國際新聞社轉賣後，接手之經營者是親共人士。第二，改組為股份有限公司後，該社採用許多左翼華僑知識分子。第三，從市場取向來看，批判國民黨政府的報導與評論，頗能獲得日本讀者之共鳴。然而，最後《國際新聞》還是無法由華僑持續經營。

大阪的華僑報刊中，《國際新聞》之言論傾向支持新中國，不僅以日刊發行且發行相當長的一段時間。相對地，東京地區的左傾報刊是以「華

---

[32] 鐘明炫，〈初期のエピソード〉，《国際新聞の思い出》，頁65。

[33] 曾森茂，〈国際新聞発展の道〉，《国際新聞の思い出》，頁60-63。曾森茂在演說文中曾提到：「有一部分的勢力、團體或機關，不想看到《國際新聞》的存在，甚至認為其存在是一種威脅。」另外他也特別強調：「有些人認為《國際新聞》是自己民族的新聞。」

[34] 鐘明炫，〈初期のエピソード〉，《国際新聞の思い出》，頁66。

僑民主促進會」的《華僑民報》為代表，但僅以旬刊發行，且僅維持約一年期間。1948年10月16日在東京成立的華僑民主促進會，是一個支持中國共產黨的華僑團體。促進會第一任委員長為劉明電，隔年由甘文芳接任。該會不僅標榜反帝國主義、反封建、反官僚資本的「三反主義」原則，並在其綱領中強調，支持祖國的解放戰爭、強化與祖國的聯繫、促進華僑團體的民主化、致力解決華僑的經濟問題等。[35]1949年7月10日，促進會選出了15名中央委員，其中12名為台灣人。7月11日，促進會創刊《華僑民報》旬刊為機關誌，10月11日發行的第8號為慶祝中華人民共和國成立，這一期從原本兩頁增加為四頁，主要內容是報導中國共產黨的動向或宣傳其政策。這份刊物維持到隔年9月，從《華僑民報》內容變化可知，在這一年間華僑言論界的左傾化。該報的言論主要是堅持「反帝、反封建、反官僚資本」之原則，強調該會為守護僑界利益的前衛且進步的團體。在此所謂「三反主義」之原則就是，反對美國帝國主義的侵略與培養日本的反動派、反對傳統封建體制與榨取農民之體制、反對國民黨的官僚資本主義等。另一方面，該會活動的目標也強調，積極獻身於自由、民主、富強的新中國之建設。[36]

　　進入1949年之後，華僑言論界的左傾化日益明顯，這群左翼知識分子大多是在日台灣人，其中負責《中國公論》編輯的陳蕚芳就是極具代表性之人物，他在中華人民共和國建國前後，發表了許多支持中共之文章。[37]例如，1949年5月，他在《民主朝鮮》發表〈新中國被誤解了〉一文，並以「對中共的疑問以及擔心有根據嗎？」為副標題，為中國共產黨

---

[35] 日本華僑華人研究会編著，陳焜旺主編，《日本華僑‧留学生運動史》，頁269-273。

[36] 何義麟，〈戰後初期台灣留日學生的左傾言論及其動向〉，《台灣史研究》19：2，頁151-192（收於本書第三章）。

[37] 所謂「在日台灣人的左傾化」，不僅是指他們變成社會主義者，部分知識分子是反帝國主義者或中國民族主義者，這也意味著他們的活動，大多是支持北京政府的政治活動。請參閱：何義麟，〈戰後初期台灣留日學生的左傾言論及其動向〉，《台灣史研究》19：2，頁151-192（收於本書第三章）。

的革命動向與致力於解放無產階級等，進行全面的介紹與辯護。[38]除此之外，他還有一本代表著作：《花岡事件——一個成為日本俘虜的中國人之回憶錄》（東京：中國人俘虜犧牲者善後委員會，1951年）一書，這是他調查救援戰時被強迫帶到日本礦場工作的中國人之成果。[39]他從事花岡事件的報導，可以看出他對日本帝國主義的批判，同時他也藉此展開支持新中國的言論活動。當然，他也對台灣的前途相當關心。例如，從1949-1950的一年間，他至少在雜誌上發表了〈最近台灣雜談〉、〈解放前夜的台灣〉、〈台灣的新文化運動與民族解放〉等文章。[40]

　　從以上這一系列的文章可知，陳蕚芳認為新中國的建設和台灣解放問題緊密相連。例如，他在分析華僑出版界的文章中設定以下之課題：「尤其是關於台灣問題，向來的台灣社會運動的統一戰線，以反帝理念為主要目標，及至日本帝國主義敗退後，大略達到了目的。今後應確立如何指導的理念？對此種問題，在台灣出身者之間應有認真討議的必要，同時會報的使命亦在於此。」台灣出身陳蕚芳似乎很認真地在思考「解放台灣」的問題，對此他自己提出說明如下：「及至二・二八事件以後，連日本的各新聞亦大大的提起了台灣獨立的問題。被〔在〕全世界的視野裡龐大地浮湧出來的台灣，在政治、經濟、文化方面以如何的方法擔當先鋒，為了中國民主化，為了中國近代化，更為了中國工業化，該如何往前走？此問題

---

[38] 陳蕚芳，〈新中国は誤解されている〉，《民主朝鮮》第27号，1949年5月，頁45-55。

[39] 所謂花岡事件是中日戰爭時期大量中國勞工被強迫帶到秋田縣花岡炭礦工作，而後發生眾多中國勞工死亡之事件。戰後，透過在日朝鮮人的通報，華僑團體才開始進行遺骨蒐集的工作。這本書再版之出版資料如下：劉智渠述，劉永鑫、陳蕚芳記，《花岡事件——日本に俘虜となった中国人の手記》（東京：岩波書店，1995）。另外也有以下之中文版：王陵節譯，《花岡慘案》（北京：世界知識社，1955）。

[40] 陳蕚芳，〈最近の台湾よもやま話〉，《中国公論》第2卷第2号，1949年3月，頁32-48。陳蕚芳，〈解放前夜の台湾〉，《民主朝鮮》第33号，1950年7月，頁31-36。陳蕚芳，〈台湾における新文化運動と民族解放〉，《新日本文学》第5卷第6号，1950年8月，頁29-34。

實是台灣出身知識人的重要研究課題。」[41]再觀察他日後的動向可知，陳
蕚芳一方面反對台灣獨立運動，另一方面也在思考台灣與中國的未來，同
時積極投身在日華僑的政治社會活動。

　　在日台灣人的左傾化論述，不僅是表達對中國共產黨的支持而已，同
時也展開對美帝主義的批判。例如，1950年7月，關於當時的東亞的國際
形勢，東京華僑總會的幹部吳修竹在《民主朝鮮》表示如下的看法。

　　蔣介石反人民的國內戰爭，當然不是靠他一個人的力量強行展開。數
量龐大的武器，從國外供應蔣介
石進行對中國人民的屠殺，相信
讀者們都知之甚詳。不用說這些
武器援助並非為了推動和平政策
而提供，朝鮮的情況也是一樣，
李承晚的軍隊、警察，也是用外
國製的武器來武裝。（中略）
1949年10月1日，中華人民共和
國終於成立了，中國人民有史以
來，第一次擁有人民的政府。這
個無法撼動的事實，加上朝鮮人
民對統一的熱烈要求，帝國主義
在亞洲大陸之侵略政策徹底的失
敗了。面對這個情勢，目前扮演
著彌補帝國主義侵略亞洲大陸政
策失敗之角色者，無非就是日本
的帝國主義分子。[42]

圖2-4　1950年7月號《民主朝鮮》封面（筆
者／翻攝）

[41] 陳蕚芳，〈華文出版文化界的現狀〉，《華文國際》第2卷第4-5合併號，1948年8月，
　　頁14。

[42] 吳修竹，〈対日講和と中国の立場〉，《民主朝鮮》第33号，1950年7月，頁15。原文

　　以上這種看法大致可說是當時左翼知識分子的基本理念。《民主朝鮮》在刊登這篇文章之後，就遭到GHQ與日本警察的查禁。雖然無法斷定被查禁是否和這篇文章有關，但可以確定這樣激進的言論顯然此時已無法見容於當局。[43]

四、新聞自由的喪失與華僑團體之重整

　　在日台灣人的左傾化言論不僅出現在華僑報刊，同時也發表於在日朝鮮人的刊物。因此，占領期的朝鮮人和台灣人合作關係也值得注意。[44]在日朝鮮人和台灣人聯手展開的活動，主要都是召開座談會。例如，1947年8月《民主朝鮮》雜誌社為紀念「解放二周年」，舉行中國、日本、朝鮮三國民主主義者參加之「東洋民主革命之進展」座談會。與會人員除了雜誌社的代表韓德銖、元容德之外，日本代表是平野義太郎、鹿地亘、中野重治、中西功，朝鮮代表是申鴻湜、白武、尹鳳求，中國代表是劉明電、黃廷富、甘文芳、楊春松、賴貴富。五位代表中國的出席者都是台灣人。座談主題是東洋三國的民主化以及中國革命的進展與影響，雖然參加者自稱是各國民主主義者代表，但實際上都是共產黨員或是馬克思主義者。[45]

日文，筆者翻譯。吳修竹，1920年生於台灣彰化，1946年中央大學法學部畢業，長年擔任東京華僑總會之幹部。

[43] 有關盟軍占領期對左翼各種媒體的取締，請參閱：山本武利，《占領期メディア分析》，頁410-458。法政大学大原社会問題研究所編，《証言 占領期の左翼メディア》（東京：御茶の水書房，2005）。

[44] 例如，陳萼芳與吳修竹兩人的文章刊載於《民主朝鮮》雜誌。另外，同樣是台灣人的華僑總會副會長甘文芳則在另一份朝鮮人刊物發表文章。甘文芳，〈《対日講和と朝鮮独立》によせて〉，《自由朝鮮》第2卷第2號，1948年2月，頁18-19。這些文章都有一個共通點，那就是作者都抱持支持中國共產黨的政治理念。

[45] 〈座談会 東洋民主主義革命の進展〉，《民主朝鮮》第13号，1947年8月，頁4-17。日本與朝鮮的代表的資歷不談，根據筆者之訪談與調查，中國代表者中的楊春松、賴貴

圖2-5　支持新中國的在日台灣人團體照（1950年代後期，吳修竹／提供）
後排左起　陳焜旺、劉啓盛、黃文欽
前排左起　吳修竹、甘文芳、劉明電、呂漱石

　　1950年7月，《民主朝鮮》刊出「亞洲現在形勢和展望」座談會紀錄。出席者除了編輯部代表之外，各國代表為岩村三千夫、甘文芳、蠟山芳郎、元容德等人。討論課題是「中國革命的影響」、「東南亞民族獨立運動」、「南朝鮮和北朝鮮的現狀」、「美國對日安全保障問題」、「中蘇條約」以及「窮途末路的蔣政權」等。[46]在座談會記錄中，代表中國的台灣人甘文芳不僅陳述對中國共產黨的讚揚，同時嚴厲地批評蔣介石和國民黨政府，他的觀點可視為為左傾華僑之時局觀點。前述陳蕚芳與吳修竹等台灣人文稿也同時都刊登在這一期，三人對共產中國都給予高度評價，

富、陳蕚芳、吳修竹等都可以確定是中國共產黨秘密黨員，同時也參與日本共產黨「民族對策本部」。不論是否加入共產黨，這批人都可以稱為共黨的同路人。

[46]〈座談会　アジア現情勢とその展望〉，《民主朝鮮》第33号，1949年7月，頁76-90。從討論內容與6、7月合併號來看，座談會大概是在韓戰爆發前5月間舉行。

並期待其早日解放台灣。在《民主朝鮮》這本雜誌出現的台灣人，不僅被視爲中國代表，其發言內容也都以中國人自居，他們形成一股僑界支持中共的勢力，在日本展開各種活動。

1949年1月，華僑總會發行的《中國公論》雜誌上，刊載了該社主辦的一場中、日、韓三國代表參加，名爲「在日外國人的出路」的座談會紀錄。座談會日本方面參加者是尾崎庄太郎、鹽脇幸四郎，朝鮮方面是許南麒、魚塘、李殷直，中國方面是甘文芳、黃廷富、田寶民、劉啓盛等。中國方面4人之中，只有田寶民來自中國大陸，其他3名中國代表與主持人陳尊芳、吳修竹和蔡錦聰等3人都是台灣人，亦即三國12名參加者，在日台灣人共計占了6名。這期雜誌還刊登一篇〈解放黎明的中國、朝鮮、日本〉之社論，呼應這場座談會的論點。[47]整體而言，所有參與者成員都期待「中國革命」，有關「在日外國人的出路」的問題，答案是外國人應該要與日本的民主勢力合作，共同宣揚並推動日本的民主化，這才是最佳的出路。

戰後在日外國人不僅聯合起來建立共同鬥爭的戰線，而且與在日留學生團體也密切合作，跨國聯合陣線的態勢明顯，根據《中國留日學生報》的報導，1947年間大致出現以下之相關活動。1947年7月6日，「中日聯歡會」和「朝鮮學生聯盟」在東京聯合舉辦演講會，中國、朝鮮、日本的青年學生聚集一堂，邀請三位來賓實藤惠秀、中西功、平野義太郎等發表演講。[48]而後學生報中，還介紹東京的印尼留學生的動向，報導8月1日「印尼學生獨立聯盟緊急大會」之消息。[49]這個時期在日本留學的各國學生，似乎都積極地建立國際性聯盟組織，共同爲祖國的解放獨立或民主化

---

[47] 〈公論 解放黎明にある中国・朝鮮・日本〉，〈座談会 在日外国人の出路〉，《中国公論》第2卷第1号，1949年1月，頁2-17。

[48] 〈中、鮮、日学生青年の集ひ〉，《中國留日學生報》第8号，1947年7月15日、第1版。

[49] 〈国際的親善の芽生え 国際学生友好会の発足〉，《中國留日學生報》第9号，1947年8月15日、第2版。

改革而努力。1948年以後，留學生透過召開在日的國際學生懇談會，共同策劃設置「亞洲學生聯盟」。8月16日，各國人士和學生團體在東京的日比谷公會堂共同主辦「亞洲民族和平文化節」。9月5日，「第二次國際青年日」大會在同一會場舉行，大會的主旨是「反法西斯」、「反帝國主義戰爭」及「日本戰後民主主義改革之監督」。[50]這些跨國性活動，明顯都屬左翼學生團體之動向。而後到了韓戰時期，在日台灣人與朝鮮人的合作更加密切。1952年2月28日，留日中國同學總會舉行「二・二八起義五周年」紀念會，朝鮮聯盟派代表參加。第二天中國同學總會與華僑代表也參加了朝鮮學生聯盟主辦的「三・一革命紀念日」的集會，在這場活動中僑團代表劉明電致詞，並說明二二八事件的經過，朝鮮學生聯盟主席則介紹三一革命之意義。[51]

　　如前所述，GHQ占領期的前半期，支持中國共產黨的言論可以自由地發表，共產黨的組織性活動也不受到干擾。但是1949年的大選，日本共產黨席次大增，同年10月中華人民共和國建立，緊接著隔年6月朝鮮半島爆發戰爭，此種情勢促使盟軍對日管理政策也出現變化。戰後，GHQ賦予日本共產黨合法的地位，原本這是為促進日本民主化政策之一環，但為因應緊張的局勢，這時開始採取肅清赤色分子之方針。進入1950年以後，在GHQ指示之下，日本共產黨中央委員的公職者被免職，日本政府更以內閣決議方式，確立排除官廳與媒體內共產主義者之方針。同時，共產黨的出版物《紅旗》與被視為左翼團體機關誌的《民主朝鮮》等雜誌，也都相繼接到禁止發行的命令。[52]

---

[50] 〈アジア民族平和文化祭〉，《中國留日學生報》第22号，1948年9月1日、第1版。中文版刊登的「和平文化祭」之口號是「中國要統一、亞洲要解放、世界要和平」。而後，「アジア学生連盟」改為「在日国際学生協議会」，主要的成員是中國、日本、韓國的學生，但是也有印尼、菲律賓、印度的學生參加。

[51] 〈盛会だった二・二八催し〉，《新華報》改題12号，1952年3月18日、第2版。

[52] 吳圭祥，《ドキュメント　在日本朝鮮人連盟 1945-1949》（東京：岩波書店，2009），頁232-241。有關出版品的查禁，請參閱：山本武利，《占領期メディア分析》，頁410-458。

左傾化的華僑團體之中，「華僑民主促進會」最受當局關注。根據
GHQ和日本警察的調查可知，1950年以後華僑民主促進會和中國共產
黨、日本共產黨的關係更爲緊密，該會機關誌《華僑民報》也被視爲共產
主義之宣傳刊物。1950年9月28日清晨，日本政府法務官員大橋武夫下令
300名警察預備隊突擊華僑民報社所在的大樓，整個報社被查封，帳簿類
與印刷器材等也被沒收了。當時，在現場應對的是該社編輯曾森茂，最後
他還是無法阻止當局的查封。[53]根據官方檔案顯示，同盟國國民發行的刊
物中，《華僑民報》是第一個遭到停刊處分的刊物。

在此之前，GHQ和日本政府主要都是查禁朝鮮人出版品，對戰勝國
民的中國人（包括：台灣人Formosan-Chinese）的刊物從未查禁。爲何
在這個時間點左傾化華僑刊物開始受到干擾呢？最主要的原因在於此時
GHQ與國民黨政府取得共識。筆者查閱中華民國政府外交部檔案發現，
查禁該報主要是來自國民黨政府的請求。而且，國府情治機關對僑社報刊
言論的監視與干涉是全面地展開。國府外交部要求查封《華僑民報》的
檔案中，說明事情之經過如下：「一、此次是蒐集了超過3個月的親共反
動言論之證據，才在9月28日請求當局查封該報社。二、這件事情牽涉到
許多外交方面的聯繫，對GHQ來說也是很棘手的問題。三、本代表團曾
在幕後秘密聯繫取締工作之進行，這項事實請勿公布。」[54]雖然外交部檔
案明確記載，查禁華僑民報社是中國駐日代表團提出的要求，但實際上，
對GHQ與日本警方而言，這不僅是被動答應之外，或許還可以說是正中
下懷。9月28日華僑民報社遭查封的消息，隔天台北的《中央日報》即刊
登中央社從東京發回的電訊。在這篇新聞稿中，《華僑民報》竟然被稱爲
《華僑人民日報》。另外，報導中還認定該報罪名是宣傳共產主義，同時

---

[53] GHQ民政局文書GS(B)04247，〈KAKYO MINPO (Huachiao minpo ——Overseas Chinese People's Newspaper) (1950.8-1951.4)〉（國立國會圖書館所藏）。

[54] 〈華僑民報社被查封事〉，《台灣獨立運動（一）》外交部檔案，檔號：0037/006.3/002（國家檔案管理局收藏）。

也大言不慚地說，戰勝的同盟國報紙首次受到禁止發行的處分。[55]在反共的大義名分下，國民黨政府竟然將剝奪本國人民的言論自由與新聞自由，炫耀成自己的功績。

中國駐日代表團爲打壓華僑之言論自由，不僅藉由日本警察預備隊之手，嚴厲處置東京華僑民報社，同時也直接對大阪國際新聞社提出警告：《國際新聞》必須遵從政府國策進行報導。毛澤東主席、周恩來總理要以共匪毛澤東、周恩來，不得使用其頭銜。[56]而後，報社因應代表團指令，採用「毛澤東氏、周恩來氏」等較中性的稱呼，但這樣反而受到讀者的抗議。因此，不久之後，編輯部決定再恢復原來的稱呼。由於該社不遵從指示，駐日代表團乃向地方法院提告，要求該社必須繳還二萬美元之貸款。代表團的這項壓迫，使得處於虧損的該報經營更加惡化。而後，國民黨政府對支持北京政府的林炳松社長發出叛亂罪之通緝令，並沒收其在台灣之財產。[57]1950年以後，國府駐日機關更加嚴厲地檢查華僑報刊的用語，不僅強行要求使用上述的「共匪」一詞，而且監視報告書提及，國府官員還要求中刊物內容都必須將「中國及朝鮮」改爲「中共僞政府及北韓」等。[58]

如前所述，支持北京政府的《國際新聞》因遭受到國府各種的壓力，而陷入破產的邊緣。華僑經營的新聞事業最主要阻擾因素，竟然是來自國府的干預，這樣殘酷的事實，讓人感到驚訝。1950年以後，駐日代表團改由以反共著稱的何世禮團長就任，他不僅對華僑報刊言論進行干擾，同時也介入華僑總會的選舉，徹底排除了支持中共的幹部，若無法瓦解親共華僑團體，則另外建立支持國府之華僑團體。[59]最後，日本各地的華僑團

---

[55] 〈東京華僑人民日報被日本警察封閉〉，《中央日報》，1950年9月29日（版次不詳）。

[56] 蔡慶播，〈国際新聞社の華僑経営〉，《国際新聞の思い出》，頁4-5。

[57] 蔡慶播，〈国際新聞社の華僑経営〉，頁5。

[58] 〈取締華僑不法活動由〉，《台灣獨立運動（一）》外交部檔案，檔號：0037/006.3/002（國家檔案管理局收藏）。

[59] 有關何世禮擔任駐日代表團團長之後，如何介入華僑團體的情況，請參閱鄭宏泰、黃紹倫，《香港將軍何世禮》（香港：三聯書店，2008），頁226-261。

體,大致就分成支持中共的「東京華僑總會」和支持國府的「留日華僑聯合總會」兩個系統,這樣的僑團分立情況持續到現在,而且在近期內也不可能整合。[60]由此可知,當年的僑務政策其影響之深遠,至今依然很難評估。

五、結語

　　華僑新聞事業的出現,與GHQ採取新聞紙配額制有密切關聯。戰後,GHQ為了抑制戰爭時期配合日本政府宣傳政策的全國性大報社,決定優先把新聞紙分配給戰後創刊的新興報紙,同時也給同盟國戰勝國民較高的配額。部分在日台灣人很快地發現這種機會,因此積極創辦新報社,並迅速地發行華僑報紙。另一方面,也提出新聞用紙配額的申請。華僑新設立的報社,藉著服務僅數萬人華僑之名,竟然得到大量的配額。GHQ不僅壓低大報社的用紙配額,同時也限制這些報社發行晚報。為了對抗這樣的措施,全國性大報都另設公司發行晚報。例如,讀賣新聞社就以《內外タイムス》為替代晚報,而每日新聞社也另設一家企業,發行晚報《新大阪新聞》以為替代。然而,全國大報發行晚報禁令解除,新聞用紙配合制度也廢止後,這些發行替代晚報的子公司馬上被棄置不顧。[61]在戰後日本新聞事業的邅變時期,由新華僑的台灣人創辦之新興報社,明顯受到拉攏與利用。但是,日本報業史中幾乎都不提這項史實,這段歷史明顯需要增補。

　　1952年2月,同盟國對日和約生效,GHQ占領期也結束。在此前後,

---

60 譚璐美、劉傑,《新華僑 老華僑——変容する日本の中国人社会》(東京:文藝春秋,2008),頁240-243。

61 有關大阪的報業發展,以及GHQ的報業限令下,大阪新聞界的競爭與變化,請參閱:永井芳良,《大阪ジャーナリズムの系譜——西鶴・近松からネット時代へ》(大阪:フォーラム・A,2009年),頁146-147。足立卷一,《夕刊流星号》(東京:新潮社,1981)。

日本的新聞業競爭已日漸白熱化，華僑或在日台灣人經營媒體事業更加困難。此時，從讀賣新聞社取得《內外タイムス》經營權的蔡長庚社長，將《內外タイムス》定位為關東地區娛樂晚報，完全以追求「營利性」為經營目標。另一方面，他也是國民黨政府的擁護者，所以報紙明顯打出反共口號。[62]這樣的政治立場，看起來好像違背資本主義的原則，實則不然。因為，該報在支持國府、宣揚反共國策，可以從台灣獲取相當大的利益。國民黨政府遷到台灣之後，外國的報紙在台銷售受到嚴格管制。韓戰爆發之後，由於台灣民眾相當關心國際局勢的動向，因此華僑的報紙相當受到歡迎。當時十家以上的華僑報紙在台灣成立辦事處，進行新聞的取材以及銷售業務。只要堅持反共立場的話，華僑報之言論以及頁數就不會受到很大的限制。[63]這段時期，《內外タイムス》以華僑報方式進口到台灣，筆者推測應該獲得不少的利益。

　　戒嚴時期，反共愛國的《內外タイムス》是最具代表性的僑報，而且是唯一的日語報紙，對通曉日語的台灣人來說，變得非常珍貴。當然，由於這是一份以反共當做招牌的娛樂八卦報，因此根本無法充分滿足台灣知識階層的需求。這份報紙的進口，除了用來攏絡日本華僑之外，同時也被做為禁止日本大報社進口的藉口。在威權體制下，國府藉由進口日本華僑報，排除日本報紙進口的史實，至今尚未被充分關注。[64]而這樣的新聞管

---

62 內外タイムス社50年史編纂委員会編，《內外タイムス50年》，頁25-35。這份報紙能夠進口到台灣，除了社長是國府支持者之外，這是一份反共華僑報也是主因之一。實際上，這份報紙是晚報，其內容是以報導演藝界和娛樂界消息為主，分類廣告中風俗業占了大半。很長一段時間，該報被視為關東地區的娛樂型晚報。2009年11月30日，內外タイムス社向東京地方裁判所提出破產申請，報紙也停刊了。

63 洪桂己，《台灣報業史的研究》（台北：台北市文獻委員會，1968），頁198-200。行政院僑務委員會編，《僑務法規》（台北：台北市文獻委員會發行，1956），頁92-95。

64 何義麟，〈戰後台湾における日本語使用禁止政策の変遷——活字メディアの管理政策を中心として〉，收於古川ちかし、林珠雪、川口隆行編，《台湾・韓国・沖縄で日本語は何をしたのか——言語支配の言語支配のもたらすもの》（東京：三元社，2007），頁58-83。

圖2-6 1956年10月25日《大地報》第一版（東京
　　　 華僑總會／提供）

制政策，對台灣民眾的精神方面，以及台灣社會文化發展的方面，造成的傷害更是難以評估。

相對地，同樣是華僑報，大阪的《國際新聞》則命運完全不相同。該報與《內外タイムス》的前身《中華日報》相同，都是由在日台灣人創辦，也都曾遭受日本大報社奪取經營權的威脅。但結果只有《國際新聞》長期被支持北京政府的華僑所掌控，其言論立場一貫傾向中共，因而與國府形成對立的關係。1954年3月1日，在國共對立與華僑爭奪戰持續之下，新的華僑報《大地報》創刊了。這是一份由北京政府支持的中文報，其內容主要是介紹社會主義中國之現況、在日華僑動向、中日友好運動，以及進行解放台灣之宣傳。該報最初只印一千份，而後從月刊變成旬刊、週刊，印量也逐漸增加，最多時曾達到一萬份。[65]這份屬於北京政府支持的華僑報，在國府

---

65 大類善啓，《ある華僑の戰後日中関係史──日中交流のはざまに生きた韓慶愈》，頁
　 108-110。1970年，因受到文化大革命之影響，日本華僑運動日益複雜，這時處境尷尬
　 的《大地報》也突然廢刊。有關這段時期中共的華僑政策，請參閱：王雪萍編，《戰
　 後日中関係と廖承志──中国の知日派と対日政策》（東京：慶應義塾大学出版会，
　 2013）。

的日本華僑史中，當然也是屬於不方便介紹的報刊之一，而被排除在外。

　　國府官方版日本華僑史中，戰後華僑「新聞事業」不能發展起來的原因是：「民國以來國內言論自由，無需再藉異邦國土鼓吹革命思想，以及日本軍國主義者已被打倒，沒有可以反抗的對象所導致。留日僑胞，能讀國文者，為數太少，加以日本新聞事業，非常發達，僑胞大多喜歡看日文報刊，因此僑胞所辦刊物，便很難維持長久。」[66]這樣的說法，抹殺戰後在日台灣人的媒體經營史，以及國府對華僑新聞事業打壓的經過，完全扭曲了這段歷史。在日台灣人的新聞事業，與全球化時代的移民，以母語發行報刊而形成所謂「遠隔地民族主義[67]」的情況不同。因為，他們是以舊殖民地人的身分，在舊宗主國展開新聞事業，情況原本就相當特殊。而後，由於海峽兩岸分立的情況，在日台灣人與部分華僑的歷史竟然完全被抹消。本文發掘這段史實，最主要的目的就是要補足華僑新聞史上失落之環節。

　　還有一項值得注意的問題是，打壓華僑報業與戰後台灣島內新聞管制政策有何關聯？目前學界還很少人察覺到兩者之間有何關聯性。然而，重新檢視國府對華僑報業的打壓可以發現，第一，不論是檢閱的原則或言論尺度的限制等，大致相同。第二，國府對報社收買、攏絡的手法，也都如出一轍。換言之，國府的媒體政策是內外一體適用，對付海外的媒體也絲毫沒有放寬標準。這項結論，從前述對《內外タイムス》的籠絡，以及對《國際新聞》的打壓，可以獲得充分的印證。[68]

---

[66] 陳鵬仁，《日本華僑概論》，頁57。這段敘述大致沿用華僑志編纂委員會編，《日本華僑志》一書之說法，因此可以視為官方版見解。

[67] 有關在全球化的現代社會，所謂「遠隔地民族主義」形成之分析，請參閱：アンダーソン・B. 関根政美譯，〈「遠隔地ナショナリズム」の出現〉，《世界》586（1993年9月），頁179-190（Benedict Anderson, The New World Disorder, New Left Review, No.193, 1992）。

[68] 何義麟，〈戰後台湾における検閲制度の確立──検閲関連法とその執行機関の変遷を中心にして〉，《Intelligence インテリジェンス》Vol.14（2014年3月），頁56-64。

　　GHQ占領期與後續的華僑報刊雜誌等出版品，無疑地都可視為研究華僑史、中日關係史，甚至是東亞國際關係史的第一手珍貴史料。從在日台灣人的活動與對台灣島內的影響來看，華僑出版史與新聞史的研究，必然是現代台灣史研究不可或缺的一章。目前，因為日本的華僑刊物保存狀況並不完整，運用上還有許多困難。筆者認為，為了持續深化這項課題之研究，有關在日台灣人和華僑印刷媒體史料之發掘與口述訪談等，都還有持續進行之必要。

第二部

「兩個中國」
與「第三選擇」

第三章　台灣留日學生的左傾化言論及其動向

一、前言

　　日治時期，許多台灣青年前往日本各地求學，越到晚期人數越多。根據統計，戰爭時期台灣赴日求學人數維持穩定，人數並未如中國學生因戰爭爆發後返國而大幅降低。戰後，不少台灣留學生陸續返鄉，但估計1946年底大約還有一千多人留在日本求學。敗戰後的日本，百業蕭條生活物資匱乏，求學環境不佳，此時台灣學生為何選擇繼續升學？若為了完成學業而留下，數年後畢業是否就選擇束裝返台？還是現地就業成為僑民甚至歸化日籍呢？對留學生而言，這是最重要的進路選擇問題。台灣青年赴日求學，原本是日本帝國領域內的升學，因戰後中華民國政府接收台灣，他們才被納入國府管轄。最初台灣學生並未排斥變成中國留日學生，但是，經歷二二八事件的衝擊後，許多青年學生開始對國民黨政府抱持負面評價，對於中國駐日代表團的舉措更有諸多不滿。1948年以後，國府在內戰中潰敗而共產黨崛起，加上日本文化界與學界左傾言論之激盪，許多台灣學生選擇支持「新中國」。不僅是青年學生，被稱為「新華僑」的在日台灣人，也同樣出現支持中共政權的變化。

　　戰後在日台灣人為何會出現左傾化的現象？在台灣尚處於戒嚴時期時，這個問題比較難以探究。然而，解嚴以後，學界對於興起於日本進而擴及全球的台獨運動較為關注，有關戰後初期眾多在日台灣人左傾之現象，還是未受到應有的重視。尤其是留日學生言論思想左傾的問題更是鮮為人知，這段史事雖被淡忘，史料也殘缺不全，但是其重要性不容忽視。有關戰後國共兩黨爭取青年學生支持的爭奪戰中，共產黨取得優勢，已經是周知的事實。然而，在海外，特別是留日學生的爭奪戰，共產黨如何取得全面的勝利，尚未獲得充分的認知與理解。更值得一提的是，國民黨

政府遭到唾棄，不僅在中共建國前後時期，接續的1950年代前半，還有大量日本華僑與青年響應共產黨的號召，前往大陸建設所謂理想的「新中國」。而且，從日本前往中國者不論華僑或青年學生，台灣人所占的比例相當高。留日台灣學生畢業後，即使沒有前往中國，也很少有人願意返台。爲何如此？若能深入探討留日菁英的言論與思想變化，並追蹤其日後的動向，應該可以釐清部分台灣史研究上的謎團。到目前爲止，戰後台灣政治史的研究大致都還限於島內本土菁英言行之討論，但他們因二二八事件的震懾而沉默，白色恐怖時期又喪失發言機會，以致其思想與行動上較爲隱晦不明。因此，如果能參照海外台灣人的言論與政治動向，必然能進一步觀察分析台灣政治史之演變。基於這樣的問題意識，戰後台灣留日學生爲何出現左傾化的現象，這應該是台灣政治史研究必須關照的問題之一。

　　近十餘年來，有關戰後初期中國與台灣留日學生的問題，除了有不少相關的史料出版，也有一些重要的研究成果發表。史料方面最主要的突破是教育部日本留學教育事務檔案的出版，主編林清芬同時也發表專論，充分地釐清戰後國民黨政府「召回並甄選」留日學生之政策。[1]日本方面，主要有東京大學川島眞之論文，他運用台灣出版的檔案，並解讀留日學生報，針對戰後中國與台灣留日學生的動向，提出相當深入的分析。[2]此外，中國旅日學者王雪萍也利用中日雙方史料與口述訪談，探討留日學生爲何在1950年代大批回到中國的現象，大致釐清其政治傾向轉變的內外因素。[3]然而，這些研究成果主要都是利用官方檔案，雖然可以了解政府

---

[1]　林清芬編，《台灣戰後初期留學教育史料彙編　留學日本事務》（一）（二）（台北：國史館，2001）。林清芬，〈戰後初期我國留日學生之召回與甄審（1945-1951）〉，《國史館學術集刊》10（2006年12月），頁97-128。

[2]　川島眞，〈過去の浄化と将来の選択──中国人・台湾人留学生〉，收錄於劉傑、川島眞主編，《1945年の歴史認識──「終戦」をめぐる日中対話の試み》（東京：東京大学出版会，2009），頁31-51。

[3]　王雪萍，〈留日学生の選択──「愛国」と「歴史」〉，收錄於劉傑、川島眞主編，《1945年の歴史認識──「終戦」をめぐる日中対話の試み》，頁203-232。

之留學生對策，但留學生自身之意向則無法探知。川島眞針對學生刊物內
容進行分析，部分觸及台灣學生的思想變化，王雪萍針對中國各省出身的
留學生進行訪談，討論不少有關學生進路選擇問題，但有關台灣學生的動
向則未深入討論。因此，本文將立足於前述的研究基礎，以戰爭時期赴日
的台灣留學生爲焦點，針對他們言論與行蹤進行更進一步的探討。

　　設定以台灣籍留學生爲研究對象，首先必須掌握留日學生的人數、籍
貫、就讀學校等基本資料，如此才能檢視他們的言行與動向。根據前述已
出版的《台灣戰後初期留學教育史料彙編：留學日本事務》兩冊史料專
書，1949年底到1950年初駐日代表團曾經補助留日學生，並留下詳細的
接受補助人員名冊，名冊中詳載年齡籍貫就讀學校等資料，人數共計404
名，其中265名籍貫爲台灣。另外，根據筆者從口訪對象取得的「舊台灣
留日同學會會員名簿」與「清華寮OB會」[4]之會員住所與現況等資料，人
數超過220名。[5]剔除與教育部補助名單重複者，可掌握其基本資料與動向
的台灣留學生，大約超過300名。雖然可掌握資料的人數約僅三分之一，
但透過這些活躍分子之動向，大致可看出整體之趨勢。有關留學生思想言
論之分析，主要是以《中國留日學生報》[6]之文章爲主，因爲較活躍之學

---

[4] 　該會成立於2002年4月，同年發行會報。「OB」一詞是「Old boy」的縮寫，即所謂的
　　「和製英語」，若是女性則稱「OG」（Old girl），大多指同學校畢業的校友，在此指
　　清華寮宿舍舊友。

[5] 　蔡朝炘，《蔡朝炘先生手稿文件集》（未刊稿，2010）。文件集彙整蔡先生提供之手稿
　　與文件之外，也進行口述訪談，其中也包含相關之名簿。蔡朝炘，1925年生，彰化人，
　　1938就讀明治學院中學部，1944年進入青山學院工科專門學校，戰後入住清華寮，參
　　加留日同學會。1947年畢業就職後，持續參加政治運動，被國民黨政府列入黑名單，直
　　到1993年才得以返台。請參閱：何義麟，〈戰後在日台灣人之處境與認同——以蔡朝炘
　　先生的經歷爲中心〉，《台灣風物》60: 4（2010年12月），頁161-194（收於本書第六
　　章）。

[6] 　學生報於1947年1月31日創刊，刊名爲《中華民國留日學生旬報》，5月1日改爲《中華
　　留日學生報》，隔年5月4日改爲《中國留日學生報》，此刊名延續到1950年代停刊爲
　　止，從中華民國、中華到中國，其變化也象徵了有意擺脫中華民國政府的過程。學生報

生會幹部，大多曾在這個刊物發言。而且，學生報中也有各類集會活動與各宿舍近況的報導等，對於釐清台灣學生的思想變化與動向，也有相當大的助益。當然，也必須儘量運用其他文獻來比對與補充，如此才能更完整地掌握留日學生報之撰稿者身分與日後之動向。

　　本文以1945-1949年間台灣學生言論與活動爲焦點，探討其左傾化之演變過程，同時也將觸及華僑之動向，因爲兩者的行動具有聯結關係。戰後，日本華僑成員中半數爲台灣人，他們大多是地主資產階級的商人，或出身這類家庭子弟的留學生，他們進入僑社之後，不少人都成爲主導僑社動向的核心幹部。而所謂中國留學生，基本上包含：台灣出身者、中國大陸出身者（大多爲滿洲國、汪精衛政府、內蒙德王政府等派遣之留學生）、華僑子弟等三大類。台灣學生占半數以上，同學會幹部台灣出身者占半數以上。筆者估計，由於戰爭結束後大批台灣留學生陸續返鄉，人數減去大半，到1947年初學生報開始發行時，在學的高等或專門學校以上台灣學生約近一千人，來自中國大陸各地與華僑子弟學生約五百人。本文討論的主要對象，就是這批就讀高等或專門學校以上之留學生。當時，這群留日學生對「中華民國駐日代表團」抱持何種態度呢？學生會重要幹部吳修竹在回憶錄中表示：戰爭結束時，在日本的留學生都是「南京政權」、「滿洲國政權」、「德王政權」派來的學生，他們對「國民黨政權」的感覺如何或有何關係？讓人很難理解。而戰時居留日本的華僑，其心情似乎也很複雜。唯一可以斷定的是，台灣人確實是打從心底歡迎「祖國的代表」。[7] 這段描述顯示，此時台灣學生國家認同既無困擾亦無分歧現象，吳氏的證詞應該具有一定的代表性。而後，直到1950年底爲止，

　　與戰後初期台灣人與華僑發行的報刊雜誌，部分收藏於日本國會圖書館憲政資料室「プランゲ文庫」，提供一般民衆閱覽。

7　吳修竹，《私の履歷書》（未刊稿，1997），頁15。原文日文，筆者中譯，日文漢字「政權」一詞，保留其原文。吳修竹，1922年生，彰化人，開業醫吳起材之子，私立成淵中學畢業後，1943年進入日本中央大學法學部就讀，戰後擔任同學會幹部，1947年進入「留日華僑總會」任職，長期擔任支持中共的華僑團體之核心幹部。

戰後世代的留日學生尚未正式抵達，在學人數隨著時間變化遞減，討論他們1945-1949年間畢業前後的動向，正好也可檢視那個時代的變局。

二、清華寮與台灣學生聯盟之成立

1945年8月15日以後，日本戰敗的消息在各地傳開，許多在日台灣人立即積極地進行組織化工作，試圖以團體交涉方式維護自己的權益。首先，台灣留日學生迅速集結，經召開兩次預備會後，同年10月28日，「台灣學生聯盟」在東京女子大學講堂召開成立大會，入會的成員約達二千名。有關學生聯盟成立過程，目前公開的出版品中，日本華僑華人研究會編《日本華僑・留學生運動史》一書已有完整的描述，但爲何台灣學生如此迅速成立卻未見說明。[8]根據聯盟幹部林鐵錚的描述，1920年代起就讀早稻田大學的台灣學生早已組成「瀛士會」，其他各校也有類似的台灣學生會，戰後擺脫特高警察監控後，大家才積極聯絡並一起組織跨校學生會，這是聯盟誕生的歷史背景。[9]1942年4月，林鐵錚考入早稻田第一高等學院後，先擔任瀛士會幹事而後接任委員，當時早大包括學部、專門部、實業部、高工等，全校5萬多名學生中，台灣人約120名，足以成立較具規模的學生會。1944年10月他升上理工學部，爲了抗拒針對文科生實施的志願兵制度，曾與各校台灣學生會秘密聯繫。戰後，他深感統合各校學生會之必要，首先聯絡台中一中時期的同學且正就讀慶應大學醫學部的林瑞聰，獲得其贊同後兩人分別聯絡各校，10月初召集各校代表舉行

8　日本華僑華人研究会編著，陳焜旺主編，《日本華僑・留学生運動史》（埼玉：日本僑報社，2004），頁54-67。

9　林鐵錚（1926-2013），台中人，祖父爲台中士紳林耀亭，1938年台中第一中學校畢業，1942年就讀日本東京第一早稻田高等學院，戰後投入學生聯盟之籌組，1947年早稻田大學畢業，1956年搭乘興安丸前往中國。參考蔡朝炘口述及其提供：林鐵錚，《追憶の旅》（未刊稿，2006），頁28-36。

過3次籌備會後，28日才舉行成立大會。[10]從這段證言可知，戰前各校個別學生會早已存在，同時也有私下的聯繫網絡存在，各校整合後依照當時習慣稱之為「聯盟」。

學生聯盟成立後，執行委員會決定以清華寮為活動據點。該宿舍原為台灣總督府管理的「高砂寮」（東京文京區茗荷谷車站附近），戰後馬上被台灣學生接收，並開始自主之營運。學生接管後，經曾任教於東京高等師範學校的陳蔡煉昌[11]提議，宿舍更名為「清華寮」。住在該宿舍的學生約40多名，其中包含多位聯盟主要幹部。1945年12月1日，聯盟召開各學校代表委員會，選出第一期幹部，名單如下：委員長羅豫龍、副委員長魏金治、總務部長林鴻德、企劃部長李舜卿、涉外部長葉盛吉、文化部長林瑞聰、厚生部長康嘉福、宣傳部長江惟仁、調查部長洪山海、連絡部長吳修竹。隔年因葉盛吉等部分幹部返台，三月間進行部分幹部的調整：副委員長林瑞聰、總務部長林良立、涉外部長吳修竹、文化部長蔡慶播、宣傳部長張順安、調查部長洪山海、聯絡部長蔡朝炘等。[12]聯盟成立後，除了積極爭取生活上的權益之外，也相當重視文化活動，早在1945年11月11日，聯盟即發行機關誌《龍舌蘭》創刊號，預定每個月發行一次，由林鐵錚主編，第一卷發行5期，隔年5月發行到第二卷第2期後停刊。第二卷起

---

[10] 林鐵錚，《追憶の旅》，頁33-46。

[11] 根據2006年完成的國立台灣師範大學國文系六十週年時完成的編年史稿記載，陳蔡煉昌1912年生於台中豐原。戰後，自日本返台後，1946年7月1日起擔任台灣省立師範學院國文專修科教授。

[12] 日本華僑華人研究会編著，《日本華僑・留学生運動史》，頁56-57。本文中列名幹部除了葉盛吉之外，其餘皆未返台，他們的生平事蹟尚待查證。學生聯盟還聘請顧問，名單如下：高天成、謝國城、陳文彬、廖秀巒、黃宏基、王金茂、蔡慶榮、陳蔡煉昌。這批顧問部分返台後尚能發揮所長，部分人士行蹤不詳，其中返台的陳文彬與蔡慶榮於二二八事件後逃亡到中國，蔡慶榮改名為蔡子民，其弟為聯盟幹部之一的蔡慶播。有關葉盛吉返台後的行跡請參閱：楊威理，《ある台湾知識人の悲劇　中国と日本のはざまで　葉盛吉伝》（東京：岩波書店，1993）。

由李子聰主編,其內容主要都是刊登學生的隨筆、論文等。[13]此時的台灣學生尚未意識到中國內部的紛爭,機關誌文章都是文藝與學術類作品,並無時局論評或政治主張之言論。

另一方面,東京地區中國學生也籌組學生會。當時中國留學生以汪精衛政府派遣的學生最多,集中居住於大東亞學寮(戰後改爲中華青年會館),其次是滿洲國留學生,集中居住於滿州會館(後樂寮),此外還有其他管道來日之留學生,集中住在幾個較小規模的宿舍。1945年11月26日,東京地區中國留日學生齊聚中華青年會館,舉行「中華民國留日學生東京同學會」成立大會。該會成立後,除了爭取學生應有的配給與救濟金之外,也積極聯繫日本各地同學會,計畫籌組留日學生總會。經過與地方代表召開幾次準備會之後,1946年5月22日舉行「中華民國留日同學總會」之成立大會,駐日代表團第二組副組長謝南光親臨致詞。[14]留日同學總會之外,各地方也都成立區域性同學會,總會與地方學生會並無嚴密的從屬關係,大致維持著鬆散的聯結而已。

同學總會創立之前,台灣學生聯盟與中華民國東京同學會已經有所接觸,並洽談合併之事。從口述訪談與相關文獻可知,由於雙方領導幹部的求學背景差異甚大,整併並不容易,雙方經過多次的商談,才逐漸確立合併之共識。確定進行合併後,首先以東京同學會爲第一部,學生聯盟爲第二部,1946年10月6日召開兩部聯絡會議,12月23日在青年會館舉行正式合併大會。東京兩個同學會決定合併後,留日學生總會正式選出幹部,選舉前雙方幹部達成協議,由東京同學會主席出任同學總會主席,台灣學生聯盟委員長出任副主席,幹部則大致各占一半。由於交通與聯繫上的限

---

13 林鐵錚,《追憶の旅》,頁48。

14 日本華僑華人研究会編著,《日本華僑・留学生運動史》,頁54-64。謝南光(1902-1969),彰化二林人,原名謝春木,台北師範學校畢業後,就讀東京高等師範學校,而後投入台灣政治社會運動,1931年底赴上海,戰爭時期投效國民政府,1946年擔任駐日代表團官員,1949年因支持中共被迫離職,1952年潛赴中國。

制，總會的幹部大多是由東京地區學生擔任。

　　台灣學生聯盟與中國同學會進行合併的同時，台灣同鄉會也與東京華僑團體進行合併，並共同組織留日華僑總會。1945年9月，東京地區台灣人開始籌組台灣同鄉會，原本有幾股小團體勢力競逐，而後經過整合才由高天成擔任會長的一方取得主導權。同鄉會成立後，立即接收東京車站前大樓內的舊台灣總督府東京事務所，以此事務所為辦事處，展開各項服務工作。當時同鄉會主要的工作是，協助解決在日台灣人的生活問題，以及進行返鄉問題之交涉聯繫工作。隔年，同鄉會幹部也開始討論與華僑團體合併問題。經過多次的交涉後，1946年5月間同鄉會決定併入東京華僑聯合會，隨後辦理選舉，選出會長陳禮桂，副會長高玉樹。實際上，與同學會合併模式相同，東京僑社合併前，全日本華僑總會也積極進行籌組。1946年4月21日，由各地華僑共同合組「中華民國留日華僑總會」，舉行成立大會，並進行幹部選舉，結果會長與副會長同樣由前述陳禮桂、高玉樹擔任。[15]總會主要幹部也都來自東京地區，東京乃台灣人聚集地，因此日後華僑總會選舉，台灣人幹部一向居主導地位。華僑總會成立後，決定各都道府縣的華僑團體統一稱為某地華僑聯合會，例如東京為東京華僑聯合會。此一僑社組織架構，一直維持到1951年間才分裂瓦解。

　　不論學生團體或華僑團體，戰後不到一年期間在日台灣人與「老華僑」之組織都完成整合，而且建立中央與地方組織。看起來整合過程順暢，組織架構也能涵蓋全日本。然而，不論是學生或華僑，個人的調適過程必定有所不同，總會與地方分會之聯繫或磨合，也要有一段較長的時間。台灣與中國大陸各省學生之間，不論語言使用與思想觀念上，原本就有不少差異，其言論或行動當然也有所不同，這些問題也都反映在學生報上。此外，學生聯盟雖然已經解消，但是清華寮依然存在，台灣學生聚會場所並未改變。不僅如此，日後清華寮生的聯誼聚會持續，甚至組織「清華寮OB會」，並發行會報，台灣學生聯盟成員也曾再聚會，同時編輯通

15　日本華僑華人研究会編著，《日本華僑・留学生運動史》，頁219-221。

訊錄。[16]透過這些資料與進一步的口述訪談，不僅能掌握其動向，也可以一窺這群台灣學生的人際網絡，包括同鄉、同學、兄弟姐妹、姻親關係等。其中最值注意的是，學生間還有小團體的存在。例如，受訪者曾表示，他們經常聚在一起的幾個好朋友，經常自稱爲「怪人俱樂部」，由於他們志趣相投又具有行動力，華僑領袖將他們稱爲「青年將校」。[17]自古以來人類社會原本就會形成一些小團體，在日台灣人社群或留日同學會當然也不例外，這類小圈圈的人際網絡也值得注意。總之，本研究在掌握學生會幹部人際網路的基礎上，希望能更深入解讀學生報之內容。

　　除了台灣學生的人際網絡值得注意之外，所謂「國際共產主義運動」的聯結也值得深入探討。但是到目前爲止，各種文獻都未見詳細之記載，在此只能根據訪談紀錄並參酌文獻來補充。根據共產黨幹部楊春松（台灣人）的傳記顯示，他在1945年底曾經從東京經朝鮮半島到達中國華北，與中國共產黨取得直接的聯繫，1946年初再回到東京，此後他成爲中共與日共之間的橋樑，並創辦中國通訊社，全力替中共進行宣傳工作。[18]楊春松不僅從事共黨宣傳與聯繫工作，也吸收秘密黨員，但這部分傳記中並沒有記載。1947年底楊春松與日共幹部、留學生曾經召開一次秘密集會。聚會地點在東京都世田谷區台灣人林清文擁有的住宅（接收滿洲國官舍），與會的人員包括：野坂參三、志賀義雄等日共幹部，謝南光、劉明

---

[16] 清華寮OB會編，《清華寮OB會會報（1）》（東京：清華寮OB會，2002）。（會報由蔡朝炘先生提供，僅發行一期）。

[17] 蔡朝炘接受訪談表示，怪人俱樂部（怪人クラブ）成員包括：蔡錦聰、蔡慶播、蔡朝炘、吳修竹、林鐵錚、陳焜旺、許雲岑等。所謂「青年將校」的比喻，主要是指他們像日本軍國主義的右翼少壯軍官一樣，不斷地採取激進的行動，引領學生運動之方向。蔡朝炘，《蔡朝炘先生手稿文件集》。

[18] 楊國光，《一個台灣人的軌跡》（台北：人間出版社，2001），頁165-169。本書最初爲日文版：楊国光，《ある台湾人の軌跡——楊春松とその時代》（東京：露満堂，1999）。楊春松（1899-1962），桃園人，台灣農民組合幹部，1930年到上海參加左翼青年反帝運動，被捕送回台灣入監。1938年出獄赴日，戰後在日從事國際共黨地下組織活動，並創設中國通訊社，1950年前往中國，擔任中共對日與華僑統戰工作。

電、劉啓盛、曾永安、邱紹棠等台灣人，吳修竹、陳焜旺、郭承敏等台灣留學生，以及于恩洋、韓慶愈、范琦、崔士彥、博仁等中國留學生，會中決定創立共產黨青年學生支部，並積極吸收新黨員。[19]從這份參加聚會的名單來看，除代表團官員謝南光之外，四位台灣人是東京僑社幹部，學生都是留日同學會幹部，甚至有幾位中國學生先後擔任同學總會主席。換言之，根據訪談紀錄、文獻和史實之查證可知，戰後共產黨的「細胞」不僅進入僑社、學生會，以及各個學校或宿舍等，同時也以地下黨串聯起華僑、台灣學生與中國學生的聯絡網。

　　1943年，為配合蘇聯拉攏西方對抗德國的政策，第三國際公開宣布解散，但是各國共產黨還是採取一國一黨的原則。因此，這個共黨組織被納入日本共產黨系統，由日共「民族對策本部」領導，納入該組織的黨員主要是朝鮮人，也包括台灣人與中國人。這一個特殊的黨組織，到底採取過哪些行動，已經很難查明。但是，從日後僑社與學生會逐漸左傾的結果來看，該組織的活動確實發揮某種影響力。以下檢視台灣學生之人際網絡，分析學生會的活動與學生報內容之同時，也將試著蒐尋此一地下組織之活動跡象。

三、留日學生報言論內容之變化

　　留日同學總會成立後，就已決定發行機關誌，但一直到1947年1月31

---

[19] 這段敘述是蔡朝炘手稿之紀錄。吳修竹接受訪談時提出不同看法，他表示：聚會的房舍應該是劉啓盛擔任滿洲國中央銀行東京駐在員的宿舍，此聚會主要目的是台灣人向日共幹部探詢中共實情，中國學生只是配角；聚會的時間應該是1948年上半年，由於少有台灣人願意加入共產黨，因此不久之後才有「華僑民主促進會」的誕生。兩人不同之說法，尚待日後查證。有關日共的活動請參閱：大森実，《戰後秘史4　赤旗とGHQ》（東京：講談社，1975），頁171-206。有關台灣學生參加日本共產黨的經驗，請參閱：郭承敏，《秋霜五〇年──台湾・東京・北京・沖縄》（那霸：ひるぎ社，1997），頁13-36。這群學生之中，1927年屏東恆春出生，台南師範學校休學的郭承敏，在其著作中承認自己在1948年間就讀東京第一高等學校時加入日本共產黨。

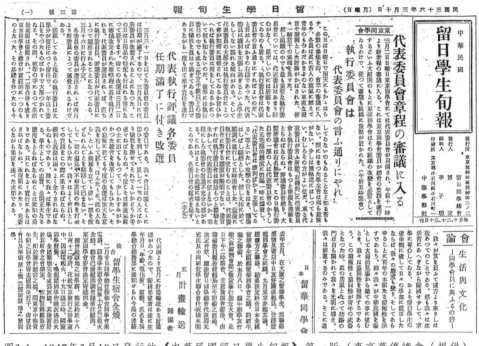

圖3-1　1947年3月10日發行的《中華民國留日學生旬報》第一版（東京華僑總會／提供）

日才發行創刊號。最初刊名爲《中華民國留日學生旬報》，然而在各種因素的影響下，大致是以月刊方式發行。這份學生報以四六版八開4頁或8頁的篇幅發行，同學總會主席爲發行人，另設編輯人。1947年該刊編輯人由《龍舌蘭》主編李子聰擔任，日文版面有不少隨筆、論文出現，大致保持台灣學生聯盟機關誌之學生刊物風格；1948年間編輯人是台灣學生李泰然、簡鏡山，中文版則是由林連德等中國學生負責；1949年編輯人是中國學生崔士彥與呂永和，但日文版面應該還是由台灣學生主導。留日學生報發行間隔不一，多次發行合併號，1949年10月11日發行第36號，本文以這三年共36號的內容爲主要討論範圍。

如前所述，三年之間，學生報編務負責人也有輪替。第一年由台灣學生李子聰主導，第二年由台灣學生李泰然與福建出身的林連德合力編輯，第三年則換成崔士彥等來自中國大陸之學生負責。學生報大致維持中日文

版各半的篇幅，日文版在前，中文版在後，各類文章最初以學生會員撰稿
爲主，後來轉載文章日漸增加，中文版轉載比例較高。三年間學生報內
容，大致可分三個時期來討論，以下將先討論前兩個時期，1949年以後
的內容變化，將留待下節再來探討。

（一）1947年間學生報的風格與特色

　　學生報在第一階段具有較濃厚的學生刊物之風格，編輯與言論方向
大致由台灣學生主導。由於台灣留學生對於學術、藝文活動，顯得較爲
關注，故部分人士甚至競相發表專文。學生報第14號1947年回顧合併號
中，刊載中央大學法學部學生陳蕚芳討論華僑言論界之專文，文中他針對
學生刊物批評說：

　　到目前為止發行的學生刊物大概有《中華留日學生報》、《橄欖》、
《白日旗》、《龍舌蘭》、《星火》、《崑山》、《牡丹》等。這些刊物
應該要反應全體會員意見，但實際上卻都只能看到少數編輯人的主張而
已，其視野略顯狹隘，論點也過於淺薄。以留日學生報為例，日文的撰稿
者以李子聰、李泰然較為重要，華文版以林連德最為積極。今後編輯者應
該努力地找出有能這樣寫稿能力的人，讀者也要更積極向主編提供建議。
提供建言當然不能過度求全，但也不能太過明哲保身。期望同學諸兄深思
努力，個人只能在此提倡從漸進發展以達完美的經驗論之哲學。[20]

這段話已清楚突顯學生報具有寫稿能力者不多、讀者人文素養不足的窘
境。而更嚴重的問題是，實際上往後還持續出刊的僅剩留日學生報，其他
小團體之學生刊物，大多難以持續發行。

---

[20] 引文爲日文原文大意，筆者摘錄翻譯而成。陳蕚芳，〈華僑言論出版界展望 書ける人
の欠乏か 読者者層の素養の不足か〉，《中國留日學生報》第14號，1947年11月30
日，第2、4版。

　　儘管有這類嚴厲的批評，整體而言，這一年間學生報中部分台灣學生的文章，還是頗具可讀性。例如，陳蕚芳〈津田左右吉史觀を批判す シナの史というものを中心として（上）（下）〉（第8、9號，第4、7版），文中批判知名學者津田的中國史觀，充分顯示其學術論辯之能力；陳蕚芳〈終戰後の華僑文化界（上）（下）〉（第9、10號，第7、4版），此文與前文一併閱讀可知，他一貫關注華僑出版文化與言論活動，且留下了完整的觀察紀錄。此外，李泰然〈近代藝術小論（一）（二）〉（第3、4號，第4版）、李泰然〈ギリシヤ彫刻　ヴィーナスの美〉（第6號，第4版），概略介紹近代美術發展史，似乎有意藉此提高同學素養；還有，李泰然〈基督教の直面せる課題〉（第12號，第4版），介紹宗教與哲學相關問題；李振華〈台湾青年の言語問題〉（第8号，第4版），主張戰後台灣人應該恢復台灣語能力並積極學習中國語，其論點不僅具有主體性思考，也能透徹認清現狀之問題；另有，林鐵錚〈学び方の問題　理科系学生に寄す（一～三）〉（第5、6、7號，第4版），綜談理工各領域學習方法；李子聰〈近代思想の流れ　相対立する二つの思潮〉（第11號，第4版）。以上多篇是簡介西方近代文化思潮之文章，明顯是爲提高留學生之人文素養。鄭國演〈中国における新社会政策の課題〉（第12號，第4版），則說明戰後中國的社會問題與應有之對策。這些文章涵蓋了人文、社會科學、自然科學等知識，或簡介相關思潮，或提出獨創性的論述。例如，李泰然與林鐵錚的文章，都很深入地討論到美學與科學的基本課題。讀者瀏覽學生報前述幾期之內容後，大概都會快地被這幾篇文章吸引，由此可見台灣學生的基本學養豐厚。這些具有學術風格的文章，讓這份學生報甚具可讀性。

　　相對地，「華文欄」的風格則大不相同，這一年主要刊載都是隨筆、詩歌或宿舍生活的通訊報導等。雖有部分論說性質的文章，但大多是針對五四運動、七七抗戰、八一五勝利紀念等，發表其感言或表述愛國的情懷，學術氣息較爲欠缺。不僅如此，有一些專文甚至讓人感受到，作者明顯抱持呼應中共宣傳之意圖。例如，于恩洋〈中日戰爭之史的意義〉（第

9號第5版）一文強調：抗日戰爭勝利是無產階級努力的結果，這個徹底反封建勢力反帝國主義革命階級的動向，必然影響未來中國與世界發展的趨勢。[21]這是當時中共的論點，經過作者的表述，正足以觀察共黨宣傳的滲透情況。此外，不少文章是轉載上海或香港中文報刊雜誌之文章，其內容與留日學生生活較無關聯。總之，兩相比較之下，「華文欄」內容顯得較爲空洞而教條化。

留日學生組織化之後，總會之外還有各種地方性或文化性之團體，團體聚會是資訊交流與思想激盪的場域。對這些團體之活動或各地宿舍生活，學生報也有不少的報導。但這些學生動態報導，由於大部分都是關東地區消息，因此關西地區學生似乎有所不滿，甚至投書將學生報比喻爲「啞巴的喉嚨」（第7號第3版）。當然，編輯部方面還是強調，已經在各地設置聯絡處，希望大家賜稿，並再次表示學生報是全體留日學生的刊物。但是，寫稿者與報導內容以關東地區爲主的問題，似乎一直沒有解決。學生會成立之初就強調文化工作的重要性，因此學生報除了知性論述或基本教養的文章之外，最常見的是演講會、研究會、運動會、球賽、棋賽等藝文或休閒活動的報導，少數是時事報導或政治議題，大致都能保持平實客觀。

1947年間，學生報關心的重點是中國與台灣之時局，以及華僑權益問題等。1947年2月26日，學生會之「時事問題研究會」舉行第一次講演會，由駐日代表團謝南光主講：「中国憲法について」，第二次是3月1日，代表團委員吳世漢主講：「中国経済再建の基本条件」，第三次是3月16日，主講同樣是謝南光，講題：「中国の自治制度に就いて」，這

---

[21] 于恩洋，〈中日戰爭之史的意義〉，《中國留日學生報》第9號，1947年8月15日，第5版。根據蔡朝炘與陳焜旺的口述與筆者之查證得知，于恩洋，1923年生，山東省人，父親于學忠（1890-1964）原爲中國國民黨高級將領，戰後退役，1949年中共建國後，擔任中華人民共和國第一屆全國政協委員。戰時來日留學的于恩洋，在學期間思想已左傾，畢業後居留日本成爲僑社幹部。

些演講應該是以日語進行。配合謝南光的演講，中央大學法學部台灣學生
蔡錦聰在學生報以日文發表：「中華民國憲法解說」，分三次刊載於學生
報。[22]從演講與專文的搭配可以看出，台灣學生透過日文積極地想要了解
中國政治現況與體制。但這時二二八事件消息傳來，因此謝南光在16日
的演講中特別表示：「這次事件與其說是暴動，不如說是要求改革的政
治杯葛。」[23]學生報刊登謝氏演講紀錄的同一版面，同時也收錄吳修竹與
蔡錦聰兩人的文章。吳修竹除了推定這事件是官方的失策之外，並斷定事
件絕非台灣尋求獨立的暴動。同時，他也憂心地表示，政府若未合理地解
決問題，台灣必定成為中國政治的禍根。蔡錦聰評論政治改革之要求時表
示，地方自治改革要求不能牴觸憲法，必須對表達對祖國的忠誠，才能重
新展開台灣的民主化與模範台灣之建設。[24]3月10日學生報第3號發刊之時
尚未傳來大屠殺的消息，所以並未對國府的暴行進行較激烈的批判。實際
上，根據訪談與回憶錄顯示，隨著鎮壓與屠殺的消息陸續傳來，焦急的台
灣學生幾乎都是連日徹夜地討論相關問題。

　　相對地，山東出身就讀東京大學的周元賓，也在「會論」欄以中文發
表感言，題目：〈獻給台灣省諸同學　關於台灣二・二八事件〉，他在文
中表示：

---

22 蔡錦聰，〈中華民國憲法解說〉，《中國留日學生報》第3號，1947年3月10日，第1-2
　版。這篇解說文第二次與第三次分別刊登於學生報之第4-5號。
23 介紹謝南光談話的原文標題：「暴動ではなく、政治ストだ」。此外，學生報第7號預
　告，時事問題研究會在7月4日下午邀謝南光在舊滿洲會館講堂演講，題目：「最近の情
　勢に就いて」。演講內容不得而知，但從演講的頻率，他對台灣學生的時局認識應有一
　定的影響。
24 吳修竹，〈軽々しい断定を許さない　台湾二・二八事件の見方〉；蔡錦聰，〈地方自
　治の限界〉，《中國留日學生報》第3號，1947年3月10日，第2版。同一版面也轉載中
　文之三十二條要求，日文之白崇禧談話。原文為日文，引文翻譯與大意中文摘錄皆為筆
　者。

　　我覺得我們祖國，沒有在偏愛著福建，虐待著台灣。河北山東難道説比台灣還幸福嗎？祖國的兒女太多了，照料不周恐怕是件難免的事。回到了祖國的懷抱，不要只談要求，而是要給與。不要只主張權利，更應該感到責任與義務，不是站在國外説風涼話，而是要混進群裡幹下去。我常覺得我們對祖國可以有兩種看法，第一，我們看祖國為「母親」，我們敬愛她，感謝她，在他的懷裡，我們可以感到了安息。同時，我們也可以看祖國為自己「孩子」，我們應當要愛護她，撫養她，教育她。我們不要學那些列路旁作惡事的小孩而付一笑的人。我們應該深切的感到祖國的前途成長，都是在我們的雙肩上。（略）一時的不安恐懼憂鬱，不要誤了我們百年大計，我們須從矛盾裏得到新的力量而發現一條新的道路。[25]

　　周氏的愛國論述在中國留學生裡面應該具有代表性，儘管情感豐富而言詞懇切，但是這樣的觀點與台灣青年的認知顯然有相當大的落差。

　　　二二八事件對個別留學生的衝擊必然有所差異，雙方對國共內戰的看法或許也有所不同，但此時這些問題似乎都還未影響到學生報的內容。因為，這一年學生報的內容的政治色彩並不明顯，政黨支持意向尚未明確表露。而值得注意的是，投稿的台灣學生都以日文發表自己的學習心得，從內容可知他們積極向學的態度。但是，就如代表團官員徐逸樵的報告：「台灣學生大抵須有較長期間補習國語之機會，不然實與日本學生無大分別。」[26]語文轉換並絕非短期就能實現。雖然台灣學生學養俱足，日文能

---

[25] 周元賓，〈獻給台灣省諸同學　關於台灣二‧二八事件〉，《中國留日學生報》第4號，1947年3月30日，第1版。

[26] 〈外交部王世杰函教育部據駐日代表團徐逸樵來函建議處理留日學生四點辦法〉，收於林清芬編，《台灣戰後初期留學教育史料彙編　留學日本事務（一）》，頁17-18。徐逸樵（1899-1989）浙江諸暨人，1917年留學日本東京高等師範學校，1924年返回中國後先後在幾所大學任教，1944年任中國國民黨中央組織部訓練處處長，1946年任駐日代表團顧問，1949年中華人民共和國成立前夕，辭去駐日代表團職務，潛心研究日本，1978年回中國定居，在中國被稱為民主人士。周南京主編，《世界華僑華人辭典》（北京：北京大學出版社，1993），頁647。

力與日本學生無異，但若未能獲得重視並給予合理安排，必定無法在中國社會發揮其專長。

（二）1948年間學生報內容的政治偏向

留日學生報內容的轉向，1948年5月4日第18號應該是重要的指標。這一期名為「五四紀念特輯號」，頁數倍增為16頁，發行人王毓聲、編輯人康春祥。這期特輯中，日本左翼學者鹽脇幸四郎〈五四運動の歷史的基礎〉專文占了12頁，其餘4頁中文版也是談五四運動。鹽脇之專文，將五四的發生定位為中國革命史的源頭，然後分別介紹五四對國民黨與共產黨的革命有何影響，最後他強調中共是當前革命運動的中心勢力，並論斷中國即將展開新的五四運動。中文版文稿之論旨，也是將五四學生運動聯結到當下的反帝、反內戰的學生運動。這是學生報相當特殊的一期，整體明顯在呼應中共之宣傳論述，這顯示學生會已開始轉變。接著第19號，編輯人由李泰然、林連德、簡鏡山等三人列名，但是編輯後記提及，這是由他們主編的第二期。[27]從會長更替與內容變化來看，三人應該從第18期已負責編輯。這一期頁數恢復為8頁，編輯體裁也恢復創刊以來的樣貌，但後半中文部分則改成「中國留日學生報國語版」，並開始轉載各類中文稿。

第19號的第4、5版是跨頁之特集，其中第一篇文章為李泰然〈中國文学界の最新の動向〉，此篇名可視為特集的主題。李泰然是主編，他也在同一版面發表〈魯迅と二葉亭〉一文。兩頁的特集之中，還刊載甘文芳[28]〈五・四運動以来の実際と理念の発展〉、波多野太郎〈中国最新の

---

27 1947年間同學總會主席范琦，1948年初改選後新任總會主席王毓聲，康春祥是文化部負責人，因此掛名主編。實際負責編輯的是李泰然、林連德等人。李泰然為台灣知名資產家李延禧之長男，學習院大學畢業，他有兩個弟弟李恭然、李惠然，1950年代父子4人連同其家族一同前往中國。

28 甘文芳（1901-1986），彰化人，1926年台灣總督府台北醫學專門學校畢業，1941年取得醫學博士，戰後成為華僑支持中華人民共和國運動之領導人，1954年擔任第2屆中國人民政治協商會議全國委員，1959-1982年間擔任東京華僑總會長。請參閱：可兒弘

文芸作品：新桃花扇〉、鹿地亘〈人間的自由の追及と戰後の日本文学〉
等。另外，還有一幅跨頁木刻版畫，下面選錄老舍的一段話。整體來說，
這次特集就是邀請日本左翼文化人共同介紹中國左翼文學之發展。其中，
鹿地亘介紹自己的民主主義文學理念，他的文章從第16號就已出現，往
後還一再刊登他的文稿。鹿地是「日本人民反戰同盟」的領導人，也是知
名的普羅文學家，他頻繁出現可視爲學生報左傾的表徵之一。[29]第19號編
輯後記強調：我們的方針是，新聞性可以較爲減低，但我的理念與主張必
須貫徹。既然是留學生的報刊，就要有學生報的發展方向，我們既非追求
新聞性的學生報，那就必須比普通報刊更具批判性。[30]

　　這段編輯方針等於宣布，該報不僅關心時局而已，對於時局發展會有
更進一步的分析與評論。瀏覽這一年份第16-24號的第4、5版的特集內容
可以發現，正如編輯後記所言，學生報編輯群計畫性地全面介紹中國當
前的政治、經濟、工業技術、學生動向、木刻版畫、文學等。在第1版或
第3、4版則刊載時事消息與評論，特別是中國各地的學生運動、國際學
生運動與國際局勢等。例如，1948年6月15日發行的學生報第19期與下一
期，刊載李子聰整理的〈国内新聞各紙最新の論調（上）（下）〉一文，
他將當前之時局分爲「兩個世界」之問題、日本打破封建性之改革問題、
建設民主中國之胎動等三個主題，然後分別進行分析與介紹。有關建設民
主中國問題占一半篇幅，且內容再細分爲借款問題、土地改革問題、經濟
復興問題等三點，詳加介紹與討論，文中極力稱讚中共解放區的土地改革
政策。這樣的歸納整理，想必有助於強化留學生的左傾思想。

　明、斯波信義、游仲勳編，《華僑‧華人事典》（東京：弘文堂，2002），頁172；周
　南京主編，《世界華僑華人辭典》，頁161。

[29] 有關左翼作家鹿地亘（1903-1982）戰時與戰後初期的行蹤與思想，請參閱：大森實，
　〈鹿地亘（作家）流浪の祖国革命家〉，收於大森實，《戰後秘史4　赤旗とGHQ》，
　頁295-319。

[30] 〈編輯後記〉，《中國留日學生報》第19號，1948年6月15日，第5版。原文爲日文，筆
　者摘要翻譯。

　　1948年7月1日學生報發行第20號，這期同樣積極地介紹中國，其特集中專文包括：小野三郎〈陶行知の思い出〉，介紹並回顧教育家陶行知之生平事蹟；增田米治〈中国の学生運動と日本の学生運動〉；菊地三郎〈日本民主化を推進〉，戰後創設中日文化研究所並擔任所長的菊地主張，必須引進充分表現中國人民民主力量的木刻畫到日本，才能促進日本的民主化。藉由日本左翼文化人之推薦，往後各期持續刊載中國之左翼新文學與木刻版畫。[31]8月1日發行的第21號刊載：宮武謹一〈国民政府下の経済動向〉、尾崎庄太郎〈中共解放地区経済の動向〉、赤津益造〈香港の特質と繁栄の意味〉；9月1日第22號則刊載：島田政雄〈中国における科学技術と民族工業〉等文章。以上文章之撰稿者都是日本左翼人士，其內容都是介紹與宣傳中共之發展與現況。

　　接著，10月1日第23號是「雙十節第三十七週年紀念」，第1版刊載中國研究所理事岩村三千夫〈武昌起義の継承者〉一文，他在文中表示，武昌起義以來的中國革命的目標就是為了達成民族獨立，為此首先必須展開土地改革並徹底掃除封建勢力，今後唯有讓農民解放得以自主發展，才能達成民族獨立之目標。這樣的論述，何者是革命的繼承者，早已呼之欲出。第23號有「魯迅先生逝世十二週年紀念特集」，日文版刊載鹿地亘、內山完造、竹內好、島田政雄發表的追思文；「國語版」則轉載1945、1946年魯迅逝世九、十週年分別在重慶與上海舉辦紀念會時的來賓發言，其中包括胡風、郭沫若、茅盾、老舍等左翼文壇知名人士。透過中日兩國左翼文化人言論，可以看出學生報已日益左傾，最初都是以文化論述為主，但隨著時局的進展，政治論述也逐漸地浮現。

　　日本左翼人士擁護中國共產革命，同時也批評日本保守政壇為反動勢力，主張推動日本人民民主革命。學生報除了介紹這些人的言論之外，「國語版」也轉載一些上海報刊之文章，這些文章直接批評日本，企圖藉

31　《中國留日學生報》第20號，1948年7月1日，第4-5版。學生報上出現大量木刻版畫作品，可能與知名木刻版畫家李平凡正好停留日本有關。

由經濟重建進行再武裝。其中最具代表性的是李純青〈論反扶日〉一文，他在文中表示：

　　日本復興包括無數軍事工業，其目的並不是為了生存，而是為幫美國打共產。主要是復興軍事工業，並不是復興和平生產。（略）日本經濟復興並不是日本「自給」或是日本人民過好日子，對美國是有益的，對東亞卻有大害。復興的主要目標，是備戰，是戰爭。政治問題一字不談，這已經十足是復興軍國主義了。[32]

　　這篇文章轉載自上海《觀察》雜誌第4卷第6期。在此之前，學生報也轉載胡適〈國際形勢裡的兩個問題〉，該文同樣刊登於《觀察》雜誌，另外也轉載《大公報》社評〈反美情緒的分析〉。學生報第21號的編後感言中，編輯者表示：「周刊雜誌《觀察》在國內最受歡迎，以民主、自由、進步、理性為四個基本原則。本期特以大量篇幅轉載介紹。」[33]不僅這幾期，學生報向來就轉載不少這類報刊之文章。根據學者分析，原本立場還算中立的《大公報》與《觀察》等報刊，從1947年起言論就已轉向，隨者時局的演變，批判國民黨政府支持中共的傾向日益明顯。[34]根據學生運動研究者分析顯示，中共從1948年初，在各主要都市發動「反對美國復活日本軍國主義」之運動，這項以青年學生與知識分子為前鋒的「反美扶日」運動，被稱為「國民黨統治區中最後的一次全國性群眾運動」。[35]換言之，透過學生報的轉載，中共的反美帝扶持日本與反國民黨政府的論述，也影響到留日之學生。

---

[32] 李純青，〈反扶日論〉，《中國留日學生報》第21號，1948年8月1日，第7版。

[33] 〈編後〉，《中國留日學生報》第21號，1948年8月1日，第7版。

[34] 有關《大公報》、《觀察》的轉向，請參閱：高郁雅，《國民黨的新聞宣傳與戰後中國政局的變動（1945-1949）》（台北：國立台灣大學出版委員會，2005），頁223-239。

[35] 施惠群，《中國學生運動史（1945-1949）》（上海：上海人民出版社，1992），頁186-208。

　　在此期間，留學生也積極舉辦時局相關座談會，試圖掌握當前知識分子關心的議題。例如，1948年4月同學會邀請日本與朝鮮之學生，共同組成「東京在日學生懇談會」，開始舉辦一系列之座談會。第一場邀請岩村三千夫，談論各國之學生運動；第二場邀請中國研究所所長平野義太郎，談論和平問題；6月20日第三場邀請法學者戒能通孝，共同討論天皇制問題；7月4日第四場邀請鹿地亘，談論朝鮮人教育問題。[36]從邀請活躍於第一線的文化人士，建立跨國界的學生網絡，談論大家最關心的敏感問題，可見留日學生對時局有其自主性，並非被動地閱聽，而是主動地探究。

圖3-2　1949年7月10日東京地區學生會發行的《東京同學會報》第一版（東京華僑總會／提供）

36　〈天皇制をめぐって〉，《中國留日學生報》第20號，1948年7月1日，第1版。

若將焦點鎖定於台灣學生，我們可發現他們還持續以日文發表藝文類或
學術性的文章。例如，李恭然〈笑ひの為に〉（第19號，第2版）、簡鏡
山〈音に関して（上）（下）〉（第19、20號，第2版）、黃八愷〈科学
の進歩・大戦と現実感の回復〉（第20號，第2版）、李恭然〈中国人の
生活と現実性の解釈〉（第22號，第3版）等。這些都是發揮個人所學專
長的論述分析，相當具有可讀性，可惜隨著時局的緊迫，這類稿件日漸減
少，終至消失。整體而言，1948年學生報內容隨者時局的演變，逐漸把
焦點鎖定在中國的時局變化。有關美國在經濟上採取扶植日本政策之批
判，往後進一步擴展爲反美帝之論述。

四、在日台灣人與學生報言論之左傾化

　　時序進入1949年，蔣介石下野，國民黨在內戰中一再挫敗，共產黨
已擁有明顯的優勢。翻開留日學生報的1949年1、2月合併的第25號，言
論已一面倒地表明支持「新中國」。例如，第一版以〈新中国と我々の任
務〉爲題，刊登同年1月23日舉辦「華僑留學生座談會」之會議記錄，座
談會出席者：華僑代表甘文芳、林清文、劉啓盛；學生會前輩博定、吳修
竹、陳萼芳、蔡錦聰（以上除博定之外，皆爲台灣人）；學生周元賓、王
兆元、韓慶愈、李桂山、林連德（以上5名爲中國學生）、林傑榮、高銘
智、曾紹德、郭承敏、鄭江明（以上5名爲台灣學生）等；學生報主編崔
士彥擔任司儀。會中最重要的結論是，儘快召開僑民與學生大會，表明支
持新政府。[37]這群人的集結同時也清楚顯示，華僑與留學生已經組成親共
的聯合陣線。

（一）支持「新中國」之聯合陣線

　　留日同學總會在1948年11月14日進行改選，學生報的中文版編輯
林連德獲選爲總會主席，學生報繼任的主編爲崔士彥，其他幹部也經過

---

[37] 〈新中国と我々の任務〉，《中國留日學生報》第25號，1949年2月1日，第1版。

改組，12月1日正式就任。從往後的活動與學生報內容來看，新任幹部
對於學生會政治動向有明顯的影響。但是，華僑與留學生建立親共的聯
合陣線，更重要的轉變應該是1948年10月16日「華僑民主促進會（民
促）」、17日「民主中國研究會（民中研）」的接續成立。兩會都在同
學總會之會議室舉行成立大會，晚一天成立的民中研全員宣布加入促進
會，民促之事務所設於楊春松經營的「中國通訊社」，而民中研之事務所
則設於同學會內。[38]往後，民促與民中研一直採取聯合行動，最常見的情
況則是，再加上留日同學總會、留日東京同學會聯名進行，透過這四個團
體的結合，讓僑界與學生團體出現一股左傾的風潮。

　　民主促進會的第一任委員長爲劉明電，因對人事與活動方式不滿而辭
職，隔年由甘文芳接任。該會之主要綱領：揭櫫反帝國主義、反封建、反
官僚資本等三反原則，支持祖國解放戰爭，強化與祖國的聯繫，促進華僑
團體的民主化，致力解決華僑經濟困難等。民促成立後，積極展開宣傳並
呼籲僑胞組成地方分會，因此隨後各地華僑也組成相呼應的團體。[39]民促
的初期幹部名單不明確，到1949年7月10日，選出15名中央委員如下：曾
森茂、甘文芳、蔡錦聰、呂漱石、蔡慶播、曾永安、陳焜旺、康鳴球、劉
啓盛、蕭錦昌、于恩洋、博仁、劉永鑫、邱紹棠、李鐵夫，隨後選出委員
長甘文芳，另外推動創會出力最多的楊春松與首任委員長劉明電被聘爲顧
問。[40]中央委員之中，僅于恩洋、博仁、劉永鑫三人爲中國大陸出身，其
中曾永安、李鐵夫是楊春松經營的通訊社員工，這三人與邱紹棠都是戰後
不久成立的「客家公會」[41]發起人，上述中央委員中曾森茂也是台灣客籍

[38] 〈同學總會東京同學會委員改選〉，《中國留日學生報》第24號，1948年12月1日，第3版。
[39] 日本華僑華人研究会編著，《日本華僑・留學生運動史》，頁269-273。民主促進會之綱領原文日文，筆者摘要翻譯。
[40] 《華僑民報》第2號，1949年7月21日，第2版；日本華僑華人研究会編著，《日本華僑・留学生運動史》，頁270。
[41] 客家公會發起人：余家麟、范子唐、賴貴富、賴正山、曾永安、李鐵夫、邱紹棠、楊春

人士。為何民促的客家籍委員特別多？這是值得繼續探討的現象。整理上述團體與人脈可知，共產黨幹部楊春松經營中國通訊社，其主要員工都是客家同鄉，他積極推動華僑成立民促為中共外圍團體，並以通訊社為會址，而民中研則是與民促同宗旨之學生團體。從這些人脈與團體間的聯結來看，楊春松是催化僑社與留學生左傾風潮的關鍵人物，在日後宣傳或組織性活動之開展中，這群在日台灣人一直居於領導地位。

　　1949年2月1日學生報第25號刊載一篇報導，詳細介紹民中研的理念，並號召學生們大家一起入會。文中強調，在祖國的新民主主義革命浪潮之中，大家不僅要吸收理論，還要化為實際行動。同時也說明，民中研自成立以來，每週六下午舉辦研究討論會，十幾次的聚會主要是研讀「辯證法的唯物論」、「唯物史觀」等。[42]這期學生報還刊載「我所理想的新中國」投稿活動之結果，這個活動是由每個學生以大約數百字短文，說出自己對「人民的新中國」的期待。結果日文8篇中文14篇，大致上中國學生都用中文，台灣學生則以日文書寫。同期還用二個版面，大篇幅地介紹1948年中國學生運動的全貌，標題中就強調：「解放近了，緊密團結，我們往勝利前進。」概說中強調：1948年的中國學生運動是以「反飢餓、反迫害」運動與「反美反扶日」運動為中心而展開。後續幾號學生報頭版，都是談學生運動。[43]接著，第26號介紹1949年3月1日在解放後的北平所召開的「中國全國學生代表大會」，第27號介紹即將在4月10日召開的「新民主主義青年團」全國代表大會。這一連串的報導，無非是不斷地強調，青年學生的行動與人民中國革命勝利，具有緊密的聯結關係。參照目前的研究論著可知，當時留日學生報的論述，幾乎完全呼應中共主導

松、林鼎乾、陳莩芳。1955年以後該會停止活動一段時間，1963年起改為「東京崇正公會」，延續至今。曾永安之弟為前總統府資政曾永賢，請參閱：曾永賢口述，張炎憲、許瑞浩訪問，《從左到右六十年——曾永賢先生訪談錄》（台北：國史館，2009）。

[42] 〈正しい認識に基く実践　民中研の動き活発〉，《中國留日學生報》第25號，1949年2月1日，第3版。

[43] 〈我所理想的新中國〉，《中國留日學生報》第25號，1949年2月1日，第2-3版。

的學運團體之號召。[44]其影響雖難以評估，但政治傾向已相當明顯。

留日學生與支持中共最具代表性活動，應該是1949年5月4日下午在早稻田大學舉行的「五四運動卅周年紀念大會」，這次大會由「全日本學生自治會總連合」、「中國研究全日本學生連合會」與「中國留日學生總會」合辦。大會一開始由兩方學生代表致詞，接著中國研究所所長平野義太郎演講，題目：「毛澤東の思想」。而後，甘文芳以華僑總會副會長身分主講：「中國革命の現階段」。其次，共產黨參議院議員中西功主講：「五四と中國學生」，最後壓軸的專題演講是中國文學研究者實藤惠秀，講題：「五四と文學者たち」。當晚，在兩國學生歌唱表演的營火晚會中結束。這次的演講內容，政治發展方面強調，毛澤東的人民民主主義革命即將獲得勝利；文學發展方面強調，文學要向大眾學習，爲人民服務。此外，演講者也強調，日本學生必須學習中國學生運動，中日青年學生要團結合作。其主要口號是：「打倒帝國主義、推翻封建統治、建設新中國。」[45]上述學生運動口號，與民主促進會「三反主義」基本上理念互通，這些都是左傾風潮中不斷被提起的宣傳用語。

（二）「進步」分子的「三反主義」

1949年7月11日，民促創辦《華僑民報》之機關誌，該刊爲八開本之旬刊，10月11日發行第8號，除了第8號增爲4頁，其餘都是2頁，這是一份典型爲中共宣傳的刊物。因此，只要將第8號以前的《華僑民報》與第36號以前的《中國留日學生報》之內容進行比較，即可看出這一年日本留學生與僑界已形成一股左傾風潮，「三反主義」論述不斷地出現是主要的特徵。還有，強調支持中共者是「進步」分子，也是一項特色。例如，《華僑民報》第7號中有一篇投書，對民促提出建言表示：

---

[44] 翟作君、蔣志彥，《中國學生運動史》（上海：學林出版社，1996），頁362-364。

[45] 〈中日學生五四運動卅周年紀念大會〉，《中國留日學生報》第29、30號，1949年5月15日，第1版。

　　新政府成立後，華僑要怎麼辦？這是今日華僑最切實的問題。除了一部分進步分子之外，大多數人對往後的變化都不斷在猜測，有時感到不安，有時抱持疑惑。最明顯的例子是，東京華僑聯合會會長林以文，在某個場合以僑民代表公然地說：新政府來了，在日華僑處境恐怕會比現在更糟。這樣的看法有何根據暫且不論，問題在於可能有不少人保持這種想法。因此，在此呼籲民促必須加強其政治性與宣傳性活動。[46]

這篇投書間接說明民促就是所謂「進步」的團體，其任務就是為中共在日本進行宣傳與動員。

　　民促這個「進步」的華僑團體，其核心幹部都是在日台灣人，但他們之間關係並非融洽。幾位領導幹部人際關係上的摩擦，可以從當時學生報上對劉明電的人物評論中看出來。這篇文章的開頭即強調：

　　民促是捍衛僑界利益的前衛性團體，不論碰到任何事情，都會以反帝、反封建、反官僚資本的所謂「三反主義」為口號，勇敢而積極行動，因此不論內外一直都被視為僑界「進步」的象徵，相對地也遭到不少毀譽褒貶。綜合巷間意見，這是因為被稱為民促「三傑」的劉明電、康鳴球、甘文芳等三人，在許多場合都表現出強烈個人性格，這是一個值得深思的問題。[47]

而後內文中對於劉氏經歷有概略性的介紹，也對他的大少爺脾氣有所批判。對於這篇文章，下一期讀者投書欄中出現為劉氏辯護的讀者投書，投書者大力肯定他在台灣與來日後的貢獻，批評前述短文不夠公允。[48]有關

---

46 新宿Y生，〈ポスト 民促の活動に一言〉，《華僑民報》第7號，1949年9月21日，第2版。原文日文，筆者翻譯。

47 G，〈人物評論 大きなお坊ちゃん 民促と劉明電〉，《中國留日學生報》第33號，1949年7月1日，第3版原文日文，筆者翻譯。所謂三傑，原文為「三羽烏」。

48 義人，〈声 甚だ心外に堪えない〉，《中國留日學生報》第34號，1949年8月15日，第2版。

劉氏的個人評價本文不擬詳加討論，在此值得關注的是，民促三位領導人同樣是在日台灣人，但因都有獨特個性，很難以共事。從口述訪談得知，為了緩和領導人的對立問題，讓會務與活動可以持續運作，前述「怪人俱樂部」的成員扮演重要角色，而客籍的曾永安與邱紹棠則承擔大部分的庶務工作。這群左翼台灣青年的集結，才讓民促得以鼓動左傾風潮，並非前述「三傑」領導之結果。總言之，在各種支持新中國的活動中，在日台灣人掌握的民促是核心團體，而學生團體則與其密切結合，他們共同的口號是「三反主義」。

　　有關所謂「三反主義」之路線，以及強調「進步」分子或團體之說法，目前應該如何評斷呢？不以意識型態對立問題來談，僅從新聞宣傳的角度來看，這是一個成功的宣傳策略。所謂「進步」是屬左翼文化人自我定位的宣傳，成功地將他者貶為「反動」分子，這種說法一直是日本新聞界的主流用語，其影響相當深遠。從以上學生報的言論分析可知，這群知識分子的共同理念是反對美國帝國主義侵略及其扶植日本反動派，反對傳統封建體制與農民剝削體制，反對國民黨官僚資本主義，期盼建立自由、民主、富強的新中國。這樣的理念以三反主義之口號表述，在當時確實具有強力的宣傳效果，激發了許多青年學生投入他們領導的政治運動。從結果來看，這是中共的宣傳策略成功，爭取到大部分日本僑民與學生的支持。當然，以今日的情境來看，自封為「進步」分子或許已成歷史的反諷，因為當時這種排他性的強勢宣傳，似乎也埋下共產黨掌權後走向獨裁專制道路的種子。

（三）「此仇不報枉爲人」的憤怒

　　戰後在日台灣人為何能主導日本華僑的左傾風潮，這應該與當時台灣人有較高的社會經濟地位有關。此外，出現這種情勢還有一項重要因素，那就是台灣人對二二八事件的反彈。不僅是台灣學生與僑民，戰爭時期來日的中國留學生，也有其排斥國民政府之原因。因為，國府視他們為「偽政權」所屬的「偽學生」，懷疑他們的忠誠度。因此，很多來自中國大陸

的留日學生，一直過著惶惑不安的日子。

　　1947年7月15日發行的學生報第7號，被稱為「七・七復興紀念號」，這一期刊載了7月7日當天東京同學會在紀念大會上通過的〈學生大會決議文〉，其中一段內文如下：

　　我等為尚滯留日本之學生，會員之所聚，有來自國內，有現地之華僑及新生台省同學，凡皆經歷戰爭，飽嚐鐵蹄飢寒之苦，而維繫於探求真理之心，以備貢獻於祖國者。抗戰初期，我等本應隨大軍西去，共赴國難，或束裝歸里，救民族於垂亡。然求知至上，庶成一知己知彼者，抑有所作益於抗戰工作。戰勝光臨，得以目睹此歷史轉變之悲喜劇，除對祖國人民深表謝忱，衷心有所愧然。[49]

文末的「愧然」，大致表露了這批留日學生的心境。這類由同學會署名以表達「惶恐」「羞愧」心境的〈陳情文〉，也出現在1946年間教育部的檔案附件。[50]因為，戰爭時期還留在日本的留學生，大多是汪精衛政權或滿洲國派遣的留學生，他們擔心遭到責罰。台灣學生赴日的情況不同，大概很難體悟這批中國學生的不安。相對地，中國學生也較難理解台灣學生對二二八的悲憤情緒。

　　中國留日學生的不安，來自於擔心國府不承認其學歷，甚至被認定為漢奸。根據林清芬的分析，戰後國府教育部擬定「抗戰期間留日學生甄選辦法」，1947年開始舉辦留日學生的資格甄選。這些學生被迫要寫自傳，研讀圈點《國父遺教》與《中國之命運》後，還要繳交讀書報告。

---

[49] 〈學生大會決議文〉，《中國留日學生報》第7號，1947年7月15日，第1版。

[50] 請參閱：〈附件：中華民國留日同學總會呈教育部呈〉、〈附件：中華民國留日同學會呈教育部報告〉，皆收錄於林清芬編，《台灣戰後初期留學教育史料彙編　留學日本事務（一）》，頁2-4、15-16。

這樣的甄選方式，直到國府遷台後的1952年間還在進行。[51]已經返國的留日學生，或許不得不接受甄選，而較有志氣的學生，可能一開始就拒絕認同國府。檢視中國出身的學生會幹部年齡與學歷可知，他們都是大學畢業後赴日，特別是汪精衛政府派遣的留學生，年紀較長且有自主想法，來日後多少也接受過社會主義思潮的洗禮。他們原本就很難接受戰後國府的處置，滯日不歸也是觀望或表明心志的一種方式，等到國府在內戰中敗象顯露，這批學生當然倒戈相向。國府處理戰時留日學生之辦法，在此明顯地留下了敗筆。

　　台灣學生唾棄國府的主因，主要是二二八事件的衝擊。1947年二二八事件發生後，在日台灣人很快就發出強烈的批判聲浪，從台灣逃到日本的人士到學生團體與僑社報告所見所聞，他們所言比報紙報導更具感染力。[52]在這樣的氣氛下，當然沒有人對國民黨政府抱有任何好感，青年學生的聚會中當然更是群情激憤。而中共也趁這個機會，藉由左傾的在日台灣人與其主導之僑社，積極展開「反蔣」、「反內戰」之宣傳。[53]1948年8月24日，日本一些主要英日文報紙都報導了台灣獨立運動之消息，引起各界的注意，包括左傾的僑社與學生刊物，也一致認定台獨主張是國際陰謀，並暗指其背後就是美國。例如，同年9月1日學生報第22號刊載了一篇〈發掘台灣獨立地下結社的真相〉的分析專文，標題前直接寫著：「誰的陰謀？」然後在內文質疑這些地下組織到底是哪一國人所為？這樣的宣傳一定是帝國主義的陰謀。[54]同一期中文版面也轉載8月24日《大公報》的台北專電，標題：〈台灣議長黃朝琴力闢獨立運動謠傳〉，

---

[51] 林清芬，〈戰後初期我國留日學生之召回與甄審（1945-1951）〉，頁109-122。

[52] 日本華僑華人研究会編、陳焜旺主編，《日本華僑‧留學生運動史》，頁261-265。

[53] 楊國光，《一個台灣人的軌跡》，頁173-177。

[54] 〈台湾独立地下結社の真相を衝く〉，《中國留日學生報》第22號，1948年9月1日，第3版。標題上方以明顯的反白字體寫著：「誰の策謀か皮肉か」。同時期，神戶方面的華僑刊物也是同樣之論調。請參閱：義方，〈台灣獨立運動的錯誤〉《華僑文化》第10號，1949年9月21日，第1-2版。

並說明魏道明主席也認為是另一種陰謀。有關反對台灣獨立運動，此時國共兩黨難得有部分共識，實際上反對的理由有很大的差異。

1948年10月1日，學生報第23號中文版刊載楊春松〈光復後的台灣〉一文，他除了批判陳儀之惡政與二二八的大屠殺之外，針對台獨主張的出現，他評論說：

> 最近美聯社所報，台灣分離運動的消息，追本索源，可說是二‧二八慘案所帶來的產物。但是，分離派的主張，不能說是解決台灣問題的真正辦法，它們的國際背景，它們暗藏著的企圖，都值得人民警惕。在目前台灣的腐敗政治之有利條件下。分離派或可以欺騙和吸引到一些近視的、自私的和不顧民族利益的人們的贊同。但是，進步的有良識的人士，卻表示著敬遠，或堅決地反對。[55]

文章最後向青年學生呼籲，必須反對分離主義之主張。這樣的論調，對於留學生界應該有一定的影響力。1949年2月1日發行的學生報25號，在「祖國短信」欄中，刊登「台灣民主自治同盟」呼應毛澤東提出和談八條件的聲明，聲明文批判國民黨在台的暴政之後表示：美國帝國主義者依然在推動其遠東侵略計畫，積極準備完成對台灣政治與經濟的掌控。如今，反動分者子顯露其凶惡的本性，意圖要保存反動的支配結構，堅持走向反革命方向。我們為了實現全國解放，獲得真正的和平，一定要讓瀕死的反動分子接受八條件與無條件投降，否則就要徹底戰鬥到最後。[56]文中的反動分子是指蔣介石集團，往後每年2月28日當天或之前，親共僑社都會舉辦紀念活動，活動中的宣傳都是將此事件被定位為「反蔣」的「起義」，談二二八同時也要批判台灣獨立運動，然後展開一貫的「反蔣」與「反美

---

55 楊春松，〈光復後的台灣〉，《中國留日學生報》第23號，1948年10月1日，第8版。

56 〈祖國短信　台灣民主自治同盟和談について声明〉，《中國留日學生報》第25號，1949年2月1日，第5版。原文為日文，筆者翻譯。

帝」之宣傳。

　　1949年2月1日學生報第25號刊頭左側，出現一則「台灣二‧二八事件紀念大會」之通知。這次集會在3月15日下一期學生報有詳細報導，大會由前述民促、民中研合辦，留日東京同學會協辦，日本共產黨與朝鮮人聯盟都派代表致詞。大會中經參加者提議表決通過，將元兇陳儀列為「戰犯」，並要求懲處屠殺台灣人民之軍警特務人員，並以大會名義致電毛澤東主席。配合這則活動報導，跨頁的版面還刊出署名郭梅鄉的專文，說明二二八在中國新民主主義革命中的定位，並介紹謝雪紅的事蹟。另外，還轉載一篇標題為〈新民主台湾の構想〉的《文匯報》專欄報導，附上謝雪紅照片，介紹其前往華北解放區準備參加新政治協商會議與在會上發表的「關於處理台灣問題意見書」。[57]以上報導都是偏向中共立場的消息，留日學生接受這些時局報導，對台灣前途的看法當然會被誘導。

　　在上述二二八事件紀念大會召開的同時，署名林木順的《台灣二月革命》專書也由民中研發行。這是一本在香港出版的日文著作，真正的作者應該是台共幹部楊克煌，全書說明二二八事件之前因後果，強烈批判陳儀政府統治與國府武力鎮壓。此種觀點的書籍流傳，對於國府統治的不信任感當然會更加強化。1949年5月15日學生報第29、30合併號刊載一則〈台北四‧六學生彈壓事件〉，主標題是「白色的風暴已吹向台灣」。全文報導4月6日數百名台灣大學與省立師範學院學生遭到逮捕的經過。報導中強調：南京「四‧一慘案」中許多勞工與革命知識分子遭到殺害，犧牲者的血尚未乾，竟然又對台灣的學生展開鎮壓。許多台灣的青年學生知道四一慘案後，認為對這件事保持沉默是可恥的，原有計畫採取聲援的行動，沒想到在陳誠的指揮下特務竟然已先下手。這則報導標題前有一幅伸

---

57 郭梅鄉，〈革命完成最後の舞台　赤い星謝雪紅女史解放区へ〉、〈陳儀を戰犯へ　倒れし先烈に続け　台湾二‧二八事件記念大会〉，《中國留日學生報》第26號，1949年3月15日，第2-3版。國民黨常以「漢奸」為罪名加諸反對派人士，相對地，左傾分子則經常對國民黨高官扣上「戰犯」之罪名。

出拳頭憤怒青年的插畫，下方寫著：「此仇不報枉為人」。[58]這是編者表達憤怒的方式，這樣的訴求無非想引起青年學生的共鳴。特別是對台灣學生而言，從二二八事件到四六事件，可說是新仇舊恨糾結，要報此仇就一定要推翻國民黨在台的暴政。如此，不論各省籍之留學生是否支持中共，至少「反國民黨」可以成為一項共識。

圖3-3　1949年5月15日《中國留日學生報》有關四六事件報導（原資料收藏：Gordon W. Prange Collection, University of Maryland　圖檔提供：日本國立國會圖書館）

五、留日同學會支持中共政權之演變過程

　　1949年以後，東京地區以華僑民主促進會為中心的在日台灣人，其支持中共的言論與行動已經相當明顯。而學生會也早與民促結合起來，不論是學生報內容，或紀念二二八事件與五四運動等活動，明顯都在呼應中

---

[58] 〈白き嵐台湾を吹く　台北四・六学生弾圧事件〉，《中國留日學生報》第29、30號，1949年5月15日，第2版。

共的宣傳論述。國民黨政府有駐日代表團可以運用,為何無法爭取華僑與青年的支持?在喪失僑民與學生支持後,國府或代表團又採取何種措施以拉攏學生呢?這是一場國共內戰延伸到海外僑民與學生的爭奪戰,其中不僅涉及國府僑務政策之失敗,同時也牽涉到留日同學會的動向與為何選擇支持中共等問題。

(一)留日同學會與左翼學生運動之聯結

正如前述,學生報相當關心中國大陸青年學生反內戰等風潮,不斷批判國府的鎮壓行動。與此同時,留日學生與在日國際學生也形成結盟,強化了其反國府之論述。戰後,日本左翼學生運動興起,同時逐漸發展出在日國際學生組織,中國留日同學會很快就與其合流,並參與社會主義國家的國際學生活動。

從學生報活動報導之內容可知,戰後在日學生的跨國活動相當頻繁,而且都明顯具左翼運動之傾向。第8號學生報頭版刊載,1947年7月6日「中日親睦會」與「朝鮮學生同盟」在東京合辦中、鮮、日青年學生的聚會,發表談話的主要來賓為實藤惠秀、中西功、平野義太郎等。[59]第9號學生報刊載,7月9日舉行一場由「日本學生同盟」主辦的中、鮮、日學生座談會。同一個版面還報導,6月20日京都方面學生成立「國際學生友好會(ISGS)」,中華民國京都留日同學會梁景福、葉守中代表參加創立大會。該會除中、鮮、日學生之外,還有印尼的學生也來參與。學生報同時也介紹,8月1日在東京的印尼學生召開了「印尼學生獨立聯盟緊急大會」。[60]由此可知,此時在日各國學生正在尋求國際性的結盟。

1948年國際學生的聯合聚會,除了聲援印尼獨立運動,主要就是關注朝鮮人的教育問題。1948年6月15日學生報第19號刊載一篇社評,批判

---

[59] 〈中、鮮、日学生青年の集ひ〉,《中國留日學生報》第8號,1947年7月15日,第1版。

[60] 〈国際的親善の芽生え 国際学生友好会の発足〉,《中國留日學生報》第9號,1947年8月15日,第2版。

日本政府打壓朝鮮人學校之政策，聲援朝鮮人擁有自主教育的權益。[61]此外，透過在日國際學生懇談會的召開，籌設「アジア學生聯盟」的提案也獲得通過。8月16日，由各國人士與學生團體共同主辦的「アジア平和文化祭」在東京日比谷公會堂舉行。這項活動的宗旨是反對日本的再武裝政策，維護亞細亞民族的獨立與和平。參加這項活動的國際人士除了鮮、日、中之外，還有印尼、印度、菲律賓的代表出席，華僑總會會長黃廷富代表致詞，前同學總會主席范琦也以出席者身分發言。接著，9月5日在同一會場又舉行「第二回國際青年日」的大會，該會宗旨是「反法西斯」「反帝國主義戰爭」。報導中強調，大家要共同監督日本戰後民主主義改革之落實，以維繫世界民主主義勢力的潮流，阻止任何法西斯勢力重現。[62]

　　前述留日學生反帝反法西斯之理念，與當時親蘇反美的左翼「國際學生聯盟（另譯：國際學生聯合會）」（IUS=The International Union of Students）之運動方針，明顯相互呼應。該國際學生組織總部設在捷克首都布拉格，戰前是以反納粹為基礎而形成的青年學生組織，戰後再集結，並於1946年8月召開代表大會，1950年代分裂以前，執行部受到共產主義者控制。[63]根據上海出版《中國學生運動史》之記載：1946年8月國際學聯在布拉格召開第一次代表大會時，國民黨政府指派的一批留英學生，自稱「中國中央學聯」代表，冒名參加代表大會，甚至當選理事會副主席。

[61] 〈社評　朝鮮人学校問題の焦点をつく〉，《中國留日學生報》第19號，1948年6月15日，第1版。

[62] 〈アジア民族平和文化祭〉，《中國留日學生報》第22號，1948年9月1日，第1版、第3版。文中刊出「平和文化祭」口號：「中國要統一、亞洲要解放、世界要和平」。而後，「アジア學生聯盟」改為「在日國際學生協議會」，主要成員為中日韓學生，有些活動也有印尼、菲律賓或印度等學生參加。

[63] P. G. アルトバック（Philip G. Altbach）著、喜多村和之譯，《政治の中の学生──国際比較の視点から》（東京：東京大学出版会，1971），頁243-262。從本書可知，有關IUS = The International Union of Students，日文譯為「国際学生聯盟」，中文譯為「國際學生聯合會」，學生報採日譯漢字表記。

而後，由中共主導成立的「全國學生聯合會」，努力衝破國民黨政府的
封鎖，並與「進步的」青年學生團體聯繫，才得以在1947年8月參加第二
次理事會。研究者強調：會中全國學聯揭穿前一年國民黨政府花錢雇用三
青團員冒名參加大會之事，並由理事會通過抗議中國政府壓迫學生之決議
文。1948年2月，國際學聯在印度加爾各答舉行東南亞青年和學生大會，
討論交換殖民地爭取民族解放鬥爭的經驗和教訓，中國學聯也前往參加，
透過這次交流「更堅定了勝利的信念」。[64]以上敘述雖爲共產黨本位觀
點，實際可能要打些折扣，但左翼之國際學聯與中國學聯的結盟關係，則
不容置疑。了解國共兩黨在國際學聯中鬥爭結果，留日學生會左傾言論與
反國民黨學運之聯結關係，也就顯而易見了。

　　根據留日學生報之報導，1948年底，「國際學生聯盟」與「世界民
主青年同盟」共同舉辦紀念活動，兩團體以11月1日爲「世界青年日」、
14日爲「世界學生日」爲由，制定11月10-17日爲「國際學生週」，活動
期間主要的口號如下：第一，確立世界永久和平；第二，軍備縮小、禁止
使用原子彈；第三，反對帝國主義對中國、希臘及其他所有殖民地國家的
侵略；第四，增加教育費、縮減軍費；第五，科學要服務人民、要帶來和
平。有關中國部分，報導中特別強調：中國學生會繼續進行英勇的鬥爭，
在國際學聯之領導下，全世界學生與全中國人民站在同一陣線，不僅要解
放全中國，全世界的人民也會再同一陣線上，致力於解放全人類。[65]從這
段簡介可知，國際學聯是強調反帝與反戰並追求和平的組織，這樣的理念
與中共宣傳的口號極爲吻合。留日學生會運作逐漸傾向共產主義，左翼國
際學生運動的大環境也是原因之一。

　　1949年間，學生報主要都是介紹中國大陸的學生運動，另外也曾經
介紹日本民主青年團的活動。因爲同年五四紀念前夕學生大合唱活動中，

---

[64] 翟作君、蔣志彥，《中國學生運動史》，頁362-364。
[65] 〈国際学連の旗の下に邁進せよ！世界の恒久平和へ〉，《中國留日學生報》第24號，
　　1948年12月1日，第1版。

日本民主青年團中央合唱團曾前來參加。民主青年團是從青年共產同盟發展而來，其發展過程是由日本共產黨主導，所屬合唱團負責人關鑑子之文章刊載於學生報。根據報導，前述大合唱活動中，由關鑑子擔任鋼琴伴奏，台灣學生呂水深擔任指揮，中日學生大合唱「世界民主青年進行曲」，這些都是左翼學生運動。[66]同年6月1日學生報第31號刊載，第一屆中華全國青年大會致日本學生運動與給全世界青年的公開信。信中呼籲：全國青年團結起來，在毛澤東的旗下前進。[67]個別學生的動向無法掌握，但從學生報公然刊登這樣的消息，代表著同學總會與主要幹部已正式表明支持中共政權。此時，國民黨政府當然無法爭取到留日青年學生的支持。

（二）留日學生救濟金發放之糾紛

　　受到戰後國際學生運動影響，留日學生明顯出現左傾風潮，這種情勢原本就對國府不利，再加上屬於國府管轄之下的駐日代表團之顢頇與腐化，也是讓學生唾棄國民黨政府的重要原因之一。[68]代表團與同學會之對立，最主要原因是在於發放救濟金問題。戰後日本民生凋敝，留學生的生活困苦，同學總會成立後，最主要的任務就是爭取經濟援助。當時由於匯兌不通，台灣親人也無法接濟，幸好台灣學生聯盟成立後，很快就爭取到優待非日本人的「特別配給（特配）」與救濟金，並透過交涉讓同學得以暫緩繳交學費。但是，這些都是救急辦法而已，日本政府的救濟金到1946年初就停止，許多學生必須另行設法才能渡過難關。台灣鄉親也曾捐錢救助台灣學生，但杯水車薪似乎沒有太大助益。[69]這時候謝南光雖積

---

66 関鑑子，〈進む歌ごえ〉、〈同志よ固く結べ　五四前夜の大合唱〉，《中國留日學生報》第29、30號，1949年5月15日，第3版。

67 〈主張　日本学生運動に寄せて〉、〈全世界青年へのメッセージ　帝国主義は「紙老虎」、世界人民勝利の日〉，《中國留日學生報》第31號，1949年6月1日，第1版。

68 有關駐日代表團的組織與腐敗的問題，楊子震已經有詳細的分析。請參閱：楊子震，〈中國駐日代表團之研究——初探戰後中日、台日關係之二元架構〉，《國史館館刊》19（2009年3月），頁58-67。

69 1948年1月學生報刊登一則針對台灣學生聯盟（舊二部）會員的公告，文中說：先前台

極為救濟留學生奔走，但實際成效不佳。[70]為了獲得長期而穩定的獎助學金，留學生與華僑總會只好不斷向代表團陳情。

根據《日本華僑‧留學生運動史》記載，同學會陳情最初要求代表團賣掉已經收回的戰時日本在中國掠奪物資，然後以所得之款項來充當救濟金。這些包括藥物、桐油、羊毛等商品，特別是羊毛已經有經營紡織工廠之僑胞願意承購，總價約14萬5千美元，可充當留學生救濟金。沒想到代表團官員竟然以不法手段私吞，甚至利用這筆錢組織親國民黨之小組織，意圖分裂同學會。[71]但是，從教育部的檔案中發現，出售的被掠奪物資並非羊毛而是鴉片與嗎啡。檔案中顯示，代表團與教育部曾多次以電報往來討論救濟金事宜，由於出售的是鴉片等毒品，其價款之使用受到盟軍總部的限制，無法順利轉撥運用，加上發放的審核標準反覆地討論，以致救濟金遲遲無法發放。從1945年12月14日發出第一封國府官員指示發放救濟金電文，到1949年11月開始發放給學生，各部門電文往返討論將近四年。[72]不論銷售的被掠奪物資為何，這樣的辦事效率，當然無法獲得留學

灣省父老送來救濟金，現已分別發給各地同學，救濟金共13萬元，每人180元，發放對象地方252名，東京452名，剩餘緊急救濟金由理事長林瑞聰保管。這次撥款借助謝南光先生、林清文先生奔走，以及李建星、吳修竹同學的幫忙，謹此致謝。為何會有這筆救濟金，尚無詳細資料。但透過此消息可知，當時同學會還能掌握到的台灣學生至少也還有704名。請參閱：〈舊二部會員に告ぐ〉，《中國留日學生報》第16號，1948年1月15、30日，第4版。

[70] 〈台灣省行政長官公署教育處電教育部呈送留日學生名冊等件請予救濟〉，收於林清芬編，《台灣戰後初期留學教育史料彙編 留學日本事務（一）》，頁270-271；日本華僑華人研究会編著，《日本華僑‧留学生運動史》，頁69-70。

[71] 日本華僑華人研究会編著，《日本華僑‧留学生運動史》，頁70-71。

[72] 林清芬編，《台灣戰後初期留學教育史料彙編 留學日本事務（一）》，頁256-308。此外，有關如何救濟台灣留日學生問題，台灣省議會史料總庫中也有不少相關檔案，包括如何匯款或救濟留日學生之辦法等質詢案。請參閱：〈請政府設法資助及便利匯送台灣省留日學生學費案〉、《台灣省參議會第一屆第六次定期大會》（台灣省諮議會），典藏號：001-01-06OA-00-5-3-0-00364，1948年12月。

生信賴。甚至在發放前夕，有關發放的方式還有爭議，學生報爲此還在頭版進行批判。[73]

留學生傳聞有關代表團負責人將救濟金中飽私囊的事情，並非只有被略奪物資銷售款部分而已。另外，當時因對日貿易受管制，獲准從事貿易的華僑，代表團都抽取4%的手續費，名義上是要救濟留學生，實際上卻從未發放。學生們得知消息後，前往代表團質問負責人張鳳舉，張氏此時才承認有這筆錢，但他竟推託要另組基金保管委員會，才能進行發放作業。學生們回到同學會後決議，要求將這筆已達12萬美元的基金，撥到同學會組成的「留日學生獎學會」，由獎學會來審查發放。[74]經口述訪談得知，針對這個問題，因學生報在頭版報導，被點名的張鳳舉一怒之下，以違反出版法規爲由向盟總提出檢舉，編輯人被訊問後飭回，學生報也幸好未被查禁。[75]但同學會與駐日代表團的對立，至此已達無法挽回的地步。

1949年8月，同學會的「留日學生獎學會」開始運作，公開獎學金申請辦法，對駐日代表團明顯造成壓力，但代表團還是緊扣著這筆錢，還是未見立即發放的規劃。同年10月10日，同學會與民促合力將原本要舉行的雙十節慶典，改爲慶祝中華人民共和國成立大會，明確表達支持中共。在此情勢下，代表團爲了爭取留學生之支持，才不得不從11月起發放救濟金，但一切爲時已晚。

---

[73] 〈主張　救済基金を民主的保管機関に〉、〈留日学生に福音　十四萬五千弗救済用に〉，《中國留日學生報》第35號，1949年9月1日，第1版。兩文除了開心地宣布救濟金有著落的「福音」，同時也要求將救濟金交由學生團體來發放，充分顯露對駐日代表團的不信任。

[74] 〈留日学生救済基金　十二万ドルの行方は？ 奇怪な代表団の措置〉，《中國留日學生報》第34號，1949年8月1日，第1版；〈中国代表団に疑惑　十二万ドルをネコババ〉，《華僑民報》第3號，1949年8月1日，第2版；日本華僑華人研究会編著，《日本華僑‧留学生運動史》，頁70-74。

[75] 蔡朝炘，《蔡朝炘先生手稿文件集》。

（三）中共建國前後駐日代表團之失策

　　駐日代表團人員從事黑市買賣的腐敗行為，早已廣為僑民與學生所知，除了私吞救濟金問題，親國民黨政府的僑報被轉賣，也是同學會與代表團衝突的原因之一。戰後，日本華僑經營的日報有兩種，一為在東京發行的《中華日報》，一為在大阪發行的《國際新聞》，[76]兩報發行量最初各僅約三千份，主要負責人都是在日台灣人。其中《國際新聞》較為左傾，1947年以後親共的言論就日益明顯，而《中華日報》則屬支持國府的報紙。戰後日本新聞用紙不足，故採配額制，華僑為戰勝國民，故新聞用紙配額甚高，兩家報社合計可獲得數十萬份的用紙。[77]中華日報社長羅錦卿知道報社經營無利可圖，剩餘的用紙配額奇貨可居。1949年1月，羅氏竟計畫將報紙停刊，把配額售予讀賣新聞社。此一圖利自己的行為，引發社員抗爭，及民促幹部聲援抗爭。社員先組成「從業員組合鬥爭委員會」，並發行宣傳報進行抗爭，而後羅氏雖然被迫繼續發行報紙，但不久還是私下將整個報社轉賣，由讀賣新聞社變更刊名發行《內外タイムス》。[78]由於許多留學生在該報社就職或打工，這樣的結果自然引起許多學生之不滿。代表團無力阻止，社長羅錦卿政治立場又傾向國府，所有罪狀當然要由代表團承擔。

　　除此之外，1949年7月京都發生留學生無故被日警毆打重傷，前一年

---

[76] 《國際新聞》在1945年10月由台灣人康啓楷等創刊，從週刊演變到三日刊，1946年改為日刊，僑界報紙中最早創刊，發行量最大，其言論原本即較為左傾，中國人民共和國成立後，大量採用新華社等通訊社之稿件，1959年經營不善而倒閉。許淑真，〈國際新聞〉，收於可兒弘明、斯波信義、游仲勳編，《華僑・華人事典》，頁227。

[77] 渋谷玲奈，〈戰後における「華僑社会」の形成——留学生との統合に関連して〉，《成蹊大学法学政治学研究》32（2006年3月），頁1-32。有關戰後華僑發行的報刊情況與新聞紙配給問題，還有許多尚待釐清之處，雖有粗估獲得50萬份配額之說，但時間點與變動情況等，都還有待查證。

[78] 日本華僑華人研究会編著，《日本華僑・留学生運動史》，頁274-275；〈違法取引を阻止、三月五日から新聞を発行〉，《中華日報闘争ニュース》第5號，1949年3月13日，第1版。

10月大阪也發生日警侮辱中國國旗事件。[79]對於這些事件，駐日代表團都未積極處理，無法撫平華僑與學生不滿的情緒，最後大家都將原因歸諸於國府的腐化與無能，如此便造成華僑更加期待「新中國」的到來。早在上述風波發生前的1948年10月，同學會已進行一項問卷調查，經統計分析後顯示，留學生對共產黨的支持已高於國民黨一倍，雖然絕大部分都表示中立，但是有關國共內戰的結果，預料共產黨將獲勝的多出估算國民黨獲勝者七倍。[80]而後情勢日益明朗，再加上共黨宣傳之效力，大部分學生自然逐漸背棄國民黨政府。

　　如前所述，1949年10月10日，同學會與民促合力將原本要舉行的雙十節慶典，改為慶祝中華人民共和國成立大會。這個戲劇性的變化讓駐日代表團臉上無光，證明該團四年來的僑務工作一敗塗地。為了彌補爭取留學生之失策，代表團從11月起正式開始發放救濟金給留學生。這次補助計畫是給成績優秀與經濟困難者各200名，總計為400名，但實際審查相當寬鬆，給付金額的原則也不明確，而且每個月補助人數與對象均有所變動，最後還追加十名給予最近獲得醫學博士學位者。隔年6月，代表團由何世禮將軍接任團長，他開始採取嚴格審查辦法，凡思想稍有問題或成績欠佳者，均隨時停止補助，最後人數降到一百多名。藉著補助金發放的審查，他也另組一個在國府控制下的新留日同學會，排除所有親共學生。另外，為爭取學生與僑民支持，在其主導之下，1951年還曾舉辦留學生返國暑期研習會，1952年則組成由孫德成率領的華僑青年返國觀光團。[81]雖然檔案記載，參加者極力肯定這些活動，但是根據留日學生的證詞，卻認為這些返國活動剛好達到反效果，大家對國府在台灣的統治更加失望。

---

[79] 日本華僑華人研究会編著，《日本華僑‧留学生運動史》，頁272-276。

[80] 〈1948年末綜合調查統計〉，《中國留日學生報》第26號，1949年2月1日，第3版。

[81] 〈外交部長葉公超函蔣經國關於留日學生津貼辦理情形及僑校近情〉，收於林清芬編，《台灣戰後初期留學教育史料彙編　留學日本事務（二）》，頁15-17。有關何世禮接掌駐日代表團的情況請參閱：鄭宏泰、黃紹倫，《香港將軍何世禮》（香港：三聯書店，2008），頁226-261。

　　與此同時，中共也大力進行拉攏留學生的行動，根據目前已經出版的教育部檔案之報告：中共留日學生總會慷慨地發放留日學生補助費，不僅提高價碼，而且也發放給新留日同學會之學生，企圖進行分化及收買國府管轄之學生。[82]外交部的檔案顯示，類似這類留學生或華僑的爭奪戰，往後還持續相當長的一段時間。因相關問題已超出本文範圍，而且都屬1950年以後之情況，故不擬在此繼續討論。

　　透過留日學生報內容到同學會動向之考察，戰後留學生左傾化的演變過程已經清楚地呈現。其中最具象徵性的變化，應該是學生報發行單位名稱的修改。留日學生報刊頭的「發行所」，原本是：「中華民國留日同學總會」，從1949年9月1日第35號起，在沒有任何公開聲明下，被改爲：「中國留日同學總會」。[83]這雖然是一項小變化，但顯示留日學生總會在中共建國之前已經正式拋棄「中華民國」之名號，其背棄國府之決心極爲明確。

六、結語

　　本文透過史料排比的整理，加上參考當事者之證言，最主要的成果在於釐清留日學生報爲何出現日益左傾化之轉變。整體而言，學生報的左傾言論就是呼應中共的宣傳，1948年間其主要內容以紀念五四相關之學生運動與魯迅相關之新文學運動爲主，1949年則進入「三反主義」的政治性宣傳，最後自然就歸結爲支持新中國。亦即，經歷三階段變化的留日學生報，原爲單純的「學術文化刊物」，而後轉變爲關注中國內戰與學生運

---

[82] 〈行政院秘書處通知教育部中共分子在日活動近況之情形一件奉交參考〉，收於林清芬編，《台灣戰後初期留學教育史料彙編　留學日本事務（二）》，頁558-568。

[83] 在1948年9月1日發行的第22號，刊頭上「紀念九一八反法西斯國際學生大會」時，主辦單位以「中國留日同學總會」掛名，這應該是第一次使用，其目的不外乎是想擺脫「中華民國」。標註發行單位之變化，請參閱：《中國留日學生報》第22號，1948年9月1日，第1版；《中國留日學生報》第35號，1949年9月1日，第1版。

動的「時事評論刊物」，最後竟變成全面支持中共建國之「政治宣傳刊物」。

　　回顧這段學生報與學生會向左轉之過程，首先必須注意到共產黨地下組織的存在。從學生會幹部與編輯人員、撰稿者的言論作歸納分析，共產黨秘密黨員應該發揮了一定的影響力。從人脈網絡來看，同學會幹部、次級團體「民主中國研究會」與「華僑民主促進會」等幹部，明顯結合在一起，其中多位在日台灣人（包括舊學生會幹部）成為關鍵性領導人物。這群人透過學生團體與華僑團體的聯合運作，並發行報刊進行宣傳，因而得以主導留學生之左傾風潮。觀察這些人脈建構與宣傳的展開，不能無視共產黨組織運作的存在。當然，時代巨輪的轉動必然是多重因素所造成，共產黨幹部或許只是幕後的推力之一。除了這些秘密黨員的私下串連，公然的倡導也有不可忽視的力量，包括日本左翼文化人的言論活動、左翼國際學生運動的串連和宣傳等，也是促使留日學生左傾化的原因。

　　前述有關學生報之內容分析，大致驗證了言論左傾化的過程。比對1949年之留日學生報，其內容也大致呼應了僑界發行的《華僑民報》支持中共之論述，國府無法改變其親共的趨勢，當然與國共內戰的頹勢有關。除此之外，國府與駐日代表團的失策，也是留學生轉而

圖3-4　1949年10月11日《華僑民報》有關中共建國的報導（東京華僑總會／提供）

支持中共政權之重要原因。例如，對戰時「偽政權」派出「偽學生」的猜疑，相當程度引起出身中國大陸學生之恐慌與反感。在這種情況之下，中共的宣傳與拉攏就很容易奏效。再者，由於未適時發放留學生救濟金，以致代表團的形象被塑造為腐敗無能的官僚集團，這也是讓他們唾棄國民黨政府的重要因素。對台灣的學生而言，從二二八事件到四六事件，可說是新仇舊恨糾結，要報此仇就一定要推翻國民黨在台的暴政。不少台灣留學生是在這種心情之下，迎接10月1日新中國的成立，並期待台灣早日獲得解放。

　　台灣留日學生的所謂左傾化現象，部分是對共產主義或社會主義的認同，部分則是基於反日本殖民統治之中國民族主義，兩種思想脈絡的糾葛很難區分，透過學生報文本分析與相關考證，可以掌握時代思想或風潮之變化，但卻無法論證個別留學生內心認同之轉變過程。[84]如果僅就1945-1949年間的觀察而言，很難估算全體留學生中左傾學生的人數或比例。但是，若將觀察範圍延續到1950年代以後冷戰時期，台灣學生的政治傾向就很清楚了。他們反對國民黨政府，支持共產中國，不僅發表具體言論，甚至採取實際行動。1950年5月，國府獲得的東京密函情報中指出：「在日華僑及留學生大部傾向中共，共方並派有工作人員多人潛伏工作，並盡其歪曲宣傳之能事，留日學生會華僑總會等完全為其控制。」[85]若不討論政治立場問題，這樣的描述還頗為符合實際情況。而且，在爭奪僑民與留學生支持徹底失敗後，國府似乎也體會到宣傳不力是一項重要原因。

　　然而，勝者的攻勢並未止歇，隨後中共呼籲華僑與留學生歸國服務，對國府的打擊更大。1952年間，中共因隔年計畫實施「國家建設第一次

---

[84] 有關特定台灣知識分子的認同轉折，日本新聞界人士本田善彥的著作，雖非學術論著，但對於複雜的民族主義與社會主義糾葛之討論，也具有一定的參考價值，請參閱：本田善彥，《日・中・台視えざる絆──中国首脳通訳のみた外交秘録》（東京：日本経済新聞社，2006），頁151-283。

[85] 〈行政院秘書處通知教育部抄留日僑民及留學生情形〉，收於林清芬編，《台灣戰後初期留學教育史料彙編　留學日本事務（二）》，頁523-525。

五年計畫」，所以開始呼籲華僑與留日學生返國投入建設行列。結果，從1953年起出現了一波「集體歸國」的熱潮，到1958年間包括留學生總人數約達4000人，其中台灣人約占三分之二。[86]根據統計，僅以留日學生的情況來看，其移動大致可分三個階段，第一階段是從1950-1952年，大約有200名前往中國，1953-1955年的第二階段，留學生共計達242名，含華僑總人數達3000人，第三階段是1956年以後數年，大約100名左右前往中國。經過三階段的熱潮，到中國的留學生總計達500多名。[87]這些留學生中，台灣學生總數不詳，但估計約占三分之二，這是戰後台灣留日學生左傾化的結果。當然，中共方面熱情的接待與優待措施頗具吸引力，因篇幅所限，這部分在此不詳細討論。

綜觀現有的研究成果可以發現，許多受日本教育青年，無法接受國府統治，其結果不是滯留國外，就是設法前往中國，而返台者之中許多人就成為政治受難者。曾擔任學生會也是華僑總會幹部的吳修竹在回憶錄中，直接了當地說：「戰後初期留學生或僑民與國民黨，始終處於對抗的關係，國民黨讓大家徹底失望。」[88]日本僑界左傾言論的激盪，國民黨政府形象又確實不佳，再加上負面流言可能具有之加成效應，本土留日人才當然也就大量流失了。例如，東京醫專畢業的許燈炎，也是一個代表性的例

---

[86] 詳細人數之統計與分析，請參閱：許瓊丰，〈在日台灣人與日本神戶華僑的社會變遷〉，《台灣史研究》第18卷第2期，頁173；符順和，〈戰後華僑の帰国〉，收於可兒弘明、斯波信義、游仲勳編，《華僑・華人事典》，頁409。

[87] 這個數字是參考曾任同學總會主席郭平坦撰寫之「神戶出生台籍華僑子弟」之分類統計。請參閱：日本華僑華人研究会編著，《日本華僑・留学生運動史》，頁112-130。

[88] 吳修竹，《私の履歴書》，頁57。他回顧這段時期在日與國民黨官僚鬥爭經驗時，特別強調：「看到中華『民國』官僚的蠻橫粗暴，再聽到國內的情勢，人心遠離國民黨是必然的發展。再加台灣二二八事件，抗議國民黨獨裁的聲浪當然也澎湃湧現。」原文：「中華『民国』官僚の横暴を目にし、また国内の情勢を知るに及んで、人心が国民党を離れたのは必然というものである。加えるに台湾二・二八事件である。澎湃として国民党の独裁に対する抗議が沸き上がった。」

子。由於許氏熱心參與學生會活動,而且也曾在學生報上發表文章,[89]據口述訪談得知,他在學生會中人緣相當好。許燈炎畢業後返台,進入熱帶醫學研究所服務,1950年間被捕,隔年2月14日遭到處決。[90]林鐵錚回憶說:許燈炎要返鄉時,大家都極力反對,因爲他擔任學生會幹部時曾與代表團發生衝突,早已被列入黑名單,回去相當危險。但是,因爲女友林冠玉已經先行返鄉,他還是不顧大家的反對返台。後來不知何故被捕,被監禁一段時間後,其女友接到通知,要她前往監所保釋,沒想到抵達後才知道竟是要她領回屍體。這個消息傳回東京,讓大家都非常震驚,自己也因此不敢返鄉了。[91]這些傳聞的細節或許有不少誤差,但他所形容以及強烈感受到的驚恐氣氛,相當的鮮明。林鐵錚因而轉往中國,這種白色恐怖氣氛不知阻斷多少台灣青年返鄉之路。

戰爭時期成長的世代菁英大量流失,對台灣社會造成的負面的影響,實在難以估算。但是若從思想層面來推論,我們可以發現海外台灣人的政治動向,在二二八事件的衝擊下,並非直接轉向台灣獨立運動,其中轉而支持新中國的比例相當高。這個事實或許可以稱爲台灣政治史研究的一段空白。過去台灣政治史研究過於重視島內本土菁英的動向,忽略了海外台灣人的活動,尤其是台灣留日學生與親共華僑的政治動向。填補這段空白之後,如何描繪戰後台灣政治史的全貌,則還待今後進一步的努力。

---

89 許燈炎,〈科学　同姓結婚とその遺伝学的考察〉,《中華民國留日學生旬報》第3號,1947年3月10日,第2-3版。

90 陳英泰,《回憶‧見證白色恐怖(上)》(台北:唐山出版社,2005),頁58-59。

91 林鐵錚,《追憶の旅》,頁59。原文日文,筆者摘錄翻譯。

第四章　在日台灣人二二八事件論述之演變

一、前言

　　有關戰後海外台灣人政治活動之研究，目前已累積了不少的成果，特別是在日本以廖文毅爲首的台灣共和國臨時政府的相關研究，不僅有多本相關專書出版，還有不少已發表的相關期刊論文，可說研究成果豐碩。[1]但閱讀這些論著後，還是會發現一些尙待釐清的問題。例如，戰後初期大部分在日台灣人並未積極投入台灣獨立運動，反而是有部分人士熱烈支持中共政權。這些左傾分子或許爲數不多，但排除大多數的沉默者之後，看來聲勢卻頗爲浩大，在1955年以前，對國民黨政府的挑戰大於獨立運動者。而且，這群北京政府支持者還極力批判台獨分子。兩者的對立原因，部分因素是來自雙方對二二八事件認識或詮釋的分歧。日本華僑或台灣人團體，爲何產生如此嚴重的歧見，以致水火不容並互相攻訐，有必要深入地探討。

　　再者，各種海外台灣獨立運動的研究成果，大多會利用不同單位典藏之《外交部檔案》，其主要目的都是透過檔案分析雙方的政治動向，但卻較少去檢視檔案中論述的歷史內容。而且，近年將博碩士論文改寫發表的成果，對於國民黨政府因應海外獨立運動的組織建置，以及官方與美日政府的交涉過程等的專書研究都有非常詳細的分析。[2]然而，從文獻史料考

---

[1] 有關台灣獨立運動研究之專書與口述訪談紀錄，請參閱：陳銘城，《海外台獨運動四十年》（台北：自立晚報，1992）。張炎憲、胡慧玲、曾秋美採訪紀錄，《台灣獨立運動的先聲——台灣共和國（上）、（下）》（台北：吳三連基金會，2000）。陳佳宏，《台灣獨立運動史》（台北：玉山社，2006）。

[2] 陳慶立，〈廖文毅在日台獨活動與國民黨政府的對策〉，《台灣風物》63：2（2013年6月），頁41-70。陳昱齊，〈國民黨政府因應海外台獨運動之組織建置——1950年

證的角度來看，《外交部檔案》不僅是海外台獨運動的監控體制之運作，其監控報告之文本也值得我們注意。因為，情治人員長期以來都認為台獨運動背後有中共的支援，對於台獨運動的起因分析，與實際的情況有落差。或許情報人員沒有釐清狀況，或又其中本有隱情，如今都應該要詳加檢視。今日探討海外台灣人的政治動向，各種對立的國家認同或政治理念的演變，以及有何公開論辯的過程，都必須逐一地探討。同時，也要將情治單位報告內容納入討論，如此才能更立體地認識當時的情境。

有關情治單位監控台灣獨立運動的基本史料，目前已公開且較經常被引用的外交部檔案，部分存放於檔案管理局，例如：〈台灣獨立運動（一）—（二十四）〉之系列。部分存放於中央研究院近代史研究所檔案館，例如：〈偽台獨檔資料〉、〈偽台灣獨立聯合會〉等。這些檔案中提到台獨運動的起源時，大多會重述二二八事件前後台灣共產黨舊幹部的動向，以及台獨分子與台共幹部的關聯，這種放大處理或刻意扭曲的論述為何長期被沿用，其中的虛實難辨之處，值得我們深入地探討。例如，1956年間由國家安全局鄭介民局長署名發文給外交部的調查報告中可以發現，情治人員以條列方式的分析，一再強調「共匪」與「偽黨」的勾結問題。甚至，對於台灣共和國臨時政府選在2月28日成立之事，竟然在報告書中最後的第九點強調：

偽黨決定於2月28日成立偽政府發表獨立宣言，按二二八事變主要為台共所策動，匪偽台灣民主自治同盟在宣傳上亦以掀起第二次二二八事變為扇〔煽〕動台人反政府之主要口號，今偽黨選取二二八為其成立政府之

代至1970年代初期〉，《台灣史料研究》42（2013年12月），頁2-25。這兩篇文章是以下博碩士論文之部分：陳慶立，《廖文毅的理想國——台灣共和國臨時政府的成立與瓦解》（台北：國立政治大學台灣史研究所博士論文，2012）。陳昱齊，《國民黨政府對美國台灣獨立運動之因應（1961-1972）》（台北：國立政治大學台灣史研究所碩士論文，2011）。前者博士論文也已經出版：陳慶立《廖文毅的理想國》（台北：玉山社，2014）。

時期，顯屬配合共匪活動之有力事證。[3]

　　這樣的敘述，顯然與目前學者的共識有很大的落差。以目前的研究成果來看，廖文毅與民主獨立黨成員，基本上都抱持「反蔣反共、親美親日」之政治理念，其獨立運動與中共解放台灣之目標，明顯出現對立。儘管如此，調查局的策反行動中，還是不斷散播廖文毅是共產黨徒，或背後有共產黨的支援等，試圖給廖文毅戴紅帽子。這種宣傳手法原本就經不起考驗，但情治人員似乎還是一直偏好這個手法。[4]支持北京政府的在日台灣人團體，對二二八事件的詮釋，有其一套相關論述，與廖文毅將二二八視為台灣人追求獨立的轉捩點之看法，大相逕庭。本文主要目標就是透過基本文獻比對方式，釐清二二八事件的論述在日本的傳播與影響，同時運用情治單位監控日本華僑與台灣人的情報內容，進一步討論國民黨政府的統治手法與心態。

　　二二八事件發生之後，消息立刻透過媒體傳播到島外，不只是中國大陸，包括日本與美國都有不少報導，主要包括事件發生經過與官方的處置等相關消息。旅居日本的台灣人或華僑約四萬多人，大家都很關心這些新聞，因此學生報不僅刊登消息，同時也出現一些評論意見。而後，僑界報刊雜誌上出現非常多二二八事件相關之論述。因此筆者認為，若以二二八事件相關消息與評論的傳播為切入點，應該可以釐清許多問題點，包括國共宣傳鬥爭、華僑支持爭奪戰，以及在日台灣人之社會網絡等。[5]而後，

3　國家安全局「偽台灣獨立民主黨與匪偽勾結陰謀活動資料」〈台灣獨立運動（二）〉，《外交部檔案》，檔案管理局收藏，檔號0044/006.3/003。引文中〔〕內文字為錯別字更正。

4　李世傑，《台灣共和國臨時政府大統領廖文毅投降始末》（台北：自由時代出版社，1988），頁196-197。

5　有關華僑與在日台灣人的研究，請參閱：陳來幸，〈戦後日本における華僑社会の再建と構造変化──台灣人の台頭と錯綜する東アジアの政治的帰属意識〉，收於小林道彦、中西寬編，《歴史の桎梏を越えて──20世紀日中關係への新視点》（東京：千

在島內公開談論二二八事件成爲禁忌，而海外台灣人的二二八事件詮釋則
出現嚴重對立，這種情況影響到日後台灣史的書寫。在島內噤聲的年代，
海外台灣人留下豐富的台灣史論著，如今我們如何看待或承繼這些成果，
也是進行二二八事件文獻探討時，必須共同思考的一項課題，這也是撰寫
本文最初的問題意識。

二、二二八事件後海外台灣人之動向

　　到底二二八事件消息如何在日本傳播？媒體或口語傳播對在日台灣人
造成何種衝擊？到目前爲止這些問題並未被深入探討。由於在日本的台灣
獨立運動者與支持新中國運動者，對二二八事件有截然不同的論述，因此
這些問題應該要加以重視。到底是不同的觀點決定政治立場？還是不同的
立場建構特定的論述呢？相較之下，支持國民黨政府的台灣人與華僑，爲
何對二二八事件大多選擇沉默？不論如何，在探討在日台灣人各方的觀點
之前，應該要先釐清事件相關消息之傳播過程。戰後初期交通與通訊阻
隔，在國際新聞傳播尚未完全復原的時期，海外台灣人如何得知台灣島內
的消息？對他們的國家認同造成何種影響？這些應該都是我們需要重新回
顧的問題。

（一）日本媒體有關二二八事件之報導

　　1947年3月以後，外國媒體都報導了台灣發生二二八事件的消息，雖
然當時日本還在盟軍占領下，但是對事件經過也有連續性地報導。戰後，
日本原有國際通訊網絡尚未完全復原，有關台灣的消息大部分是翻譯外
電的報導，並無現地記者之探訪特稿。報紙的國際新聞報導中，以《朝
日新聞》的報導最爲完整，共16則短篇的報導。在其復刻版的「記事索
引」，報社將此事件列入「國際」新聞中「中華民國」的項目之下，彙整

　　倉書房，2010），頁189-210。許瓊丰，〈在日台灣人與日本神戶華僑的社會變遷〉，
　　《台灣史研究》18：2（2011年6月），頁147-195。

後標題稱之為「台灣事件」[6]，依時間順序出現如下標題：「台北發布戒嚴令、台北暴動死者四千、暴動波及新竹、台北情勢平靜化、台北再度示威運動、嘉義也發生衝突、暴動激化西部海岸所有都市發生大衝突、蔣主席出面、國府增派軍隊、向國府要求立即自治、蔣主席聲明認定為無理要求、台灣逐漸平靜化、後任台灣長官可能是朱將軍、暴動可能波及海南島、嘉義人民政府派處決」。從這些連續的報導可知，有些消息並不完全準確，但資訊大致上是迅速而連續。[7]正如後述，這些報導對在日台灣人社會造成相當大的衝擊。

　　有關二二八事件的報導，或許因為報社主編的取捨，並非所有日本報紙都對台灣發生的事件進行詳細報導，各報社的報導方針有很大的差異。以《讀賣新聞》為例，有關二二八事件相關報導不多，除了兩則國府軍派遣與進駐台北之外，僅有3月12日「全台灣實施戒嚴令　國府決定鎮壓叛亂」，3月19日「台灣的暴動平息」而已。這些消息都是根據南京與上海的外電，而且也都以南京中央政府的角度來敘述，當然也沒有任何評論。[8]若以《讀賣新聞》來看，一般日本人大概只知道台灣發生反政府暴動，而後遭到國府派兵鎮壓。目前筆者還無法說明，這兩家報社的報導為何出現如此的落差。但是，如果以時事通信社發行的《世界週報》來看，我們可以更確信，不論報紙上是否詳細報導，日本新聞界透過外電，對事件的原因與過程有充分的認識。

6　近代日本對於牡丹社事件也曾以「台灣事件」稱之，這應該是當時日本社會對台灣的認識有限。此時再用「台灣事件」，可能是一時權宜之計或可視為「台灣二‧二八事件」之簡稱。媒體報導之標題雖然稱為台灣事件，但內文大多還是使用「二‧二八事件」，而後這樣的用語逐漸固定下來。

7　《朝日新聞》復刻版「記事索引」中，新聞項目共分皇室、政治、經濟、文化、社會、國際等十一大項，國際類中再以地區細分出「亞洲」等各項，亞洲之下「中華民國」為一小項。請參閱：《朝日新聞》復刻版，1947年3月2日至28日。

8　《讀賣新聞》復刻版，1947年3月12日、19日。標題分別為：「全台湾に戒厳令、国府反乱弾圧を決定」、「台湾の暴動鎮る」。

　　每週發行的《世界週報》，開設有「海外事情」欄目，收錄大約三週前新聞稿，從1947年3月26日起，該週刊登載具有連續性之二二八事件相關消息。[9]而且，還在4月9日刊出一篇題為〈台灣事件的本質與影響〉之評論稿，詳細分析事件的來龍去脈。其內容包括，事件起因與擴大、二二八事件委員會的組成、台灣省民眾不滿之所在、新統治機構的問題、對人事與經濟政策的不滿、事件之將來等等。該週報的評論文應該是利用外電來撰稿，並未署名作者，文中說最後獲得的消息是3月17日白崇禧抵台後發表之處理方針，然後綜合這些資訊提出未來動向觀察。這樣的新聞報導與分析，以今日的標準來看，內容相當詳實而深刻。[10]我們可以說，日本新聞界清楚地掌握台灣的局勢。

　　檢視1947年3月份《朝日新聞》，共有16則相關的新聞，這些報導都是來自「上海發UP＝共同」、「南京發AP＝共同」、「南京發UP＝共同」等新聞稿。亦即，當時台灣的消息主要是經過上海與南京發送到海外，並非直接從台灣發出，而包括日本等國外的媒體大多採用外國通訊社之新聞稿，包括UP（合眾社）、AP（美聯社）與日本的共同通訊社等。以上海與南京的中文報刊而論，有關二二八事件的消息，中央社的電文是最重要的新聞來源，其次才是外電報導。如果沒有特殊管道獲取資訊，或是刻意隱瞞實情，東京與南京、上海的報刊，報導內容應該相差不大。當然，評論的部分則有可能出現明顯差異。以目前的資料顯示，日本媒體的評論可說是平實而客觀。

　　但是，如果綜觀整個年度的報導，《朝日新聞》在「中華民國」相關報導之下，同年6月還有一項「新疆事件」值得關注。這是有關外蒙古、蘇聯與國府之間在新疆地區發生衝突事件的消息，僅6月份就有20則報導，不論從報導的量與涉及的層面，其重要性都在「台灣事件」之上。以當時中國相關新聞而言，還有更熱門的「國共戰線」、「反戰遊行」等項

9　《世界週報》第28卷第8號，1947年3月26日。

10　〈台湾事件の本質と影響〉，《世界週報》第28卷第10號，1947年4月9日。

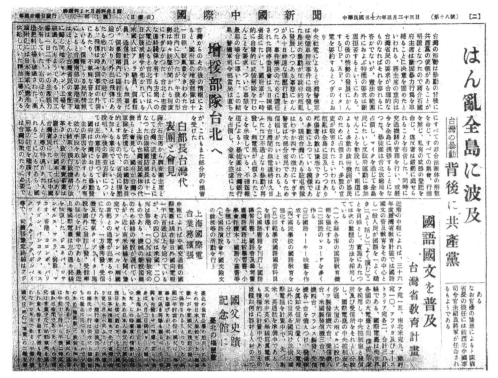

圖4-1　1947年3月22日《國際中國新聞》有關二二八事件的報導（原資料收藏：Gordon W. Prange Collection, University of Maryland　圖檔提供：日本國立國會圖書館）

目。整體而言，台灣的二二八事件應該不是日本新聞界最關注的焦點。

　　華僑報刊與日本新聞媒體相同，對於二二八事件都是根據來外電進行報導。由於尚未看到完整刊物，在此無法詳細比較分析僑界最主要的東京《中華日報》與大阪《國際新聞》之報導內容，僅能抽樣觀察地方小報的動態。以茨城縣土浦市的華僑報《國際中國新聞》[11]為例，該報每週發行，在3月9日第16號中尚無任何報導，直到3月16日發行的第17號，才在第二版進行的報導。第一個小標題為「台北發生暴動事件」，然後

---

[11]　《國際中國新聞》為茨城縣土浦市發行的華僑報，1946年11月18日創刊，1947年9月12日發行第43號後廢刊，每期都有不少台灣相關新聞。發行人連竹螢是台灣人，戰後在土浦市組織「國際華日協力會」並擔任會長。

以「對差別待遇的反感爆發　省民方面題出五要求」。3月23日發行的第18號，則有更詳細的報導，包括「台灣的暴動　反亂波及全島　背後有共產黨」、「增援部隊前往台北」「白部長會見台灣代表團（筆者注：在上海）」等，這些內容除了引用外電，也採用中央社報導。3月30日第19號，出現一則「台灣恢復常態」的消息。[12]而後的報刊未見，無法得知是否有進一步的評論，但是可以確定的是，華僑報刊的報導不可能比《朝日新聞》或時事通訊社的《世界週報》詳細。而且，這一些小型報刊並無自己的評論，還是跟著外電稱之為「台灣事件」。

　　華僑報刊有關二二八報導之中，較值得討論的部分，應該是僑民對事件的感言。針對二二八事件，最早刊載在日台灣人觀點的應該是《中華民國留日學生旬報》。該報為留日同學總會成立後，在1947年1月30日創刊的機關誌，雖名為旬刊，但實際發行間隔不一，多次發行合併號，大概等於是一部月刊。有關事件的報導與感想，要到3月30日第4期才刊出，其中第二版刊載兩則新聞，還有三篇台灣人的意見。1947年間，學生報主要是關心中國與台灣之時局，以及華僑權益問題等，定期舉行「時事問題研究會」。[13]這時二二八事件消息傳來，因此謝南光在16日的演講中特別表示：「這次事件與其說是暴動，不如說是要求改革的政治罷工。」[14]除了謝氏演講紀錄，同一版面也刊載吳修竹與蔡錦聰兩名台灣留學生的文章。[15]由此可見，在日台灣知識分子相當關心台灣情勢之變化。

---

[12] 《國際中國新聞》第17、18、19號，1947年3月16日、23日、30日，第二版。原文日文標題分別為：「台北に暴動事件」、「差別待遇への爆發　省民側五要求提出」、「台湾の暴動　はん乱全島に波及　背後に共産党」、「　援部隊台北へ」、「白部長台湾代表団と会見」、「台湾常態に復す」。

[13] 1947年3月16日學生會之「時事問題研究會」舉行第三次研究會，謝南光主講：「中国の自治制度に就いて」，這些演講應該是以日語進行。

[14] 介紹謝南光談話的原文標題：「暴動ではなく、政治ストだ」。此外，學生報第7號預告，時事問題研究會在7月4日下午邀謝南光在舊滿洲會館講堂演講，題目：「最近の情勢に就いて」。

[15] 吳修竹，〈軽々しい断定を許さない　台湾二・二八事件の見方〉，及蔡錦聰，〈地方

　　二二八事件發生後，還有一些海外台灣人立即大力地抨擊政府之處理方式，包括上海、香港與東京等地之團體，都採取集體的行動。以東京為例，事件發生後，當時的東京華僑團體，迅速組成「二‧二八慘案處理委員會」，對國府提出強力批判。隔年，東京華僑聯合會曾經舉辦二二八事件週年的紀念集會。另一方面，1947年間，以廖文毅兄弟為首的知識青年先在上海組織「台灣再解放同盟」，而後移往香港。而台灣共產黨舊幹部，則在香港成立「台灣民主自治同盟」。1948年2月28日事件滿週年，再解放同盟進行人事組織的調整，然後在同年9月1日向聯合國提出「有關解決台灣問題之建議書」。這份文件中主張聯合國應該託管台灣，三年後舉行公民投票，決定台灣的地位。[16]這項請願活動的目標，在於尋求西方國家陣營協助，希望最終走向台灣獨立。相對地，此一時期左翼分子則逐漸傾向借由中共的力量解放台灣。由於雙方的政治路線不同，對二二八事件的詮釋也開始出現分歧。左翼人士的事件史實與詮釋，可以同年在香港出版署名林木順的《台灣二月革命》一書為代表。[17]1949年2月，紀念二二八事件之活動，已經轉移到日本。而後，除了北京之外，海外台灣人每年都舉辦大規模的紀念活動。

（二）1949年前後批判台獨運動之論述

　　從日本僑界的動向來看，1949年前後在日台灣人支持新中國、反對台獨的聲勢高漲。1948年間，中共在國共內戰中轉為優勢，這樣的變化對於痛恨國府的日本僑界人士，在精神上應該是很大的鼓舞。與此同時，媒體也出現台灣獨立運動之報導，這個消息不僅讓國民黨政府感受威脅，

　　自治の限界〉，《中國留日學生報》第4號，1947年3月30日，第2版。同一版面也轉載中文版之事件處理委員會提出之三十二條要求，以及白崇禧談話之日文摘要。另外第一版還有一班中國大陸出身留日學生的評論：周元賓，〈獻給台灣省諸同學　關於台灣二‧二八事件〉，《中國留日學生報》第4號，1947年3月30日，第1版。

[16] 陳慶立，《廖文毅的理想國》，頁58-64。

[17] 根據相關研究者指出，台共幹部林木順早在1930年代就已經過世，當時居留香港的楊克煌與蘇新才是這本書真正的作者。

大力提出駁斥，同時也激發了在日左翼知識分子提出反對獨立運動之批判性論述。以《中國留日學生報》為例，1948年9月1日第22號，首先刊載了一篇〈發掘台灣獨立地下結社的眞相〉的分析專文，批判台灣獨立運動。該文首先指出，日本主要報紙8月24日都報導了台灣獨立運動之消息，引起各界的注意。專文的標題前直接寫著：「誰的陰謀？」內文質疑這些地下組織到底是哪一國人所爲？這樣的宣傳一定是帝國主義的陰謀。[18]同一期中文版面也轉載8月24日《大公報》台北專電，標題：〈台灣議長黃朝琴力闢獨立運動謠傳〉，並說明去年魏道明主席就曾批判這種陰謀。兩篇報導之論旨明言，台獨主張是國際陰謀，同時暗指其背後就是美國。這種批判美帝陰謀的說法，一直是日後左傾僑社與學生團體之基本論點。

同年9月間，神戶方面的華僑團體的刊物《華僑文化》，也刊出署名義方的〈台灣獨立運動的錯誤〉一文，明白表達其反對台灣獨立之政治立場，該文作者應該是台灣籍的陳義方，戰後神戶僑社的領導人。[19]1948年10月1日，學生報第23號中文版刊載楊春松〈光復後的台灣〉一文，他除了批判陳儀之惡政與二二八的大屠殺，也針對台獨主張的出現，提出如前述的國際陰謀論的批評。但更重要的是，這篇文章中也企圖反駁台灣民族混血論，他說：

> 台灣人民的祖先，除了極少數的高山種族外，都是由中國閩粵兩省遷來的。為了要達到把台灣從中國割讓開來的企圖，竟不顧民族榮譽，信口胡說台灣人民是混血種族，不僅太荒唐，而且是不可輕忽的污辱。[20]

---

[18] 〈台湾独立地下結社の眞相を衝く〉，《中國留日學生報》第22號，1948年9月1日，第3版。標題上方以明顯的反白字體寫著：「誰の策謀か皮肉か」。

[19] 義方，〈台灣獨立運動的錯誤〉，《華僑文化》第10號，1949年9月21日，第1-2版。

[20] 楊春松，〈光復後的台灣〉，《中國留日學生報》第23號，1948年10月1日，第8版。

楊春松兩個主要論述，包括獨立運動為國際陰謀論，以及台灣人民混血論的謬誤等，都是日後左翼人士批判獨立運動最主要的論點。當然，其中混血民族論也是國府宣傳人員批判獨立運動的重要論點之一，但情治機關是以台獨背後有共匪撐腰來羅織罪名，這兩種台獨批判顯然有所矛盾。

　　1948年8月間，大阪國際新聞社特派員鄭孝舜跟隨社長黃萬居訪台，返日後他在該社刊物《華文國際》上發表台灣紀行，對於台灣獨立傳聞有以下的報導，他說：「在大甲鎮的一天半，我真正有和台灣父老談話的機會，我們談起台灣獨立問題，他們説，這種消息，真是侮辱台灣同胞的報導。」[21]然後，他以相當官方的口吻說道：台灣人民都是從廣東福建兩省渡海而來，跟各省同胞哪有什麼分別，今日會有一種小小的距離，並非台灣和中國本土之間的摩擦，而是失地光復的一種必有現象，我們應該互相理解，互求合作，絕對沒有這種自欺欺人的獨立謠言。[22]非台灣籍的鄭氏如何接觸台灣民眾？又如何聽到他們的心聲？如果不是確實的採訪，這樣的內容必然只是片面的報導，同時也暴露出報導者之政治意圖。

　　對獨立運動的傳言，更完整的批判刊載於1948年發行的《中國公論》，包括11月發行的第6期刊出未署名〈寄語台灣獨立運動〉，12月發行的第7期刊載孟憲章〈台灣獨立陰謀・以日本為根據地〉，由旅居中國大陸各省台灣同鄉會與同學會署名的〈反駁「台獨運動者的告同胞書」〉，三篇文完整地駁斥託管與獨立運動之謬誤。[23]該刊為留日華僑總會社會組發行，其言論可代表當時僑社左傾幹部之意見，1949年以後刊物的言論更明顯左傾，這樣變化也引來日後國民黨政府掌控下的駐日代表

21　鄭孝舜，〈台灣紀行　歸國第四報〉，《華文國際》第9號，1948年9月21日，頁6-7。鄭孝舜，中國浙江省出身，關西學院大學畢業，戰後任職於國際新聞社，1953年間離職返回中國。

22　鄭孝舜，〈台灣紀行　歸國第四報〉，《華文國際》第9號，頁6-7。

23　〈台湾独立運動に寄せて〉，《中國公論》第1卷第6期，1948年11月，頁20-21。孟憲章，〈台湾独立陰謀・日本を根拠地とする〉，〈『台湾独立論者の同胞に告ぐる書』を反駁す〉，《中國公論》第1卷第7期，1948年12月，頁24-28。

團介入，從而導致華僑總會分裂的結果。然而，最值得注意的是，這段期間未曾看到台灣獨立運動者的公開論述，僅管親共人士如此激烈地反對台獨，但情治人員還是執意將台獨運動者視爲共匪的同路人，這是其汙名化反對派人士之一貫手法。

1949年2月27日，在日左翼團體正式舉辦一場「台灣二‧二八事件紀念大會」。大會舉行前，2月1日出刊的《中國留日學生報》第25號刊頭左側登載「台灣二‧二八事件紀念大會」之活動預告。這一期第5版的「祖國短信」欄中，還刊登「台灣民主自治同盟」呼應毛澤東提出和談八條件的聲明，聲明文批判國民黨在台的暴政後表示：美國帝國主義者依然在推動其遠東侵略計畫，積極準備完成對台灣政治與經濟的掌控。如今，反動分子顯露其凶惡的本性，意圖要保存反動的支配結構，堅持走向反革命方向。我們爲了實現全國解放，獲得眞正的和平，一定要讓瀕死的反動分子接受八條件與無條件投降，否則就要徹底戰鬥到最後。[24]這種左傾之言論，已經充分表明這群人支持中共的立場。

二二八紀念大會後，在3月15日發行的學生報第26號中，詳細刊登活動報導。根據報導顯示，大會由「華僑民主促進會」、「民主中國研究會」合辦，留日東京同學會後援，日本共產黨與在日本朝鮮人聯盟都派代表致詞。大會中經參加者提議表決通過，將元兇陳儀列爲「戰犯」，並要求懲處屠殺台灣人民之當事人，並以大會名義致電毛澤東主席。配合這則活動報導，跨頁的版面還刊出專文〈革命完成最後的舞台　紅星謝雪紅女史前往解放區〉，說明二二八在中國新民主主義革命中的定位，並介紹謝雪紅的事蹟。另外，還轉載一篇標題爲〈新民主台湾の構想〉的《文匯報》專欄報導，附上謝雪紅照片，介紹其前往華北解放區準備參加新政

---

[24] 〈祖國短信　台湾民主自治同盟和談について声明〉，《中國留日學生報》第25號，1949年2月1日，第5版。原文爲日文，筆者翻譯。

治協商會議，以及準備在會上發表的「關於處理台灣問題意見書」等消息。[25]

　　以上報導都是偏向中共立場的消息，對於學生與僑界必然有一定程度的影響。1949年2月民主中國研究會主辦紀念大會的同時，還發行署名林木順的《台灣二月革命》的專書。如前所述，這是前一年在香港出版的著作，全書說明二二八事件之前因後果，強烈批判陳儀政府之統治與國府的武力鎮壓。由於這是一本日文書，在香港應該很難找到讀者，而在東京重刊之後，引起僑界極大的迴響，這份史料對日後的二二八論述產生很大的影響。

　　有關1949年間台灣的情勢，當時《世界評論》雜誌9月號刊載一篇由美國紐約郵報記者D. Berigan（ベリガン）撰寫的現地報導〈蔣介石統治下的台灣〉，文中對整個東亞局勢有深入的分析。這篇特稿作者以美國人就是拯救者的角度來敘述，詳細描寫戰後台灣社會受難之經過，文中第一段談美麗寶島，接著狗與豬＝日本與中國、叛亂與屠殺、官僚的腐敗、黃金條塊、恐怖的士兵、不會飛的空軍、叛亂前夜、做為太平洋防衛的一環等，從小標大致可看出作者對國府的負面論述。最後，他提及在台灣農村曾看到青年學生之英文塗鴉：「我們只有等而已」，並表示，此話正是台灣人現在的處境。作者在文中強調台灣人對政府不滿，但又沒有革命的本錢，資產階級並不希望中共的到來，一般知識分子對於美國將等到對日約簽訂後才來處理台灣問題，表示歡迎。而國府雖然不滿美國的態度，但是又不得不依靠美國。實際上，台灣的未來是要靠美國與中共來決定，因此台灣人只有等待而已。[26]當時，日本雖在盟軍占領下，但言論自由且資

---

25 郭梅鄉，〈革命完成最後的舞台　赤い星謝雪紅女史解放区へ〉、〈陳儀を戦犯へ　倒れし先烈に続け　台湾二・二八事件記念大会〉，《中國留日學生報》第26號，1949年3月15日，第2-3版。

26 ベリガン（D. Berigan），〈蔣介石治下の台湾〉，《世界評論》9月號，1949年9月，頁67-76。

訊豐富，因此只要在日台灣分子願意吸收新知，自然可以掌握各種有關台灣處境與國際局勢之分析報導。

三、在日左翼台灣人之言論與政治活動

1949年10月中華人民共和國成立後，日本左傾華僑團體更加活躍，不久即聯合組成「僑日台灣省民各界代表會議」，12月21日發表「致蔣國民黨總裁及駐台陸海空軍將兵書」。呼籲國民黨政府：「即日撤銷台灣總動員令，停止內戰，俾得早日完成革命。一同效力和平再建，盡守土衛民之天職。」[27]此一各界代表會議，隔年1月10日改組為「僑日台灣省民和平促進會」[28]，此時和平促進會的成員都認為，中共隨時就要解放台灣了。因此，促進會成立後隨即發表一封致台灣各界人士的公開信。公開信的第一句話就是：「二‧二八殘虐的血案三週年快到了！」，強調美國已經聲明放棄台灣，因此大家要趕快團結起來，進行有效的抵抗，例如拒絕徵兵、徵糧等。如此才能推進和平運動，使革命早日完成。[29]

（一）分裂的二二八紀念活動

1950年2月26日，由台灣省民和平促進會、華僑民主促進會、留日學生同學總會聯合舉辦紀念活動名為：「二‧二八記念和平促進大會」。根據左傾團體民促機關誌《華僑民報》第二版報導，橫式標題為「勿忘二‧二八」，大會名稱之前標題是「慶祝即將解放台灣與中蘇條約」，內文開

---

27 〈特集「台灣」問題 資料Ⅰ-Ⅲ〉，《日中》第2卷第8號，1972年7月，頁29-30。

28 該會成立於1950年1月10日，日文版的聲明稿中為「在日台灣省民平和促進會」，從代表會議到促進會都是同一批人署名，整個活動就是左傾華僑表態支持中共的宣傳活動。1950年韓戰爆發之前，國民黨政府如風前燭火，日本僑界的聲明也是一項重大打擊。

29 這封公開信無正式名稱，日期也僅寫1950年正月，開頭稱呼：「台灣省出身各者政府委員、各廳長、各省參議員、各縣市議員、新兵、以及全省人民公鑒」，因此或許可以命名為：「致台灣省出身者官員民意代表軍人及全省人民書」〈特集「台灣」問題 資料Ⅰ-Ⅲ〉，《日中》第2卷第8號，1972年7月，頁31-32。

頭就提出「台灣不久可以解放」，然後提出四個勸降的呼籲。所謂「和平促進會」之意，就是由旅日台人集結代替中共對國民黨政府招降。[30]這一年的紀念活動，是一次關鍵性的分歧點。因為，2月28日當天獨立運動團體也在京都舉行「二二八紀念活動」，而且主角廖文毅還在會場發表演說。當天活動會場因國府特務闖入散發傳單抗議，因而引發了衝突與混亂。活動現場的問題先不談，出現兩種立場對立的紀念活動已充分顯示，面對台灣命運處於轉折點的年代，在日台灣人社會已經分裂。有關這一年的紀念活動，《中國留日學生報》的報導指出：這一年還有第三個紀念二二八事件的活動，亦即2月28日當天在東京由日本保守政黨舉行的「台灣問題大演說會」，活動中多位保守派議員大談台灣是日本的領土，徹底表露軍國主義的侵略思想。[31]

　　左傾僑團原本對於台灣即將被「解放」，抱持高度的信心。然而，隨著同年6月25日韓戰的爆發與美國的介入，這樣的信心開始動搖。不僅如此，由於東亞情勢的變化，GHQ開始取締左傾團體，除了日本共產黨之外，勞動運動團體、朝鮮人團體、華僑團體也都遭到監控管制。結果，1950年9月華僑民主促進會機關刊物《華僑民報》也被迫停刊。1951年，左派僑社的二二八紀念活動持續舉行，根據中國民主研究會的《新華報》報導，1951年2月28日下午在東京神田，留日華僑民主促進會等團體共同舉辦「二・二八四周年記念座談會」，留日同學總會主席、朝鮮學生同盟主席、日中友好協會理事長內山完造等出席，中國、日本、朝鮮民主人士共同討論，二二八當時國際局勢與現在的局勢。同時，該報也介紹

30　〈直ちに台湾解放を　中ソ条約をも慶祝　二・二八記念和平促進大会〉，《華僑民報》第21號，1950年39月5日，第2版。

31　《中國留日學生報》第41、42合併號，1950年3月15日，第1版。其標題如下：「三形式で行われた二・二八民変記念行事をのぞく」、「東京華僑民主団体が挙式」「京都で暴力ふるう」、「民自党が大演説会、『台湾は日本の領土』といきまく」。「爲陳報廖文毅活動及其被判刑經過」〈台灣獨立運動（一）〉，《外交部檔案》，檔案管理局收藏，檔號0037/006.3/002。

圖4-2　1952年3月13日《新華報》改題第12號有關
二二八事件的評論（東京華僑總會／提供）

同一天在北京由台灣民主自治同盟所舉辦的二二八事件四周年紀念大會。[32]往後，每年二二八紀念日，北京的台灣民主自治同盟等相關單位，一直持續地舉辦紀念活動。[33]

1953年2月28日下午六點起，左傾華僑團體在澀谷公會堂舉辦紀念活動，這次大會除邀請大山郁夫進行專題演講之外，還邀請謝雪紅在莫斯科大學留學時的同學田中松次郎，介紹謝女士之事蹟。[34]配合這樣例行性活動，《中國留日學生報》製作「二‧二八台灣起義紀念特刊」。[35]從這一年起，幾乎每年的二二八紀念日，學

[32] 〈二‧二八四周年を迎えて〉，〈盛会だった二‧二八催し〉，《新華報》改題第12號，1952年3月18日，第1-2版。這份刊物民主中國研究會發行《民中研ニュース》改名而來，旬刊，發行情況不明。

[33] 有關北京歷年舉辦的二二八紀念活動，請參閱：陳木杉，《二二八眞相探討》（台北：博遠出版，1990），頁231-251。

[34] 〈六年前に思い馳す　二‧二八記念の夕べ盛会〉，《東京華僑會報》第11號，1953年3月15日，第1版。1952年的僑界報刊未見，因此無法詳細介紹當年的紀念活動。

[35] 《中國留日學生報》第67號，1953年3月5日，第2版。這一期除了刊載田中松次郎與大山郁夫演講概要之外，還有一篇台灣學生吳榮藏，〈二‧二八事件を回顧して〉一文。

生報都會製作特集，刊載各類相關性文章。大概也是從此時開始，學生報也經常使用「我們一定要解放台灣！」這個標語，有時甚至放在刊頭旁邊。這些特集文章與台灣相關的報導，除了有許多事件相關資訊之外，也反映了那個時代的氣氛。1957年2月24日，東京華僑總會在國鐵勞動會館舉辦「二‧二八起義十周年記念會」，會中強調旅日華僑青年團結起來，同時也以「我們一定要解放台灣！」做爲最後的口號。[36]這可能是學生報停刊前，最後一次刊載有關二二八事件的活動報導。如果將留日學生報與華僑報等刊物的相關報導與特集的文獻彙整起來，必定更能夠了解那個時代在日台灣人與台灣學生的處境。

如前所述，二二八事件後，海外台灣人團體每年都在2月28日舉辦紀念活動。1950年之後，獨立運動者與中共支持者分別集會，開始互別苗頭。與此同時，北京台灣人團體也開始如期舉辦紀念活動。1960年以後，美國台灣獨立運動團體也將這一天視爲最重要的日子。在島內二二八還是禁忌的年代，海外台灣人則非常重視這個日子。這類紀念活動隨著舉辦地點、主辦單位政治立場之不同，以及時間的演變，出現很大的差異。例如，左傾僑團大多是用「二二八起義」，相對地，獨立運動團體大多用「二二八革命」，用語的不同，當然也代表各有不同的歷史解釋。

整體而言，每年2月28日當天或之前，日本親共僑社都會舉辦紀念活動，活動中的宣傳都是將此事件定位爲「反蔣」的「起義」，談二二八同時也要批判台灣獨立運動，然後展開一貫的「反蔣」與「反美帝」之宣傳。長年的活動與宣傳，各團體都留下大量的文獻，不論其觀點如何，我們透過這些史料可知，左傾僑團與台獨運動組織存在這嚴重的對立與矛盾，並無國民黨政府情治人員描述的兩者掛勾的情形。

（二）尋求台灣解放的運動路線

從在日台灣知識分子的論述中可以發現，他們強烈地反對日本軍國主

---

36 《中國留日學生報》第112號，1957年3月10日，第1版。

義與美國帝國主義。這樣的思想，主要來自於求學過程中吸收的社會主
義理念，以及反對殖民統治運動經驗。日治時期台灣的政治社會運動，
從1927年台灣文化協會分裂後，就開始分道揚鑣各自發展，甚至還互相
攻訐。運動路線的對立，一直延續到戰後在日台灣人的政治運動。觀察戰
後活躍於日本論壇的台灣知識分子，可以發現他們的言論與行動，早在
二二八事件發生前就已出現左傾的現象。事件發生後，自然就強化了他們
對國民黨的惡感，隨後共產黨的崛起，更進一步催化他們對社會主義與祖
國之憧憬。

　　戰後，台灣左翼知識分子很快地就與在日朝鮮人進行串連，這是影響
在日台灣人運動路線的一項重要因素。根據《民主朝鮮》這份左翼刊物可
知，1947年8月該社曾舉辦「東洋民主主義革命之進展」座談會，出席者
除了朝鮮人代表之外，邀請對象包括日本方面：平野義太郎、鹿地亘、中
野重治、中西功等，以及中國方面：劉明電、黃廷富、甘文芳、楊春松、
賴貴富等，這些都是台灣出身者，三方出席者都被稱之「民主主義者」代
表。座談會主題是東洋三國中、日、朝之民主主義進展，但座談紀錄中
經常出現「民主革命」一詞，從整個脈絡可以看出，他們所謂革命的主體
是各國的共產黨。[37]戰後日本左翼文化人占據論壇主流的地位，在日朝鮮
人與在日台灣人也參與其間，值得注意的是，此時台灣人是代表中國來參
加。戰後，台灣知識分子不以殖民地解放人民自居，而是以中國代表的身
分發言或參加各種政治社會運動。而後，隨著二二八事件後反國民黨的氣
勢高漲，加上共產黨在內戰中取得優勢，在日台灣人自然走向支持新中國
的路線。

　　在日台灣人以中國人自居，還可以從留日華僑總會發行的《中國公
論》[38]看出來。該刊於1948年5月發行創刊號，台灣籍的會長黃廷富在

---

[37] 〈東洋民主主義革命の進展〉，《民主朝鮮》第13號，1947年8月，頁4-17。

[38] 《中國公論》由留日華僑總會社會組發行月刊，目前僅存1948年5-12月第1卷第1-7號，
　　 以及1949年第2卷1-2號。

創刊詞中表示，這份刊物是以深化中日雙方的認識，並促進兩國文化交流為目標。刊物中經常出現日本支持中共文人的文章，例如內山完造、鹽脇幸四郎、鹿地亘等，同時也出現許多中國及日本問題專家的文章。從作者群來看，《中國公論》與上海發行的《亞洲世紀》應有密切聯繫。[39]例如，該刊的9月號，製作了「對日問題特集號」，這是完全站在中國立場談論對日政策，許多文章就直接轉載自《亞洲世紀》。而後，隨著國共內戰的變化，台灣的問題才出現在刊物上。1949年1月發行的《中國公論》，刊頭之「公

圖4-3　1948年7月發行之《中國公論》第一卷第二期（筆者／翻攝）

論」刊載著〈解放黎明前的中國、朝鮮、日本〉，其論調延續前述《民主朝鮮》的座談會，且因中國革命的勝利指日可待，論者期待民主革命擴散論調也更加熱切。同時，在這一期也製作「在日外國人出路」的座談會特集，出席者包括日方：尾崎庄太郎、鹽脇幸四郎等，朝鮮人代表：李殷直、許南麒、魚塘，中國方面：黃廷富、劉啓盛、甘文芳、田實民。其中

---

[39] 孫安石，〈上海の『亞洲世紀』が見た戰後日本の政治〉，收於大里浩秋編，《戰後日本と中国・朝鮮——プランゲ文庫を一つの手がかりとして》（東京：研文出版，2013），頁203-234。

除了田實民是中國大陸出身者，其他參加者包括主持人與紀錄者都是台灣人。座談會論調除了批判日本的政策之外，在日朝鮮人、華僑與日本民主人士必須團結合作，也特別被強調。[40]

　　《中國公論》創刊之初，總編輯是台灣出身的陳莩芳，他在創刊號中發表〈在日華僑言論出版界之現況〉一文。陳莩芳活躍於戰後僑界論壇，不僅經常發表思想論述或報導文章，同時也曾以筆名撰寫戲劇和音樂等相關評論。他在論壇中的表現，正足以代表在日台灣人如何走上支持新中國之路。[41]1949年3月出刊的《中國公論》製作了「中共問題特集」，陳莩芳發表〈最近台灣的雜談〉一文，廣泛評論台灣的政治經濟與社會情況，也包括「二二八慘劇演出者」陳儀近況的錯誤消息，以及「台灣女英雄二二八民變指導者謝雪紅」的發言與動向。除此之外，在文章結束後，還夾帶署名「台山」的短文〈二二八事件的教訓〉，文中認為最主要的教訓就是：第一，不可與國民黨反動集團妥協；第二，必須激勵台灣人民武裝抗爭的自信；第三，必須對「台灣分離運動」的國際陰謀保持警戒。如此，台灣人民才能朝向新民主主義革命道路前進，達成解放的目標。[42]由於文中對美國帝國主義進行批判，因此GHQ的「檢閱文書」對這一期的內容似乎特別警戒。

　　隨後，陳莩芳又在《民主朝鮮》1949年5月號，發表〈新中國被誤

---

[40] 〈公論　解放黎明にある中国・朝鮮・日本〉、〈座談会　在日外国人の出路〉，《中國公論》第2卷第1號，1949年1月，頁2-18。司會者為陳莩芳、吳修竹、蔡錦聰等剛從大學畢業的台灣青年。

[41] 陳莩芳（1920？-1955？），台灣苗栗人，東京醫學專門學校畢業後，再考入中央大學法學部就讀。1952年間前往北京，曾擔任對日廣播工作，而後病歿於中國大陸。陳莩芳，〈在日華僑言論出版界的現狀〉，《中國公論》創刊号，1948年6月，頁16-20。陳莩芳，〈華文出版文化界的現狀〉，《華文國際》第2卷第4-5合併号，1948年8月，頁12-16。

[42] 陳莩芳，〈最近の台湾よもやま話〉、台山〈二・二八事件の教訓〉，《中國公論》第2卷第2號，2-3月合刊，1949年3月，頁32-48。兩文聯結在一起，署名「台山」〈二・二八事件の教訓〉應為某團體紀念二二八事件之聲明文，日期為1949年2月28日。

解〉一文，積極為中國革命的進展辯護。[43]隔年6月號《民主朝鮮》，刊載陳蕚芳〈解放前夜的台灣〉，對於台灣即將被「解放」抱持高度期待。該刊同一期也刊登〈亞細亞的現狀與展望〉座談會紀錄，參加者日本代表：岩村三千夫、蠟山芳郎，中國代表：甘文芳，朝鮮代表：元容德等，主要的議題還是在中國革命的進展、美國的動向，以及東南亞民族獨立運動的展開等。[44]這一連串的座談會可以看出，在日左翼知識分子從1947年二二八事件之後，在日本一直是以中國人的代表自居，並積極聲援中國革命。其中陳蕚芳也是代表性人物，他不僅在華僑與留學生刊物發言，同時也投稿朝鮮人的出版品，甚至在日本左翼論壇也可以看到他的文章。在1950年8月出刊的《新日本文學》，陳蕚芳發表了〈台灣的新文化運動與民族解放〉，完整地回顧介紹日本統治時期台灣政治社會運動與文藝活動，他將台灣新文化運動定位為中國最具光榮傳統的支流；此外，台灣民族革命運動最後遭到日本帝國主義的鎮壓，而進入了黑暗期。[45]這種論述的言外之意，就是中共解放軍的來臨，台灣將獲得真正的民族解放。

左翼在日台灣人不僅自居中國人或華僑代表，也積極與在日朝鮮人進行聯結，前述參與左翼的《民主朝鮮》雜誌社舉辦的座談或投稿，即為明顯的實例。另外，屬於右傾的《自由朝鮮》，甘文芳也在1948年間發表兩篇聲援的文章，包括〈寄語「對日講和與朝鮮獨立」〉、〈三年來中國的政局與戰局〉等。[46]韓戰期間，台灣人與在日朝鮮人的聯結似乎更加緊密。例如，1952年的二二八紀念活動之後，留日中國同學總會接著再參

---

[43] 陳蕚芳，〈新中国は誤解されている〉，《民主朝鮮》5月號，1949年5月，頁45-55。

[44] 陳蕚芳，〈解放前夜の台湾〉，《民主朝鮮》7月號，1950年7月，頁33-36。〈座談会アジアの現状とその展望〉，《民主朝鮮》7月號，1950年7月，頁76-90。這本刊物是支持朝鮮民主主義人民共和國之刊物。

[45] 陳蕚芳，〈台湾における新文化運動と民族解放〉，《新日本文学》第5卷第6號，1950年8月，頁29-34。這本刊物為日本共產黨的外圍刊物。

[46] 甘文芳，〈「対日講和と朝鮮独立」によせて〉，《自由朝鮮》第2卷第2號，1948年2月，頁18。甘文芳，〈三年来中国の政局と戦局〉，《自由朝鮮》第2卷第8號，1948年8月，頁17-22。這本刊物是支持大韓民國之刊物。

與隔天朝鮮學生同盟舉辦的「三‧一革命紀念日」紀念集會。會中由劉明電談二二八起義的原因、缺點,以及如何記取這個教訓等,演講時間約40分鐘,然後再由朝鮮學生同盟主席介紹三‧一革命之意義。[47]將二二八起義與三一革命進行聯結,並不多見,這應該也是左傾台灣人團體的一項重要特色。

整體而言,到1950年代初期為止,親共人士大致都是先有特定的政治立場,而後才建構其二二八事件相關之歷史論述,並非因二二八事件的體驗,而確立其政治主張。但是,情治人員對以上二二八論述的出現過程,不僅未曾確切掌握,更遑論想要理解而後各種政治理念對立之情況。

四、情治單位監控下的反政府活動

國民黨政府監控在日台灣人的親共與台獨之活動,大致是從1949年下半年開始。隔年韓戰爆發前後,GHQ與日本政府開始取締共產黨分子,國府也強化對華僑與台灣人的監控,並積極宣揚其反共國策。韓戰停戰協定成立之後,國共隔著台灣海峽對峙,在日台灣人大致分為所謂的「獨立派」、「中共派」與「國府派」之情勢逐漸確立。在日台灣人中支持國府派者,並未提出較受矚目的政治性論述。相對地,如前所敘,支持北京政府與獨立運動者,經常在日本論壇爭奪代表台灣人之發言權。因此,國府情治單位對兩方人員都開始展開嚴密的監控。但是,整個監控行動是在1956年底決定成立「海外對匪鬥爭工作統一指導委員會」之後,才建立最完整的體制。由於當時的國際局勢還有許多變數,因此在日台灣人在這樣的監控之下,也隨時在思考評估台灣的前途發展。

(一)台灣前途之評估與政治選擇

1947年以後,居住在日本的台灣人的法律地位並不明確,生活相當辛苦。當然,也有部分台灣人,充分發揮商才與戰後初期戰勝國有利的地

47 〈盛会だった二‧二八催し〉,《新華報》改題第12號,1952年3月18日,第2版。

位，在經濟上獲得穩固的基礎。國共雙方所要爭取的華僑，主要都是一些
具有較高社經地位的人士。然而如前所述，僑社中存在兩種對立的政治立
場，在日台灣人因而產生分裂，出現國府派、中共派與獨立派三足鼎立，
相互對抗的局面。依照常理推斷，不同政治立場的一群人，當然是各自形
成特定交友圈。但實際上，透過林獻堂的日記可知，特定社會階層的在日
台灣人，還是保持一定的往來。他們之間原本就有親戚關係、同鄉關係，
且同屬地主資產家，因此還是經常保持聯繫。再者，不管對二二八事件
與「台灣前途」的看法是否相同，還是有需要隨時交換各種島內外最新訊
息。然而，不論屬於那個陣營，此後他們全部都成為國府情治單位監控的
對象。

　　1949年9月23日，林獻堂離台赴日，在東京居留期間，他跟獨立運動
者、中共支持者都往來密切，包括支持國府的僑領或國府的黨政軍要員，
也都維持緊密的聯繫。因此，透過林獻堂的日記，大概就可以看到幾位政
治立場對立的核心人物之動態，同時也留下部分人士對台灣前途的意見。
林獻堂雖然不願參與政治運動，但是他無法避免政治的干擾。台灣當局不
斷運用人際網絡，試圖勸他回台，以強化治台的正當性。然而，他不斷尋
找藉口留下來，終至客死異鄉。他留下的日記，剛好紀錄了他與當時旅居
日本的親友之間有關台灣前途的討論，以及部分人士的政治選擇。

　　1950年2月5日，獨立運動幹部莊要傳等來訪，林獻堂在日記中提
到：「他等頗反對中共而贊成獨立。余對於共產、獨立皆不敢贊成，因自
己無實力而借重於他人，不免為人奴隸也。」[48]這段話大概可以代表他晚
年在日本最基本的政治態度吧！站在旁觀的立場，他對中共支持者，也
有鮮活的描寫。例如，1950年3月4日，親共的僑社領袖呂漱石來訪，他
日記中說：「他之思想已全赤化矣，坐談一時餘皆是宣傳北京之政治如何
之得民心，如何解放娼妓，余唯有靜聽而已。」[49]1950年間，最受在日台

---

[48] 林獻堂著，許雪姬主編，《灌園先生日記22》（台北：中央研究院台灣史研究所、近代
　　史研究所，2012），頁63。

[49] 林獻堂著，許雪姬主編，《灌園先生日記22》，頁100。

灣人關注的國際情勢為聯合國大會是否同意中共加入，以及台灣是否交由聯合國託管。1950年韓戰爆發後，台灣交由聯合國託管的可能性提高，獨立運動者甚為興奮，但林獻堂還是保持旁觀態度，並在日記中寫下其感想。[50]

　　根據外交部檔案，1950年6月韓戰爆發後，國府情報機關已經積極地進行監控日本華僑的政治活動。7月間，外交部發出密函告知駐日代表團何世禮團長監控華僑的指示如下：「查台胞僑日者計三萬餘人，其在東京者約一萬餘人，餘則散居大阪神戶及橫濱等地，內中以林以文為同鄉會會長，年輕而有聲望，次則李延禧，為年高商人不諳政治，再次劉明電，為研究馬克思主義之學者，此外，由台灣前往者有林獻堂及謝南光兩人。聞共匪對上列諸人竭力拉攏，除劉明電已被匪利用外，其於諸人日久恐將動搖，日後倘受共匪矇騙，發生違反祖國之言論或行動，則台灣之地位恐將受影響矣。」[51]隨後在8月15日駐日代表團即回電表示：「（一）林以文態度已大為改變，且公開表示擁護政府。（二）林獻堂正在轉變中。（三）謝南光暫時無大行動，已予密切注意。（四）李延禧劉明電二人俟查明另報。」[52]這樣的監控，長期延續下去。例如，丘念台在外交部檔案中留下一系列的「赴日工作報告」，並在其回憶錄中還有彙整的說明，這些細節在此不擬詳述。總言之，監控確實存在，而後官方還採取拉攏、策反、警告或打壓等各種手法，迫使不少人只能遠離政治。儘管如此，在日台灣人的各種反國府活動從未平息。

　　在國府的監控下，林獻堂對時局保持靜觀，對二二八的傷痛也逐漸地平心面對。1950年10月6日，在向盟總申請居住許可之書類時，日本法

---

50 林獻堂著，許雪姬主編，《灌園先生日記22》，頁228。

51 「關於防止在日台僑發表反對祖國言論」〈台灣獨立運動（一）〉，《外交部檔案》，檔案管理局收藏，檔號0037/006.3/002。該案從總統府指示到外交部發函駐日代表團，計有多筆檔案保存，這批人動向有連續監控之報告，引文之標點符號為筆者修訂。

52 「關於防止在日台僑發表反對祖國言論」〈台灣獨立運動（一）〉，《外交部檔案》，檔案管理局收藏，檔號0037/006.3/002。

務官員勸其理由書中必須提出：「非難台灣政治，並述二二八情形」之內容。然而，他在日記中卻表示：「余本無意，無奈他極力勸誘非如此陳述，決不得許可。」[53]這樣的無奈情境，是他日記中最常出現的狀況。1952年2月28日，台灣民主獨立黨舉辦二二八追悼會，他因擔心被強迫出席，十點半就前往日比谷映畫館看電影。[54]1954年3月1日，他在日記中記載：「黃南鵬引呂春成來訪，言昨日二二八紀念會並台灣人戰犯慰勞會，廖主席演說辭，言獨立黨之主張，欲使台灣永世中立，次言反共抗俄之工作，甚為矛盾，欲使呂起稿表明黨之方針云云。」[55]同年9月1日，他在日記中表示：「一時獨立黨開故廖文奎、莊要傳之追悼會於青年會館，有案內狀來，其中述中國之壓逼，政府苛酸峻嚴，欲起而打倒，因二二八之革命，遂從而發生云云。余笑其文不對題，置之不理。」[56]從這些資料可以看出，獨立運動者不斷借用二二八進行政治宣示，而他似乎都不太贊同。

環繞著林獻堂，各方人士都會來討論國際現勢與台灣前途展望，而他則冷靜地將不同政治立場的論點留下紀錄，並給予適切的評論。例如，1954年12月3日，他在日記寫道：「新聞報導，國府與美國結安保相互條約，其精神若被侵攻則相援助。此條約是對中共表示，汝若決欲解放台灣，必先覺悟與美國戰爭。似此，台灣之壽命與蔣總統同久矣。」[57]正如其時局觀察評論，此後台灣進入美國主導的東亞冷戰框架。因此，他也自然地選擇繼續居留日本。林獻堂居留日本的條件，或有其特殊的理由或條件，無須進一步探討。但值得關注的共同現象是，由於台灣島內獨裁統治與國際地位不穩定，大部分台灣人不會選擇返鄉，而是儘量設法居留在日本。

---

[53] 林獻堂著，許雪姬主編，《灌園先生日記22》，頁343。
[54] 林獻堂著，許雪姬主編，《灌園先生日記24》，頁92。
[55] 林獻堂著，許雪姬主編，《灌園先生日記26》，頁90。
[56] 林獻堂著，許雪姬主編，《灌園先生日記26》，頁318。
[57] 林獻堂著，許雪姬主編，《灌園先生日記26》1954年12月3日，頁466。有關美國支持蔣介石政權對海外台灣人的打擊之分析，請參閱：陳慶立，《廖文毅的理想國》，頁164-170。

（二）日本報刊中反政府言論之監控紀錄

目前檔案管理局與中央研究院近代史研究所檔案館所保存的《外交部檔案》中，大致彙整了監控台灣獨立運動的紀錄，同時也留存不少獨立黨的組織或個人發行之刊物，甚至也蒐集其成員在日本各報刊雜誌發表的文章，並提出摘要或翻譯的報告。從這類檔案中，我們大致可以知道，情治單位在意的言論種類，以及他們想要採取的對策。

例如，1955年4月，《文藝春秋》刊載了一篇廖文毅〈祖國台灣的命運〉，引起國府高度的注意。情治單位的監控報告中強調該刊月銷一百萬份以上，讀者均爲知識分子。因此，負責監控的工作人員不僅找人翻譯這篇文章，並提出各種因應措施。這些具體辦法中，除了列舉蒐集情報、與日方交涉，並設法給予各種打擊等之外，第五點爲：「密商忠貞台籍領袖，設法在日本刊物發表駁斥廖逆文字。」[58]從這篇文章中可知，廖文毅不再僅強調以血統爲依據的獨立論述，而是同時主張，從政治與經濟的因素來看，台灣已經足以建立一個國家。[59]日後並未見到任何以國府立場發表駁斥的文章，因此也無法得知國府是否理解廖文毅集團的變化發展。情治單位送回諸多廖文毅集團的宣傳品，同時也有人負責解讀這些宣傳品，但似乎尚未成功培養出提出對抗論述的人才。

外交部檔案中，除了各單位來往的公文，同時也收錄被情治單位判定爲叛國言行之紀錄，包括許多政治運動團體之機關刊物，以及所謂叛國者對外投稿文章與聲援者的言論等。因此，檔案中可以找到當時華僑或在日台灣人如何批判國民黨的紀錄，或是他們呼應北京政府與鼓吹台灣獨立的主張。戒嚴時期，台灣島內情治單位打壓言論自由與嚴重侵犯人權之史

---

[58] 〈台灣獨立運動（二）〉，《外交部檔案》，檔案管理局收藏，檔號0044/006.3/003。廖文毅，〈祖国台湾の運命——蒋政権をセント・ヘレナに流せ〉，《文芸春秋》4月号，1955年4月，頁114-121。

[59] 有關廖文毅在獨立論述變化之分析，請參閱：陳慶立，《廖文毅的理想國》，頁72-76。

實，已是眾所皆知的事實。但是，同時也監控海外台灣人與華僑的這些檔案紀錄，並未被詳細檢視。透過公私文書紀錄的交叉比對，不僅可發掘一些珍貴史料，並可描繪當時海外台灣人的處境與心境。

　　例如，1957年7月，邱永漢發表一篇題為「勿忘台灣人」的文章，他在文章中表示：第二次世界大戰同盟國的口號是「任何領土變更，都不能違反當地住民的意願」，台灣人過去不曾有機會表達自己的意願。但是，根據我最近思考觀察，雖然經過許多曲折的歷程，台灣人表達自己意願的機會似乎就快要來臨了。因為：第一，由於大陸來台人士日漸老去；第二，美國不可能持續支持無法對抗中共的國民黨政府；第三，中共絕對不敢斷然使用武力，最後必定是以政治妥協方式處理。因此，在美國的政治運作下，台灣人很有可能獲得聯合國託管的機會。[60]駐日大使館蒐集完整的資料，並向外交部提出一份〈邱永漢在中央公論及King雜誌發表荒謬文字剪奉參考由〉之詳細報告，強烈指責此為一漢奸之行為外，同時也強調要留意喚起僑界注意，勿為所惑。[61]隨後，還有中央通訊社發回給外交部的參考消息並註明：專供參考請勿發表，通訊稿中說明該文之概要並翻譯全文。雖然，情治單位曾試圖提出批判，但目前尚未找到駐外單位在日本報刊上發表的對抗性論述。

　　相對地，左翼台灣知識分子則能提出反駁獨立論者之論述。例如，對於邱永漢的文章，東京華僑總會理事蔡錦聰與吳修竹兩人，在1958年11月21日出刊的《華僑報》上，分別發表〈日本人の郷愁〉、〈思想的売春婦──邱永漢〉之文章，嚴厲批判其論點與人品，站在民族主義的立

---

[60] 邱永漢，〈台湾人を忘れるな〉，《中央公論》第829號，1957年7月，頁32-42。原文日文，筆者摘要翻譯。

[61] 「邱永漢在中央公論及King 雜誌發表荒謬文字剪奉參考由」〈台灣獨立運動（五）〉，《外交部檔案》，檔案管理局收藏，檔號0046/006.3/006。另一篇文章：邱永漢〈台湾人の肚のうち──持参金の言い分〉，《キング》7月号，1957年7月，頁58-59。

場，認為其論調根本就是「殖民地根性」的顯露。[62]隨後，還有一篇署名吳公楊呼籲：「勿受邱永漢謬論影響，認真思考台灣」的文章。[63]如前所述，類似這種中共派對獨立派的批判，從1949年起台灣託管論出現後，就不斷散見於各類報刊，1970年代統獨雙方的論辯更為激烈。例如，1971年創刊的親中共刊物《日中》，曾製作台灣問題特集，刊載：劉明電〈「台灣民族」存在嗎？〉、蔡友民〈揭發「台灣獨立派」的犯罪性〉兩篇文章，強烈批判林景明《知られざる台湾》（三省堂，1970）是一本毒書，同時也批判史明、王育德等人之台灣史著作。在這樣明顯對立的情況下，雙方大概只剩下「反國民黨政府」是最大的共識。[64]

前述劉明電等中共支持者的論點，基本上認定美日是採行「新殖民主義」之帝國主義，並將台獨派的言行定位為「反革命」行為。然而，此種政治立場之論者，為了爭奪歷史解釋權，其製作的台灣年表是從西元230年吳國孫權派人到夷州這一年起算。採取這種漢人中心與中國民族主義觀點者，當然也很難對二二八事件前後的歷史提出平實的論斷。重新檢視情治人員留在檔案中的監控報告，並回顧在日台灣人各方之論述，我們應該可以更理性地思考台灣的前途。

五、海外台灣知識分子的歷史論述

彙整情治單位對台獨運動監控報告，可以發現國民黨的情治人員極力醜化海外台灣人政治活動，特別是對台獨運動，報告中大多冠上「偽」黨、廖「逆」等文字。此外，這些報告也出現許多錯誤的訊息，解讀這

---

[62] 蔡錦聰，〈日本人の郷愁〉及吳修竹，〈思想的売春婦──邱永漢〉，《華僑報》第118號，1958年11月21日。兩作者皆為台灣人。

[63] 吳公揚，〈邱永漢に惑わされず、真面目に台湾を考えよう〉，《華僑報》第120號，1958年12月11日。吳公揚之籍貫不詳。

[64] 劉明電，〈「台湾民族」は存在するか〉及蔡友民，〈「台湾独立派」の犯罪性をあば〉，〈台灣年表（西元230～1945年迄）〉，《日中》8月號，1972年7月，頁7-37。

批檔案，或許同時也必須檢視錯誤情報如何產生、為何廣泛流布之問題。由於東亞國際局勢的緊張，台灣的法律地位也隨著出現爭議，在日台灣人不僅質疑國民黨統治合法性，同時強烈批判其恐怖統治之暴力性，這樣的歷史背景，不可被忽略。但更值得注意的是，在這樣的外部環境刺激之下，許多知識分子開始進行歷史書寫。從1960-1970年代，在日台灣知識分子留下相當多元豐富的台灣史著作。如今，這些歷史書寫的論著，應該都是台灣社會重要的文化財。

圖4-4　1956年2月《台灣民報》發行號外，刊載台灣共和國獨立宣言（吳三連台灣史料基金會／提供）

（一）有關台獨運動內幕報告之謬誤

　　前述1955年4月間，《文藝春秋》刊載廖文毅〈祖國台灣的命運〉文章一事，應該是國府建構監控海外台獨運動的一個轉折點。因為同年9月1日，「台灣臨時國民議會」成立。1956年2月28日，廖文毅為首的「台灣共和國臨時政府」成立。可能是這一連串的變化，迫使國府在1956年11月22日的國民黨中常會中決議通過，設置「海外對匪鬥爭工作統一指導委員會」，擴大並統籌海外對付所有反政府的組織與活動。這項組織名為「對匪鬥爭」，但實際上並非僅針對「共匪」，台獨分子也是該會工作的重點對象。1961年底，該委員會成立專案小組，並化名為「應正本」，

積極展開對付廖文毅集團的獨立運動。[65]

從外交部相關的檔案中可以了解，在專案小組連續開會後，擬定了一份對外宣傳手冊，書名《廖文毅及其活動內幕》（光華出版社編印，中華民國51年2月）。從檔案中可以發現，這份小冊子的初稿是由情治單位草擬的「廖逆文毅與共匪統戰關係」。初稿與正式發行的版本，除了將「共匪」改爲中共、刪除「逆」與採用較中性語詞敘述之外，整個論述架構不變。最主要的改變是：「二、組織活動與中共統戰關係」中，刪除初稿原有一段下述描述：「共匪利用廖逆文毅是『公開打擊、秘密運用』的統戰慣技，其目的在離間中日、中美的關係，同時挑撥台胞的感情，製造矛盾，最後展開武裝鬥爭達到奪取台灣。」[66]但其實這一段也是草稿與公開版結論的一段內容，公開版只是刪除初稿中重複部分，讓結論訴求更爲明確有力。透過這段修訂重複段落的檢視，剛好可以印證其打擊廖文毅的手法，就是先「抹紅」再趁機給與各種打擊。總之，認定「共匪」與「台獨」勾結或被利用，就是情治單位最主要宣傳重點。

因爲，同一卷檔案中，同時出現情治單位在這段時期擬定的「加強日美地區工作方案」，其中的「甲、基本方針」之第二點，即明白強調：「宣傳反面，在國內對『台獨』活動仍採不予重視態度，有關其新聞與活動，國內一切報刊一概不予採登，不予直接評論。在海外著重指出，所謂『台灣獨立運動』爲共匪指揮運用的統戰活動，其目的在假借名義欺騙本

---

[65] 有關國民黨統合黨政軍各種情治單位，因應海外台獨運動壯大問題，請參閱：陳昱齊，〈國民黨政府因應海外台獨運動之組織建置——1950年代至1970年代初期〉，頁3-8。原始檔案爲：〈台灣獨立運動（十七）：應正本小組〉，《外交部檔案》，檔案管理局收藏，檔號0050/006.3/018。〈台灣獨立運動（十八）：應正本小組〉，檔號0051/006.3/019。〈台灣獨立運動（十九）：應正本小組〉，檔號0052/006.3/020。

[66] 「廖逆文毅與共匪統戰關係」〈台灣獨立運動（十七）：應正本小組〉，《外交部檔案》，檔案管理局收藏，檔號0050/006.3/018。該卷檔案中收錄：《廖文毅及其活動內幕》（光華出版社編印、中華民國51年2月），並以公文由外交部分送各駐外的大使館與領事館。有關這段史實之分析，請參閱：陳慶立，《廖文毅的理想國》，頁138-145。

省同胞，陰謀攫取台灣。」[67]言下之意，就是無論如何都要把台獨與共匪聯結在一起，這樣的宣傳手法，從1950年代後半開始，延用到1980年代打擊「三合一敵人（共匪、台獨、國內一小撮陰謀分子）」期間為止，大致都維持不變。這種相當離譜的宣傳手法與論調，應該是不少目前40歲以上台灣人的共同歷史記憶。此外，完全封殺海外台獨運動的新聞，也是相當重要的一件事，因為不僅是「台灣獨立」，「二二八事件」也被視為一項禁忌，公開場合絕對不能被提到。

實際上，台灣獨立運動組織在1955年以後的發展，與中共統戰活動並未掛勾，這一點從兩者對二二八的詮釋，即可看出明顯之差異。1956年1月，廖文毅集團宣布將建立台灣共和國臨時政府。2月28日，臨時政府成立與廖文毅就任大統領之儀式一併舉行。同時，會場也舉辦「台灣二二八革命第九周年記念會」。由此可知，獨立運動者非常重視二二八事件紀念日。[68]如此儀式讓二二八具有反國民黨的意涵更加明確。不論何種政治立場，提起二二八，立即可以讓人聯想到反政府。或許，也是因為二二八在海外台灣人產生的效應，更讓國府情治單位長期將二二八視為最大的禁忌。這些台獨分子與親共分子，唯一的共通點就是一再提起二二八，但雙方對二二八的詮釋完全不同，兩個陣營的政治活動與目標也很難聯結在一起。

（二）台灣史研究與書寫之成果

從1950年代到1980年代，也就是台灣的戒嚴時期，許多在日本台灣知識分子除了關心台灣時局之外，也積極從事有關台灣史的書寫，甚至在學院內進行相關的學術研究。結果，他們的著作不論是以社會大眾的讀物

---

[67] 「加強日美地區工作方案」〈台灣獨立運動（十七）：應正本小組〉，《外交部檔案》，檔案管理局收藏，檔號0050/006.3/018。李世傑說明，這樣的宣傳是國家安全局設計，交由調查局去執行」。李世傑，《台灣共和國臨時政府大統領廖文毅投降始末》（台北：自由時代出版社（1988），頁197。

[68] 〈号外〉，《台湾民報》，1956年2月28日，第1版。

出版，或是學術專書刊行，都成為後人重要的參考文獻。他們在戒嚴的年代，能夠留下如此豐碩的成果，當然跟日本的學術與文化環境有關。但從另外一個角度來看，或許這些著作也可以說是，因二二八禁忌所激發出來的成果。

　　根據吳密察的研究指出，1895年抗拒日本占領的台灣民主國瓦解後，台灣讀書人受到極大的衝擊，因而讓他們提筆寫下許多文稿，努力記述曾目擊的景象，試圖留下見證。他這樣的寫作活動，可稱為「自我發現之旅」。[69]筆者贊同這樣的描述，而且覺得，如果這是台灣住民第一波「自我發現之旅」，那麼受到二二八事件衝擊後，在日台灣人的台灣史書寫，應該是第二波的「自我發現之旅」。

　　戰後，流亡日本的知識分子，最常見的行動應該就是台灣史研究與書寫。相關成果首次問世的就是：史明《台湾人四百年史：秘められた植民地解放の一断面》（東京：新泉社，1962年）。從他的經歷與全書的內容來看，史明的寫作確定曾受事件之影響。[70]此書雖非嚴謹的學術論著，但影響深遠，包括「四百年」一詞，常被後人引用繼承。第二本出現的台灣通史重要著作，是王育德《台湾：苦悶するその歴史》（東京：弘文堂，1964年）。此書是早期發行量最多流傳也最廣的專書，對往後台灣史的論述有極大的影響。他在書中對於二二八事件有以下的描述：「二二八大反亂是對台灣人與中國人關係帶來決定性影響的大事件。（略）對於中國人激烈憎惡與敵意，逐漸讓人在心中醞釀出一定要獨立的

---

[69] 吳密察，〈「歷史」的出現〉，收於黃富三、古偉瀛、蔡采秀主編，《台灣史研究一百年回顧與研究》（台北：中央研究院台灣史研究所籌備處，1997），頁1-21。

[70] 比史明著書還要早出版有關台灣過去與前瞻等相關論述，還有廖文毅，《台灣民本主義（フォモサニズム FORMASANISM）》（東京：台湾民報社，1956）一書，但這不是通史性作品，反而政治性宣示意味較濃厚。書中用「二二八革命」一詞來說明，此為台灣住民決心告別中國的重大事件，這種想法與中共支持者可謂兩極對立，經常受到抨擊。另外，此書是否為廖本人著作，還是楊逸舟受託撰寫，尚待考訂。

堅定決心。」[71]這段敘述可說正是身為獨立運動者心境的真實告白。

　　二二八事件期間，王育德最敬愛的兄長王育霖[72]在動亂中遭到殺害，這件事給他莫大的打擊。他在著作中經常將二二八事件稱之為「三月大

圖4-5　1957年3月10日發行《中國留日學生報》有關二二八紀念活動報導（東京華僑總會／提供）

---

[71] 王育德，《台湾——苦悶するその歷史》（東京：弘文堂（1964），頁145。

[72] 王育霖（1919-1947）台北高校畢業後，進入東京帝國大學，1944年擔任京都地方裁判所檢察官。戰後，他擔任新竹地方法院檢察官，因搜索新竹市長貪污案，竟然遭到阻擾。基於對惡劣的外省官僚的不滿，隨後即忿而辭職，前往台北擔任高中教師。事件發生後，為何他被殺害？根據傳聞，其原因應該就是因遭先前與其對立的外省官僚之報復。莊天賜，〈王育霖〉，張炎憲編，《二二八事件辭典》（台北：國史館，2008），頁66。

虐殺」，並強調這是台灣史上最淒慘的事件。[73]1949年間，王育德經由香港逃往日本，而後定居東京，1960年代開始積極從事獨立運動與寫作活動，都跟兄長的枉死有關。[74]因此，他撰寫台灣史一事並非單純的學術活動。1960年間，以王育德爲中心而設立的「台灣青年社」，而後逐漸發展爲在日本獨立運動之主流團體。該社發行的機關刊物《台灣青年》，1961年2月（第6號）刊載「二‧二八特集號」，對二二八事件的原因與經過等，有詳細的解說。而後《台灣青年》也陸續刊登事件之紀念號與相關文章。

1970年代以後，獨立運動的根據地轉往美國，但是二二八的歷史記憶傳承，在日台灣人扮演著相當重要的角色。除了史明與王育德這兩本代表性著作之外，1970年代還有幾本詳述二二八事件的專書出版。[75]雖然，這些書並非學術性專著，在市面上的流通範圍也很有限。但是，從書寫活動的意義來觀察，他們都是在特殊情境下，被迫用日文進行歷史書寫。這樣的行動與日治初期讀書人「自我發現之旅」，確實有部分神似之處。在學院內的部分，1970年代在東京大學出版會出版的一系列台灣研究專書，同樣也可以稱爲台灣人「自我發現之旅」。這部分成果大致包括：黃昭堂《台湾民主国の研究》（1970）、許世楷《日本統治下の台湾》（1972）、江丙坤《台湾地租改正の研究》（1974）、劉進慶《戰後台

---

[73] 王育德著，近藤明理編，《「昭和」を生きた台湾青年》（東京：草思社，2011），頁1-2。日文中「大虐殺」就是大屠殺之意。

[74] 邱永漢曾以王育霖事蹟爲本，發表短篇小說〈檢察官〉（1955）。另外，他還有一篇〈密入国者の手記〉（1954），則是描寫同樣經過香港逃亡到日本的王育德。這些作品都收錄在以下的小說選集。邱永漢，《邱永漢短編小説傑作選──見えない国境線》（東京：新潮社（1994）。

[75] 相關書籍包括楊逸舟《台湾と蒋介石──二‧二八民変を中心に》（東京：三一書房1970）；林景明，《知られざる台湾──台湾独立運動家の叫び》（東京：三省堂1970）；林景明，《台湾処分と日本人》（東京：旺史社，1973）；林文堂，《台湾哀史──蒋介石と戦い続ける独立運動家の手記》（東京：山崎書房，1972）等。

湾経済分析》（1975）。

　　另外，客家籍的學者戴國煇也投入台灣研究，並走過相同的路徑，他不僅成功地將吳濁流介紹給日本文化界，自己也活躍於當時日本的論壇。1970年代，吳濁流[76]的著作在日本出版，獲得不少肯定與迴響。其著作最爲人熟知的應該是《亞細亞的孤兒》，但其中《黎明前的台灣》才是眞正描寫戰後台灣社會的著作。[77]他的著作主要是因爲批判日本的殖民統治，才受到日本文化界的關注，但是對台灣史論述方面也有很大的影響。此外，在戴國煇的鼓舞之下，吳濁流晚年還完成《無花果》與《台灣連翹》，這才是眞正二二八事件的經驗談。這兩本有關二二八的著作，雖然沒在日本出版，但《台灣連翹》是用日文寫成，交由鍾肇政保管，在其死後才用中文出版。這樣的過程可以讓我們更清楚地認識到，老一輩台灣人以日語留下歷史證言的普遍現象。

　　1970年代，各種不同政治立場的台灣人都在競逐歷史的發言權。左傾僑社發行的《台灣省民報》，也有不少類似的文章。例如，1974年4月1日《台灣省民報》第10號刊載〈記憶せよ歷史の教訓〉，其內容是陳逸松參加省民會主辦座談會的發言紀錄，他介紹先前參加北京人民大會堂台灣廳舉辦的「二二八蜂起27周年紀念」的經過，然後強調大家要「記住歷史的教訓」。1974年9月1日《台灣省民報》第15號刊載〈在京先進分

---

[76] 吳濁流（1900-1976）新竹客家人。1920年畢業於台灣總督府國語學校，擔任公學校教員之餘，也從事文學創作（1940年辭去教職，前往南京擔任《大陸新報》記者，1942-44年擔任《台灣日日新報》文化部記者，戰後曾任《台灣新生報》與《民報》記者，1967年在自己創辦的《台灣文藝》連載二二八事件經驗談，而後集結成《無花果》出版時，遭到查禁。1973年再以日文撰寫《台灣連翹》，兩本書都是二二八事件的珍貴體驗記，1980年代以後才受到矚目。張恒豪編，《台灣現當代作家研究資料彙編（2）：吳濁流》（台南：國立台灣文學館，2011）。

[77] 吳濁流，《夜明け前の台湾──植民地からの告発》（東京：社会思想社（1972），《泥濘に生きる──苦悩する台湾の民》（東京：社会思想社1972）；吳濁流，《アジアの孤児──日本統治下の台湾》（東京：新人物往来社，1973）。

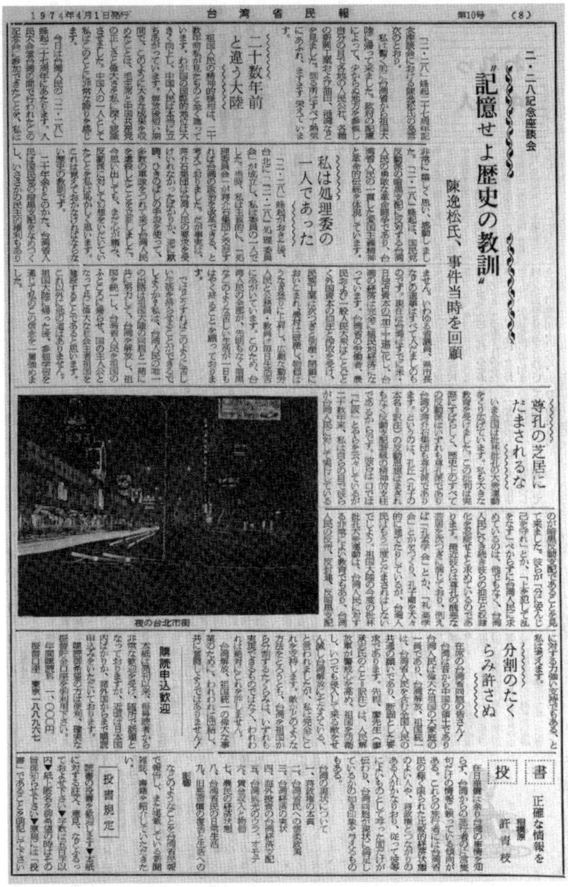
1974年4月1日発行　台湾省民報　第10号　（8）

二・二八記念座談会

"記憶せよ歴史の教訓"

陳逸松氏、事件当時を回顧

二十数年前と違う大陸

私は処理委の一人であった

尊孔の芝居にだまされるな

分割のたくらみ許さぬ

夜の台北市街

購読申込歓迎

投書　正確な情報を　許青枝

投書規定

圖4-6　1974年4月1日《台灣省民報》第10號有關二二八事件報導（吳修竹／提供）

子が明かす謝雪紅の新の姿〉，文中一反過去的觀點，批評謝氏在二二八事件中的表現，並說她以假冒的經歷入黨。這些都是以日文發表的文章。直到這個時期，海外老一輩台灣人還是習慣於使用前朝的日文來思考寫作。

因爲二二八的刺激而走上歷史研究之路，明白地抗拒台獨主張的戴國煇曾提出最清楚的說明。他在〈我是怎樣走上研究「二・二八」之路〉一文，明確地表明，自己是因爲目睹二二八事件的場景，以及同情「白色恐怖」受害的友人，而走上這條路。他在1956年進入東京大學後就積極蒐集二二八史料，1983年起在美國《台灣與世界》雜誌上，以梅村仁筆名連載「二・二八史料舉隅」。[78]這些資料後來被彙整，透過黨外雜誌社的地下出版系統在島內流傳。筆者認爲，不論何種政治立場，那個時代在海外研究台灣史本身，都是一種知識分子「自我發現之旅」。二二八激發了一群海外台灣人展開這樣的旅程，而後隨著自由的

---

78 戴國煇、葉芸芸著，《愛憎二・二八　神話與史實　解開歷史之謎》（台北：遠流，2002），頁1-14。本書1992年初版，而後收錄於戴國煇文集3。

進展，他們在外收穫的行囊被帶回台灣，點點滴滴地對台灣社會的發展帶來不少前進的動力，這才是二二八事件眞正的副作用。

六、結語

　　從以上史料的解讀可知，1950年以後，國民黨政府嚴密監控日本華僑與台灣人，因爲日本的僑界不但有眾多的中共支持者，還出現了台灣獨立運動。因此，情治單位與外交部或黨部的駐外機關很早就聯手，建立了嚴密的監控系統，並留下不少檔案紀錄。先行的研究者已利用這批檔案，大致釐清了整個情治機關指揮體系、各種監控手法，以及官方與美日政府交涉經過等問題。但是，最值得關注的問題是，從監控報告可以看到，情治人員一直將「共匪與台獨分子」視爲同一夥人，甚至強調他們互相勾結。實際上，這兩個反國民黨陣營是水火不容，長期存在著對立的關係，特別是兩陣營之間，對二二八事件的看法也完全不同，情治單位的指控，明顯是一種抹黑的宣傳手法。透過在日台灣人的新聞雜誌、外交部檔案與個人日記回憶錄等史料之分析，我們大致可以看到，不同政治理念的知識分子，分別以各自的觀點詮釋二二八事件，因而形成對立的論述，而這樣分歧的歷史認識，再反過來強化雙方政治立場之對立。另一方面，我們也看到，黨國威權統體制下，白色恐怖的威脅不僅限於島內，海外台灣人也遭到監控，由此也讓我們更能體會在日台灣人的艱困處境。

　　二二八事件鎮壓開始後，陳儀政府不僅採取查封報社與出版社，甚至還採取逮捕或殺害報人的極端手段，如此不僅讓台灣社會菁英沉寂下來，新聞自由也受到嚴重的打擊。[79]1949年5月20日戒嚴令擴大實施於台灣，台灣的言論自由與新聞自由更受到嚴苛的限制。在這段戒嚴時期，台灣人有關二二八的歷史記憶，就像「時空膠囊」一樣地保存在海外，特別是日本這個地方更扮演著極重要的角色。因爲，戰後的日本資訊豐富、言論

---

[79] 楊秀菁，《台灣戒嚴時期的新聞管制政策》（台北：稻鄉出版社，2005），頁52-61。

自由，日本語世代的台灣人在此也可以暢所欲言。加上政治立場對立兩方
的互相刺激，相互競逐二二八的歷史解釋權。因此，不論是戰後逃往香港
或中國大陸，甚至包括島內人士，他們留下的證言，在日本都可以獲得保
存，甚至被公開出版。戰後，這些個人的記憶與歷史書寫的成果，陸續地
被傳送回台灣，並對喚醒年輕世代台灣人的歷史記憶，發揮一定的貢獻。
用這個角度來看，就可以理解留存在日本有關二二八事件評述之重要性，
這一點也是本文所要強調的重點。

　　在島內還是戒嚴的年代，日本擁有充分的言論自由，但是並非所有生
活在日本的台灣人，都擁有充分的二二八相關資訊。因為，二二八是一個高
度政治性的議題，而他們大部分都是盡量避免捲入政治，實際參與獨立運動
或支持中共活動，比例上都是屬於少數。對於抱持這種處世態度的人，在日
本有一個用語「ノンポリ」來稱呼，這是「ノンポリティカル（non politi-
cal）」的簡稱，1960年代學生運動時期出現的和製英語。原本這是指在
日本全共鬥學生運動時代，不走激進路線之學生或不屬任何黨派之學生。
擴大來解釋，也可以泛指不關心政治的大眾或無黨派的中間選民，現在已
經成為沒人在使用的「死語」。但在訪談旅日台灣人的過程中，竟然有人
選擇用這個詞，說明自己的政治態度，並強調冷戰時期大部分的在日台灣
人都是採取這樣處世方法。換言之，他們不參與獨立運動或支持中共的活
動，極力想避開政治干擾，特別是跟台灣還有往來的人士，為了避免遭到
迫害，必須謹慎面對這些政治禁忌。戒嚴時期，島內台灣人都會告訴子
女不要參與政治，在外面不要隨便發言，這樣的氣氛似乎也延伸到海外。

　　曾經訪問過一位住在東京的薛姓僑領的兒子，他談到二二八事件時表
示：從小家裡就避免談台灣政治議題，但是隨著年紀增長，對台灣問題
也開始感興趣，有一次找到楊逸舟《台湾と蔣介石：二・二八民変を中
心に》[80]一書來閱讀，爸爸發現後竟然臉色大變，禁止他再看這樣的書。

---

80 楊逸舟的著作，已翻譯為中文版楊逸舟著，張良澤譯，《二・二八民變》（台北：前衛
　 出版社，1991）。

實際上，筆者在1980年代初期，跟長輩談起二二八時，也幾乎同樣碰到「震驚與禁止」模式的回應。在海外支持國民黨政府人士的心態，竟然跟島內同世代長輩一模一樣，台灣人受到的思想控制到這種地步，才最令人心驚。部分在日台灣人自認為是「ノンポリ」，但此用語原本就不是無關政治之意，只是不選擇激進路線而已。許多台灣人過去被迫躲避政治，或刻意想避開政治，但不一定就能完全避開。就如黨外選舉時常被使用的一句口號：「你不管政治，政治會管你。」個人認為，曾經經歷二二八還是禁忌年代的人，更需要努力打破這個禁忌。

如今，資訊封鎖的時代已經過去，情治人員強調「台獨」被「共匪」利用或互相勾結的論述，早已無人採信。海外台灣人保存的二二八歷史記憶浮現，像「時空膠囊」被打開，令人讚嘆。不管是主動還是被動，大家都可能接觸到這些訊息。談二二八應該沒有任何忌諱了，但現在若要再談二二八，還是難免被認為，這是把二二八再政治化的言行。為何二二八是政治敏感議題的情況，還沒有完全消失呢？筆者認為，過去海外人士藉著二二八時期台灣人如何受到壓迫的論述，提出自己的政治主張，這的確是一種把二二八政治化的言行。因為，他們談論二二八之後，大概都會延伸到「台灣前途」的爭辯與對立。雖然同樣是對抗國民黨，但政治目標卻相當分歧。時至今日，東亞冷戰的情勢並未完全消解，島內國民黨相關的符碼還是存在。過去海外台灣人提出追求「台灣解放」、「台灣獨立」的目標都沒有達成。只要這種政治對立的外在因素尚存，談二二八就很難「去政治化」。

正因如此，我們更需要全面地關照當年在日台灣人的二二八論述，特別是左傾華僑報刊的文獻，以及情治單位的監控報告等，都應該加以補足。只有如此，才能讓我們對歷史有更周延的關照。歷史研究無法預知未來的演變，但至少可以努力探究過去的史實。透過諸多層面史實之釐清，希望有一天台灣社會能進一步達到所謂「真相和解」的目標。

第三部

「僑居」
與「歸化」之間

第五章　在日台灣人法律地位與永住權問題

一、前言

　　1945年8月，日本帝國瓦解後，不少出身舊殖民地的民衆還持續居留於日本，因而產生所謂「在日朝鮮人」或「在日台灣人」等特殊的外國人。何謂在日台灣人？簡而言之，就是戰前來自舊殖民地台灣，而戰後還持續居留日本的台灣人。有關在日台灣人的法律地位問題，法學政治學研究者比較關心，實際上也有不少研究成果。但這些論著大多涵蓋討論日本華僑或在日外國人問題，而非以台灣人問題爲中心。而且，這些先行研究尚未充分利用台灣與日本雙方的公文書，同時也未曾傾聽當事人的心聲。因此，在日台灣人的心境與處境，實際上還沒有充分地獲得理解。

　　筆者相信，若能深入發掘台日雙方的公文書，並充分利用相關人士的回憶錄，應可更進一步地釐清在日台灣人之永住權或歸化等相關法律地位問題。爲什麼戰後台灣人居留日本會衍生出複雜法律地位的相關問題呢？除了因日本官方的外國人管理法規出現模糊空間之外，台、日、中三角國際關係之問題，也是讓問題複雜化的原因之一。即使在台日維持正式邦交的1972年之前，在日台灣人的法律地位還是沒有明確的保障，許多台灣人無法安心定居日本，當然這也會影響到他們的國家認同。這些錯綜複雜的問題，其實都與戰後台灣史有密切之關聯，因此值得台灣史學界共同來關心。

　　目前有關日本華僑研究之論著，大多會觸及在日外國人居留的相關問題，但有關在日台灣人的法律地位問題，並未被充分地討論。[1]因此，有

1　從學術書到一般書的代表性日本華僑研究日文著作，大致列舉如下：過放，《在日華僑のアイデンティティの変容──華僑の多元的共生》（東京：東信堂，1999）；中華会館編，《落地生根──神戸華僑と神阪中華会館の百年》（東京：研文出版，2000）；譚璐美、劉傑，《新華僑 老華僑──変容する日本の中国人社会》（東京：文藝春秋，2008）。

關華僑與在日台灣人的居留問題經常被混爲一談。以最近出版的專書論文爲例，城田千枝子在探討日本華僑的法律地位和人權問題的論文中，竟然沒有提到台灣人的相關問題。這是一篇受華僑協會總會委託在台發表的通史性論述專文，作者試圖向台灣讀者簡介日本華僑的處境。[2]既然是提供基本知識的論文，華僑和在日台灣人之間的法律地位差異，應該是最根本的問題，但在論文中只有簡略的介紹。戒嚴時期的台灣學術界，在日台灣人必須放在所謂「華僑研究」的框架之中，單獨提出來討論似乎被視爲禁忌。如今解除戒嚴與民主化發展已超過20年以上，這個被扭曲的研究課題，至今依然尚未被完全化解。

　　儘管如此，我們還是可以找到明確指出在日台灣人的法律地位問題的論文，其中法學教授清河雅孝的論著，直指問題核心，相當值得參考。他在探討在日台灣人國籍與認同問題的論文中，完整介紹日治到戰後的歷史演變脈絡，並明確地指出：百年來台灣人的自稱與表記，一直都出現乖離的現象。日本統治時代，台灣出身者被稱爲「本島人」，而非台灣人。戰後，在日台灣人的國籍欄則被登載爲「中國」，1970年代起就有留學生對此提出抗議。直到1990年代後半，隨著台灣民主化的進展，在日台灣人才正式提出要求訂正國籍欄表記的要求。[3]這篇專文對於戰後台灣人國籍登錄問題有深入探討，但對2012年7月起國籍登錄已改爲「台灣」之結果並未觸及。此外，爲何不論台僑或華僑，不論支持北京政府或台北政府，外國人登錄之國籍欄都一律登記爲「中國」之問題，也沒有獲得充分的釐清。

2　城田千枝子，〈日本華人的公民地位與人權〉，收於陳鴻瑜編，《海外華人之公民地位與人權》（台北：華僑協会総会，2014），頁99-132。

3　清河雅孝，〈（研究ノート）日本における台湾人の国籍表記に関する法的問題——台湾人のアイデンティティの確立を中心として〉，《産大法学》40：03/04（2007年3月），頁157-176（京都産業大学法学会発行）。

　　除了台灣人法律地位的整體性探討之外，不同時期法律地位演變的研究成果也已經陸續地發表。其中，楊子震對盟軍占領時期的狀況，提出相當深入的分析，其論文讓我們充分了解，在日台灣人如何從「帝國臣民」變成「在日華僑」。[4]接著，在1972年台日斷交前後，擁有中華民國籍的華僑，面臨新的危機，他們擔心自己權益受損，因此出現大量華僑申請歸化的現象。對於當時狀況，日本年輕學者鶴園裕基運用外交部之檔案，提出詳盡的分析。根據其研究成果可知，此時中華民國政府以緊急處置的方式，大量發出同意僑民放棄國籍之證明書，以利其辦理歸化日籍，對於繼續保持中華民國國籍之僑民，也盡力維護其權益。[5]以上兩篇研究成果，大致都是利用官方檔案進行「僑務政策」的分析。相對地，華僑與在日台灣人的立場與內心感受，並未被考量或深入地探討。在日台灣人要求的權益為何？這應該也是相當重要的課題。因此，本文將運用最近台灣與日本公開的官方檔案，儘量試著以在日居留者的角度來思考，探討他們如何面對取得永住權或歸化等問題。

　　國府在台日斷交前後所採取的權宜措施，無非是想在「對匪鬥爭」方面，確保華僑之支持，以強化政府統治之正當性。然而，在日台灣人與華僑之間面對這樣的僑務政策，反應並非一致。此外，不同世代的華僑也有不同的感受，其間的差異主要可能是來自當事人有無永住權。到1980年代為止，台灣人和中國大陸出身的華僑人數大略相當，因此日本華僑社會中，有不少由台灣人所主導的團體。對日本政府而言，如何處理華僑居留問題與外國人管理政策，以及對中國外交政策等，都有密切的關聯。戰後在日台灣人的永住權，跟現在移民國家給予長期居留簽證，以企圖吸引外

4　楊子震，〈帝国臣民から在日華僑へ──渋谷事件と戦後初期在日台湾人の法的地位〉，《日本台湾学会報》14（2012年6月），頁70-88。

5　鶴園裕基，〈日華断交期における「僑務問題」──分裂国家の外交危機と在外国民〉，《次世代アジア論集》7（2014年3月），頁87-116（早稲田大学アジア研究機構發行）。

國人投資移民，或是吸引富裕的外國人來養老的常住（long stay）計畫等情況全不同。[6]整個問題的根源在於，身為舊宗主國的日本，是否應該給予舊殖民地出身的台灣人最切身之永住權保障。因為這個問題與在日朝鮮人有密切關聯，討論兩者的法律地位與外交交涉經過等，可以形成具有參考價值之比較研究，以呈現戰後台灣史研究更多元的面貌。

二、在日台灣人法律地位之爭議

　　戰後，一般在日台灣人並未抗拒國籍轉換，加上得知藉此可以不受日本法律之管轄，並享有戰勝國國民的待遇，大部分台灣人都願意接受變成華僑的安排。1946年6月22日，國府公布「在外台僑國籍處理辦法」，根據這項辦法的第一條，台灣人從1945年10月25日「恢復」中國籍，外交部同時要求各國大使館將這項法令轉達各國政府。該辦法第二條規定，旅外的台灣人只要依照華僑登記辦法向駐外單位申請，即發給視同國籍證明書的登記證，並可取得與華僑相同的法律地位。第五條則特別強調，居住在日本、韓國者享有同盟國僑民同等之待遇。[7]更明白地說，根據這項行政命令，旅日台灣人都可以取得中國籍，而且享有戰勝國民的待遇。然而，國籍的變更並非僅以行政命令來處理，因為日本政府主張在簽訂和平條約之前，台灣人與朝鮮人依然具有潛在的日本國籍，必須接受日本警察管轄。因此，這項法令公布後，有關在日台灣人的法律地位問題，馬上出現極大的爭議。

6　羽生祥子，〈海外移住大計画〉，《日経マネー》第346号，2011年9月，頁50-55。

7　《在日朝鮮人管理重要文書集（1945-1950年）》（東京：湖北社，1978），頁13。林歲德，《私の抗日天命——ある台湾人の記録》（東京：社会評論社，1994），頁126-127。這項行政命令中也規定，不願意恢復中國籍者必須在1946年12月31日前，向當地大使公使館、領事館或駐外代表，提出正式的申請（第三條），是否有台灣人提出這樣的申請，尚待進一步查明。

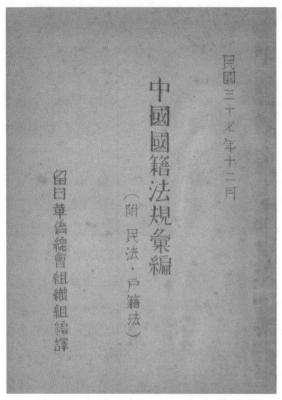

圖5-1　1948年留日華僑總會編印《中國國籍法規彙編》（吳修竹／提供）

雙方立場首次出現對立情況，應該是在1946年7月19日發生的「澀谷事件」[8]之後。該事件是日本警察取締台灣人黑市攤商所引起的衝突事件，事件中10多人死傷，並有40多名台灣人被捕，由於他們的法律地位不明確，因此在審判時就引發爭議。大致而言，根據占領軍司令部（GHQ）初期發布的法令，在日台灣人與朝鮮人原則上是「解放人民」，但必要時也視爲敵國人，其法律地位模糊未定。[9]此時，部分台灣人自認爲是「戰勝國民」，享有不受日本警察逮捕、審判之特權，但日本警方自認掌握相關治安管轄權，並將台灣人與朝鮮人視爲必須嚴格取締之「第三國人」。[10]對日本政府而言，

8　有關涉谷事件的最新成果，請參閱：楊子震，〈帝国臣民から在日華僑へ——渋谷事件と戦後初期在日台湾人の法的地位〉，《日本台湾学会報》，頁70-88。

9　此爲GHQ在1945年11月1日發布的命令的部分內容，請參閱：《在日朝鮮人管理重要文書集（1945-1950年）》，頁10。

10　松本邦彦解説、翻訳，《GHQ日本占領史16　外国人の取り扱い》（東京：日本図書センター，1996），頁77-86。本書原爲外務省，《日本占領及び管理重要文書集第二集》（東京：同省刊行，1949）與《日本占領重要文書第二巻》（東京：日本図書センター，1987復刻）。根據楊子震的分析，GHQ原本就賦予日本警察維持治安的權利，

澀谷事件是日警為了積極展現擁有治安管轄權的行動，取締對象雖然是舊殖民地的台灣人，但其結果是踏出掌握「第三國人」治安管理權的第一步。因為日警的行動獲得盟軍的支持，日警確立取締「非日本人」的權威。

　　事件發生後，中國駐日代表團在國內輿論及在日台灣人的壓力下，開始積極展開有關台灣人法律地位的交涉。經過GHQ、中國駐日代表團、日本政府三方交涉之結果，1947年2月國府所堅持的台灣人登錄為華僑的辦法，獲得到GHQ的認可。此後，完成華僑登錄的台灣人（Formosan-Chinese），在刑事裁判權方面享有等同於華僑的待遇。但相對地，日方堅持在締結和平條約之前不承認台灣人具有中國籍之主張，也獲得GHQ的承認。[11]這是一個妥協性的解決辦法，但對在日台灣人之權益保障方面確實具有正面的意義。相對地，在日朝鮮人法律地位並不明確，其國籍問題也一直未獲妥善的處理，1946年下半年起，朝鮮人與日本警方的對立與衝突日益嚴重。[12]而後，戰後舊殖民地出身的台灣人與朝鮮人，其在日居留的心境與處境之差距逐漸擴大。

　　澀谷事件不僅影響在日台灣人法律地位，同時也影響到戰後日本出入境法令與外國人管理辦法的建立。戰後日本的外國人管理，實際上主要部分就是舊殖民地出身者之處置辦法。當時喪失獨立主權的日本政府，其管理外國人的法令必須獲得GHQ的同意。1946年4月2日，GHQ發出外國人入境與登錄辦法的指令，日本政府則在隔年的5月2日新憲法公布前一天，以敕令207號公布「外國人登錄令」。新的外國人管理法令的第11條，明定當前台灣人與朝鮮人必須視為外國人，適用於本敕令。而且「外

可以合法取締在日台灣人與朝鮮人，並無藉此取得治安管轄權問題。但是，當時雙方的看法或說詞顯然不同。詳見楊子震，〈帝国臣民から在日華僑へ──渋谷事件と戦後初期在日台湾人の法的地位〉，《日本台湾学会報》，頁74-75。

[11] 松本邦彦解説、翻訳，《GHQ日本占領史16　外国人の取り扱い》，頁61-69、84。

[12] 松本邦彦解説、翻訳，《GHQ日本占領史16　外国人の取り扱い》，頁124-128。

國人登錄令施行規則」第10條中更明定，內務大臣所認定的台灣人是：
同盟國占領軍與眷屬之外，領有中華民國駐日代表團所核發的華僑登錄證
明書之台灣出身者。[13] 由以上的條文可知，這項法令的制定明顯受到澀谷
事件後外交談判結果之影響。

　　1952年4月28日，同盟國對日舊金山和約生效，日本政府恢復國家主
權，同日也正式宣布舊殖民地出身者「脫離」日本國籍，並新公布第125
號之「外國人登錄法」。配合這項新法的實施，同日還公布的法律第126
號[14]處理舊殖民地住民之國籍問題，其中第2條第6項特別針對適用者之居
留問題處理如下：「根據對日本國和平條約之規定，在該條約最初生效日
「脫離」日本國籍者，且從1945年9月2日以前到1952年4月28日爲止持續
居留本國的朝鮮人、台灣人（包括1945年9月3日到1952年4月28日爲止在
本國出生者），不適用出入國管理令第22條之2第1項之規定，在相關法
律制定並得以確定其在留資格與在留期間之前，可以不取得其他在留資
格之下，持續在本國居留。」適用這項辦法的朝鮮人和台灣人一般被稱
爲「法126-2-6該當者〔筆者注：適用者〕」，其子女就被稱爲「法126之
子」。[15]特例的法令原本適用對象應該是少數，但衍生的法126號適用者
及其子女，約占全體外國人90%以上，出現這種本末倒置之不可思議的現
象，充分突顯日本帝國瓦解後殘存問題之嚴重性。由於法126號的規定相
當含混，竟然沒有「在留資格」與「在留期限」，因而就衍生該法之適用

---

[13] 畑野勇等，《外国人の法的地位》（東京：信山社，2000），頁77-90。未取得華僑登
錄證的在日台灣人，無法享受同盟國國民特別配給之待遇，但並不影響其辦理外國人之
登錄。

[14] 這條法律全名：「ポツダム宣言の受諾に伴い発する命令に関する件に基づく外務省関
係諸命令の措置に関する法律」。因爲名稱太長，大部分研究者都稱其爲「法126」。
日文用「離脫」，應該可以譯爲脫離，這樣的法令，完全沒有尊重當事人的意願，這個
問題值得再討論。

[15] 該條文是爲處理舊殖民地出身者居留問題的暫時條款，因爲他們在1951年11月制定「出
入國管理令」時還未脫離日本國籍。因此，當1952年要進行外國人登錄時，無法歸入任
何在留資格之下。

者,是否擁有「永住權」的想像與爭議。

　　1952年4月以後,根據新的外國人管理辦法,不僅要求居留者必須隨身攜帶外國人登錄證,同時還規定要按捺指紋,這兩項辦法引發日後許多的抗爭。這些人權相關的議題在此擱置不提,此時最值得注意的問題點,應該是當時在日外國人絕大多數是舊殖民地出身的朝鮮人與台灣人之問題。[16]從這種情況來看,與其說這是外國人管理法令問題,不如說這是日本「去帝國化」或「去殖民地化」的問題。[17]戰後日本的「去帝國化」過程中,帝國日本與殖民地朝鮮與台灣的關係必須加以處理。然而,由於朝鮮半島的分裂對立,在日朝鮮人的外國人登錄大致被分成「朝鮮」與「韓國」。相對地,在日台灣人與華僑的登錄文件,國籍欄卻都同樣被登記為「中國」。[18]由於舊殖民地朝鮮分裂對立,以及台灣的法律地位出現爭議,兩地的政府無暇照顧海外的國民。因此,日本政府在處理境內的舊殖民地出身者時,在無關係國政府之外交壓力下,理所當然地訂出較為嚴苛的外國人管理辦法。

---

[16] 歷史教科書在日コリアンの歷史作成委員会編《歷史教科書 在日コリアンの歷史　第2版》(東京:明石書店,2013),頁75-83。在日朝鮮人(含大韓民國籍)占在日外國人90%以上,若再加上台灣人,舊殖民地出身者比例更高,此外還有不少舊殖民地出身的非法居留者。

[17] 帝國日本在戰後的「去帝國化」,主要就是排除異民族而成為國民國家。而其殖民地則是獨立或被其他國家併吞,而走向「去殖民地化」。「去帝國化」與「去殖民地化」是一對概念,各方學者的定義與論述可說是大同小異。本文主要參考的論著列舉如下:三谷太一郎,〈まえがき〉,《岩波講座 近代日本と植民地 アジアの冷戦と脱植民地化》(東京:岩波書店,1993),頁5-18。若林正丈,〈台湾の重層的脱植民地化と多文化主義〉,收於鈴木正崇編,《東アジアの近代と日本》(東京:慶應義塾大学東アジア研究所,2007),頁207-221。川島眞,〈東アジアの脱植民地化・脱帝国化〉,收於川島眞、服部龍二編,《東アジア国際政治史》(名古屋:名古屋大学出版会,2007),頁208-209。

[18] 戰後初期,外國人登錄證中設有「國籍欄(出身地)」一欄,在日台灣人被登錄為「中國(台灣)」。1952年以後,登錄證中只有國籍欄而已。

圖5-2　1952年11月25日《東京華僑會報》第一版
（東京華僑總會／提供）

根據《東京華僑會報》第7號的報導，1952年9月29日起一個月內，日本全國將進行戰後第三次的外國人登錄證更新。報導中強調，過去登錄時，華僑的國籍欄中有些人被登錄爲「中國」、「中華民國」或「台灣」，這次將全部統一爲「中國」。由於實際上，還是有一些地方機關，進行登錄時並未登載爲「中國」，因此東京華僑總會向入國管理局提交陳情書。不久入國管理局再度指示各機關，必須統一登載爲「中國」。[19]由此可知，要求國籍登錄的國籍表記統一，確實是華僑總會幹部的要求。[20]然而，這個結果並非單方面因素造成。韓戰爆發後，日本開始受到來自美國的壓力，最終是與中華民國締結和平條約，但許多日本民間人士對社會主義以及共產主義具有共鳴，並強烈希望和中國大陸之間進行正常的往來。[21]這應該也是外國人登錄證的國籍欄統一記載爲「中

---

[19] 〈外国人登録の切り換え　国籍は中国に統一〉，《東京華僑会報》第7号，1952年10月23日，第一版。

[20] 日本華僑華人研究会編著，陳焜旺主編，《日本華僑・留学生運動史》（埼玉：華僑新報社，2004），296頁。

[21] 国分良成等，《日中関係史》（東京：有斐閣，2013），頁40-43。

國」的重要原因之一。當然，依照合理的推斷，這樣的妥協辦法必然也獲得國府的諒解。[22]換言之，在外國人登錄時把華僑的國籍都等登載爲「中國」，並非部分華僑一廂情願的產物。這樣的結果，應該是日本、國府與華僑三方妥協下的產物。

　　但是，左傾僑團強烈要求國籍欄登載爲「中國」的問題也不能忽視，因爲這些親共的僑團幹部，大部分都是台灣人。1948年之後，在日台灣人爲何會出現「左傾化」現象？筆者曾透過在日台灣人回憶錄與留學生報刊之分析，檢視其演變之過程。簡言之，其最主要的原因在於，許多在日

圖5-3　1950年8月28日《華僑民報》反美親共的報導（東京華僑總會／提供）

---

22 還有一種說法是，國府外交部與日本外務省的交涉過程中，國府方面反對使用「台灣」，因此最後採統一登記爲「中國」，但目前還找不到足以印證這項事實的史料。華僑國籍全部登記爲中國，應該是有多重的因素，重新檢視各種說法爲今後之課題。

台灣人對國民黨的統治甚感不滿，同時也反對過去的日本與當前的美國帝
國主義。在這種思想潮流的激盪下，學生團體與華僑組織逐漸傾向支持北
京政府。[23]此外，重新檢視當時台灣人在僑界報刊發表的論述可知，大致
也能夠理解追求「去殖民地化」的左翼在日台灣人，極力反對國籍欄被記
載爲「中華民國」的心境。另一方面，日本政府也不願採用尚無正式外交
關係的「中華人民共和國」之登載。在此情況下，將華僑國籍登載爲「中
國」兩字的方案，就成爲當時各方可接受的妥協案。[24]部分華僑要求登記
爲「中華民國」或「中華人民共和國」等，都被日本法務省拒絕。1964
年間，法務省民事局長還特別通令各地方法務局長，不論華僑認同歸屬北
京或台北政府，國籍欄一律登載爲「中國」。[25]正如後敘，這項原則直到
2009年才得以變更。

三、1960年代台灣人的永住權問題

前述「法126-2-6適用者」是一項暫時措施，依照規定在日台灣人、
朝鮮人並無居留年限的問題，如此一來這群人是否具有「永住權」呢？部
分台灣人強調，登錄不需要定期更新延長居留，就是已經取得永住權。筆

---

[23] 所謂「左傾化」並非完全僅是變成社會主義者，這群海外人士大致上是抱持反帝國主
義與中國民族主義的理念，並站在支持北京政府之立場展開政治活動。請參閱：何義
麟，〈戰後初期台灣留日學生的左傾言論及其動向〉，《台灣史研究》19：2（2012年6
月），頁151-192（收於本書第三章）。

[24] 〈永住許可申請手続　国籍欄は単なる中国人でよい〉、〈解説　区別された中国と中
華民国〉，《東京華僑總会会報》第6号，1952年7月19日，第一版。這兩則報導都在說
明戰前移居日本的台灣省民外國人登錄之手續。文中強調不需要護照，並且國籍的表記
都統一爲「中國」。這時，在日台灣人進行登錄時，只要同時申請永住許可，就可以得
到永住權。但實際上，這只是不設期限也沒有任何保障的居留許可而已。

[25] 〈台湾出身者の戸籍の国籍が「台湾」でなければならない理由〉，《台湾の声》
（2012年9月22日）。URL：http://www.emaga.com/info/3407.html）（2013年6月30日閱
覽）。

者訪談相關人士得知，實際上也有部分台灣人，並未獲得舊殖民地出身者的保障，登錄後每隔三年就要更新延長。合理的推測，這是處理業務之公務員的裁量權，應屬少數個案，因此暫不討論。這群舊殖民地人的更大問題是，「再入國」的申請受到嚴重限制。在日外國人要暫時離開日本，隔一段時間後要再回來者，可以依法申請「再入國」。但是，直到1965年日韓建交之前，絕大部分在日朝鮮人必須依大韓民國「在外國民登錄法」登記後，才能獲准申請「再入國」。若有特殊情況申請「再入國」許可，也都要經過嚴格審查，這時官員似乎擁有一定的裁量權。甚至有高官

圖5-4　日本法務省發行《再入國許可書》（吳修竹／提供）

表示，「再入國」申請者僅適用於擁有明確在留資格的外國人，「法126-2-6適用者」沒有在留資格，所以不能申請。[26]基本上，沒有獲得「再入國」的簽證者，就等於被關在日本這個大監獄裡面，這樣的壓迫當然讓人無法忍受。另外，「法126之子」還有另一項差別待遇的問題，他們雖然獲准居留，但每三年就要辦延長更新手續。

在日台灣人與朝鮮人處境同樣，若無中華民國的護照，要取得「再入國」的資格也相當困難。部分居留日本的舊殖民地人，並不支持反共的中國民國政府與大韓民國政府，甚至還進一步表明支持北京政府或北韓政府，但若沒有這兩個政府的護照，那就等同於「政治難民」，也可以說是

---

26 佐藤勝巳，《在日朝鮮人　その差別と処遇の実態》（東京：同成社，1974），頁60-81。

「無國籍者」。沒有出身國護照者，要到其他國家，除非有特別的理由，否則很難獲得「再入國」之簽證。面對這樣的困境，在日朝鮮人經1965年日韓建交並簽訂「日韓法的地位協定」之後，終於獲得改善。根據這項協定，在日朝鮮人之「法126」適用者，從1966年1月起5年之內，只要向出入國管理局提出申請，即可獲准「協定永住」，但僅限於擁有韓國籍人士。對於協定永住者，日本政府給予較多的保障，例如，一般外國人如果被處一年以上的徒刑，就會被強制遣返，但是協定永住者除非是觸犯七年以上重刑者，不會輕易被強制遣返。[27]此外，永住者還可獲得國民健康保險、兒童福利津貼與低收入補貼等社會福利之保障。由此可知，永住權之有無在個人權益保障方面有很大的差距。

圖5-5　1952年9月25日大阪地區發行的《華僑通訊》
　　　　（吳修竹／提供）

---

27 田中宏，《在日外国人──法の壁、心の溝 新版》（東京：岩波書店，1995），頁44-48。

　　日韓條約簽訂後，在日朝鮮人法律地位與社會保障方面皆有改善。在日台灣人有鑑於此，開始積極向駐日大使館及國內相關單位請願，要求盡速獲得同等的待遇。如前所述，以「法126-2-6適用者」居留日本的台灣人，其外國人登錄證明書中的在留資格欄是空白的。這樣居留資格不明的情況下，不僅有很多不方便，也讓人沒有安全感。因此，台灣籍僑民開始要求外交機關，向日本交涉簽定比照韓國僑民之協定永住權。因應僑民的要求，國府確實曾向日本提出交涉簽訂協定永住之要求。根據報導，日韓協定締結一週年的1967年1月17日，國府駐日大使陳之邁訪問外務省下田事務官，要求進行有關具有中華民國籍在日台灣人及其子孫的法律地位問題之交涉。對於項要求，下田事務官表示：法務省等關係各單位將進行協調，盡力依照在日韓國人法律地位協定之原則來檢討。[28]另一方面，駐日大使館爲安撫在日台灣人，隨後也召集支持國府的華僑團體幹部，成立「戰前在日台灣人法的地位對策委員會」。然而，半年後傳出消息，日本方面並無打算給予在日台灣人與韓國人相當的法律保障，而駐日大使館也沒有打算進一步交涉。反國民黨的台灣人得到這項情報後，大力宣揚這是「蔣駐日大使館對在日台灣人的背信行爲」。[29]

　　另一方面，支持國府僑團幹部組成的對策委員會，除了自我反省，也向各界表示歉意。1968年8月，中華民國留日東京華僑總會以陳正枝會長爲代表，向立法院僑政委員會提出「呼籲書」[30]，文件中爲表達台灣出身者對居留資格問題感到不安之心境，出現如下之描述：「然復一部分人士，認識不清，往往以爲此等台人之在日本永住資格，業經從此確定，此

28　林啓旭，〈「在日台湾人の法的地位」の問題点──蔣占領政権は台湾の主権者ではない〉，《台湾》第1巻第3号，1967年3月，頁1。這本《台灣》雜誌是台灣青年獨立聯盟在同年1月創刊的新雜誌。

29　〈在日台湾人に対する蔣駐日大使の背信行爲──『在日法的地位』の対日交渉はかくも簡単に流れてしまった〉，《台湾》第1巻第8号，1967年8月，頁37。

30　〈旅日台籍僑胞居留權〉，《外交部檔案》，中央研究院近代史研究所檔案館收藏，檔案：061/89003。

後可不必心存疑懼惴惴不安矣。殊不知此等見解，實屬錯誤，適足以暴露其對於此一問題並無深切之關心而已。」另外，他們對於子女居留簽證問題，也甚爲不滿。請願書中表示：「不但此也，此等台人戰後所生之子女，其在日所取得之滯在資格，均僅為三年，此亦眾所周知之事實也。」換言之，他們清楚地認識到「法126-2-6」之規定，只是爲解決台灣人及朝鮮人等殖民地住民之國籍問題，並給他們在日居留的暫定辦法。這些舊殖民地住民的基本訴求是頒布更明確的法令，保障其居留日本的法律地位。

　　日韓簽定的協定永住，並未解決所有在日朝鮮人的問題，實際上還有數十萬人不願意取得韓國籍，而無法取得協定永住。但是，大部分朝鮮人待遇獲得改善卻是事實，因此台灣僑民才會在呼籲書中提及：「然而在日六十餘萬之韓人居留問題，業經依據昭和四十年之日韓條約獲得解決，而對於不足二萬人之台灣省民之居留問題，迄今仍在擱置未予解決者，豈非一大矛盾乎。」面對華僑總會中台灣出身者的要求，外交部遲至隔年也就是1969年6月才在回覆函中表示，承認在日台灣人的特殊歷史背景，也贊同其居留資格問題應該特別處理。外交部回覆函中也強調，早在日韓協定簽訂之前幾年，已經跟日本政府進行交涉，函中第三點對整個經過說明如下：

　　本部鑒於戰前赴日台灣省籍僑胞之居留資格需待解決，乃於民國四十九年間令我駐日大使館試探日本政府對本案之態度，當時日政府表示，韓國僑民人數遠多於我國僑民，問題亦多，請俟韓國僑民問題解決後，再行商議。迨民國五十四年六月間，日韓結束十四年之漫長談判，在日韓僑問題乃告解決，雙方並簽訂「日本國與大韓民國間有關居住日本國之大韓民國國民法律地位及待遇之協定」，該協定之產生係基於日韓間特殊歷史背景，即韓國戰前為日本屬地，戰前赴日之韓人曾為日本國民之事實，予韓僑以較其他外僑為優渥之待遇。[31]

---

[31] 〈旅日台籍僑胞居留權〉，《外交部檔案》，中央研究院近代史研究所檔案館收藏，檔案：061/89003。

以上外交部的認知與說明，大致條理分明，日本想要先解決在日朝鮮人問題也是事實。但是，接下來回覆函中第四點的內容，則令人感到驚訝。因為，外交部似乎不認同台僑的主張，並表示要求獲得與韓國人相同的待遇，缺乏法理依據。原文如下：

我國戰前赴日之台灣省籍僑胞與戰前赴日之韓國僑民相較，有其相同之處，亦有其相異處。相同處為二者均曾為日本國民，其居留資格均未審查；相異處為

圖5-6　1953年9月25日東京地區發行的《華僑天地》
（吳修竹／提供）

日韓間在建交條約生效前並無邦交，韓國僑民係以「朝鮮人」之特殊身分在日居留，而我台灣省籍僑胞則早已恢復我國國籍，並與大陸各省籍僑胞在戰後同享戰勝國國民待遇，中日和約議定書內復訂明中日雙方相互對於對方之國民給予最惠國待遇，是故要求日方對台灣省籍僑胞給予與韓國僑民相同之特殊待遇，實乏法理依據；惟就事實言，戰爭結束前遷居日本之台灣省籍僑胞廿餘年來迄未獲得居留資格，其僑居身分未能確定，其情堪憫，自當早日設法謀求解決。[32]

---

[32] 〈旅日台籍僑胞居留權〉，《外交部檔案》，中央研究院近代史研究所檔案館收藏，檔案：061/89003。

　　外交部完完全全無視台灣人特殊歷史經驗的不同感受，這樣的論述當然讓僑團極度失望。請願書中明白要求政府，簽定比照日韓協定的「日華協定」，早日確定「台籍華僑之法的地位」，以獲得連同子女在內之完整的永住權，免於經常處在可能遭強制遣返之恐懼中，並同時能獲得各種社會福利保障等。但國府外交官顯然無法體會在日台灣人的期望，因此這項願望也遲遲未能實現。

　　另外一項值得注意的問題是，台灣青年獨立聯盟對國府的批判。當時，以在日台灣人及留學生為中心組成的獨立聯盟主張：根據國際法的原則，台灣的法律地位未定，因此交涉有關在日台灣人法律地位問題，日本政府應該直接與在日台灣人或其代表交涉。另外，還有反國府的「台灣人權利擁護總連合會」（1966年成立），在1967年1月發表「緊急聲明」。聲明文中表示：現在大多數的在日台灣人都相當不安地認為，「蔣政權」不顧台灣人全體之利益，這是「台灣人不在」的做法。另一方面，日本政府也不依照「清算處理五十年間殖民地總結」的原則，「在日台灣人之法的地位」可能受到不當的處置。另外，總連合會也於4月8日，在東京品川區立青年館舉辦「台灣人權利要求大會」，會中議決的「有關台灣人法的地位等請願書」，並將提交日本政府各相關單位。[33]這樣的要求似乎完全沒有得到任何回應，在1991年日本大幅修改外國人管理法令之前，在日台灣人還是被界定為，特殊且暫時性的「法126-2-6適用者」與「和平條約相關國籍脫離者之子」。[34]

---

[33] 林啓旭，〈「在日台湾人の法的地位」の問題点——蔣占領政権は台湾の主権者ではない〉，《台湾》第1卷第3号，1967年3月，頁1-8。〈台湾人の権利要求大会 日本政府に請願〉，《台湾》第1卷第5号，1967年5月，頁31-32。

[34] 這是在法務省工作人員實務手冊上的稱呼，請參閱：法務省民事局第五課国籍実務研究会編，《新訂国籍・帰化の実務相談》（東京：日本加除出版社，1990），頁182。

四、1972年前後台灣人的國籍問題

1969年外交部答覆東京華僑總會的要求時，國府的國際舞台處境已經相當不利，不僅是聯合國代表權岌岌可危，在此前後還陸續與多國斷絕邦交，這時國府早已喪失與日本談判之先機。相對地，對於這項問題日本方面的立場想法為何？當然也有必要檢視日方的外交文書。在2014年7月24日公開的日本外交紀錄中，筆者發現有關沖繩回歸交涉的相關檔案，曾討論到相關的問題。因為，日本為處理沖繩外國人居留問題時，對在日台灣人的法律地位曾有深入的檢討。例如，1970年外務省亞洲局中國課的文件中明確提到，中華民國大使館從1960年起就開始要求針對「在日元台灣人」的法律地位進行交涉，從1967年起這項問題的談判持續進行至今。[35]參照前述僑團請願的文獻來看，可以確認雙方曾持續地進行交涉，但令人遺憾的是，歷經十年的交涉竟毫無結果。整個談判過程，以及為何無法達成共識等問題，還有待今後持續的研究。

沖繩回歸日本的談判，美日兩國在1969年大致都已談妥，儘管台灣與韓國都一再表達反對之意，但並未發生任何作用。[36]儘管如此，日本官方對於居留沖繩的在日台灣人與朝鮮人還是小心翼翼地處置，深怕若有不慎，對管理外國人體制會產生衝擊。從外交文書來看，日本一開始就決定，「法126」是過去的暫行辦法，不可再次擴大適用於在沖繩的台灣人與朝鮮人（1953年奄美群島回歸時曾以法267號擴大適用）。另外，朝鮮人適用的「協定永住」之申請已經在1971年1月結束，也不擬延長適用或修訂。但相關單位都已再強調，居留者的權益都會獲得保障。例如，台灣人若在沖繩已取得永住資格，當然可以維持，在日朝鮮人則給予一般永

---

[35] 〈在日元台湾人の法的地位〉，《沖縄関係 出入域，外国人の法的位地 在沖縄紀国人の法的地位（1）》，日本外務省公開之外交記錄，外交史料館所藏，分類番號：A.3.0.0.7-1。

[36] 波多野澄雄，〈沖縄返還交渉と台湾・韓国〉，《外交史料館報》第27号，2013年12月，頁27-47。

住，其他應有的附帶權益，將以特別考量方式給予保障。但是，政策的討論過程中，外交官員也特別強調，如果直接給予所有沖繩台灣人永住者之永住權，將造成沖繩與本國的居留者之差別待遇問題。[37]因為，沖繩的規定比較寬鬆，部分戰後來到的台灣人也取得永住者資格。最後，隨著1972年「有關因應沖繩回歸特別措施之法律」實施後，永住許可的條件確實有放寬，讓一些居留沖繩的外國人獲得「一般永住」。[38]

在日本處理沖繩外國人的檔案中，可以發現一個特殊現象。亦即，相較於本土的外國人，沖繩的台灣人多於朝鮮人，總數計共2,605人，其中永住者230人，而真正戰前就住在日本的永住者只有118人（其餘為戰後入境的永住者）。而朝鮮人總數才215人，其中永住者5人，半永住者3人（戰後商務簽證入境定居者）。朝鮮人的人數不多，也是日方不願意修改協定永住規定的原因之一。而對台灣人方面，官方主要強調目前在跟中華民國交涉永住協定之問題，不宜產生特別優惠在沖繩台灣人之前例。[39]然而，如果從官員訪談調查八重山的在日台灣人的紀錄可知，他們期盼的不僅是永住權，進而也想直接申請歸化，但最大的障礙竟然是來自中華民國。當時受訪的台灣同鄉會會長林發表示：「有些戰後才移居八重山者，未能獲得永住資格，我曾建議他們向琉球政府以無國籍身分申請歸化，這件事原本順利進行，沒想到竟受到中華民國政府阻擾而失敗。這件事絕無不良企圖，而是萬不得已才這樣做。」另外，同一檔案中還有以林發為同鄉會會長身分，在1970年5月提出的陳情書中也提到：「三年前我們同胞中有幾個家族，以無國籍者身分申請歸化，並獲得許可，今日我們看到他

---

[37] 〈在沖外国人の在留資格〉，《沖縄関係 出入域，外国人の法的位地 在沖縄外国人の法的地位（1）》，日本外務省公開之外交記錄。

[38] 佐藤勝巳，《在日朝鮮人 その差別と処遇の実態》，頁96-98。

[39] 〈在沖外国人の在留資格〉，《沖縄関係 出入域，外国人の法的位地 在沖縄外国人の法的地位（1）》，日本外務省公開之外交記錄。

們以日本人的身分在法律庇護之下活躍著，真讓人萬分羨慕。」[40]由此可見，住在沖繩的台灣人，居留方面上有很多困擾。這裡提到歸化的成功例子與失敗例子，還需要進一步確認。但不論如何，他們當時積極尋求歸化應該是很明確的事實。

在此前後，國際局勢出現很大的變化。1971年10月，國府宣布退出聯合國，其代表權席位被中共所取代。1972年3月，美國總統尼克森前往北京訪問，隨後簽定《上海公報》。由此，在美國主導下新的台灣海峽維持現狀的國際秩序正式形成。[41]同年9月29日，中共與日本發表「共同聲明」，宣布即日起建交，同時日本也與國府斷交。這時，華僑的法律地位再度受到關注。在此前後，許多華僑開始積極申請歸化，甚至也有人企圖取得中華人民共和國護照。國府為了爭取華僑的支持，此時態度竟一百八十度轉變，表明將修改國籍法放寬放棄國籍之條件。例如，放寬對未成年子女不能放棄國籍之限制，同時刪除男子要服完兵役才能放棄國籍等要求，並且以取得脫離國籍證明書為歸化日本的必須首要條件。為此，據說這次的決定對華僑歸化日本有所助益。另外，對持中華民國籍之海外僑胞的護照更新，也決定從過去每3年延長為6年。[42]

實際上，這些規定的修法無法馬上完成，而辦理歸化日籍又必須出示放棄國籍證明書。因此，國府乃決定在斷交前就授權在日本的各駐外單位，大量發給華僑放棄國籍證明書。[43]根據官方統計，1972年放棄國籍華僑共5萬2千餘人，其中具有永住權者約2萬2千人，長期居留者約1萬7千

---

[40]〈八重山在住台湾出身者の処遇〉，《沖縄関係 出入域，外国人の法的位地 在沖縄外国人の法的地位（1）》，日本外務省公開之外交記錄。原文日文，筆者中譯。

[41]這樣的台灣海峽新秩序，日本學者稱之為「七二年體制」。有關這個概念，以及戰後台灣的國際秩序轉換問題，請參閱：若林正丈，《台湾の政治──中華民国台湾化の戦後史》（東京：東京大學出版会，2008），頁110-120。

[42]陳祖華，〈日匪『建交』後的旅日華僑問題〉，《聯合報》，1972年9月30日，第2版。

[43]有關台日斷交後，大量台灣人歸化日籍的問題，請參閱：松田良孝，《八重山の台湾人》（沖繩縣石垣市：南山舍，2004），頁126-178。

人，其他留學生或商人約1萬3千人。國府一再強調，雖然與日本斷交，但持中華民國國籍居留當地，絕對沒有任何問題。[44]其中所謂永住權者，應該是指適用「法126」的台灣人，實際上他們獲得「一般永住」者並不多。據此，之前國府的說明無法讓華僑安心，無疑加速了華僑歸化日本的行動。據厚生省的統計，1971-1975年這5年間歸化的在日中國人依序有249人、1,303人、7,338人、3,026人、1,641人。[45]從這個數字的變化可看出，1973年歸化者的人數高達7,338人，反映了當時華僑社會的緊迫感。

　　這個時期，在華僑團體機關誌頻繁地刊登了歸化與國籍問題的相關事情。根據報導，在日外國人登錄的統計，1972年5月底華僑總數為54,870人（含沖繩華僑1,906人），到了年底減為48,089人，1973年7月底再減為46,673人，一年之間減少8,197人。[46]這8千多人應該就是指放棄國籍者，但是他們是否辦理歸化日籍，或是取得中華人民共和國籍，還是變成只持有永住權的無國籍者，無法進一步得知。當然，歸化日籍後又恢復國籍而變成雙重國籍者，應該也不少。不論如何，到了這個階段，在日台灣人關注的焦點已經不是永住權問題了。因為，1981年出入國管理令修訂時，日本引進可以用特例許可「永住」之制度（特例永住），由此解決了過去「朝鮮籍」無法解決取得協定永住的問題，且台灣人也可比照辦理。1991年出入國管理法再修訂，並制定「根據對日本國和平條約規定在該條約最初生效日脫離日本國籍者等之出入國管理相關特例法（簡稱：入管特例法）」，將具有相同歷史脈絡的「法126」、「法126之子」、「協

44 〈旅日華僑居留問題，日本將採取新措施〉，《聯合報》，1972年10月1日，第2版。
45 過放，《在日華僑のアイデンティティの変容──華僑の多元的共生》，頁74-77。
46 支持中共反國民黨政府的僑團「台灣省民會」，在其發行的機關刊物《台灣省民報》中，出現大量批判國籍問題相關的文章，簡單列舉如下：大肚溪，〈けじめのつけ方〉，《台湾省民報》第9号，1974年3月1日，第7版。〈「二重国籍」の行方〉，《台灣省民報》第7号，1974年1月1日，第8版。〈せめて願わしい事は〉，《台湾省民報》第8号，1974年2月1日，第3版。小心，〈〔投稿〕「二重国籍」の災禍〉，《台湾省民報》第29号，1975年11月1日，第8版。

定永住」、「永住（特例永住）」等一併納入新法管理。[47]這項法令可說是問題總清算，經過這次修法，舊殖民地出身者的問題大致告一個段落。

五、結語

　　1945年以後，在日台灣人的法律地位一直不夠明確，而受盡各種差別待遇，國籍欄也被登錄為「中國」。這樣的情況下，台灣人幾乎沒有表達意見的機會，但從以上有限的檔案史料中，我們還是可以了解他們的部分心聲。從東京華僑總會的呼籲書看到，在日台灣人居留權沒有保障，其法律地位一直處於不明確的狀態。然而，國府官員似乎並未體諒其處境，也不曾積極展開外交談判。從八重山台灣同鄉會長卑屈的陳述中，讓人明確地感受到在日台灣人的悲哀。對「無告之民」而言，不論永住權或歸化都是奢侈品，想要獲得這兩種東西都要面對重重的阻礙。直到台日斷交前夕，官方才真正採取一些協助華僑居留日本的措施，但很諷刺的是，祖國給予最有效的幫助方法竟然是，發出放棄國籍證明書。台日斷交後，台灣方面雖然無法再透過外交管道，爭取改善華僑或在日台灣人的處境。但如前所述，因日本持續修訂外國人管理法令，在日台灣人的法律地位，大致獲得比較確實的保障。

　　除了日本法令修改，在日台灣人的動向也值得注意。1990年代台灣民主化之後，台日雙方交流從「日華關係」變成「日台關係」，部分在日台灣人為追求名正言順的關係，開始推動所謂「正名運動」。2001年6月11日，日本台灣同鄉會成立「正名運動計畫小組」，要求將在日台灣人的外國人登錄證明書之國籍記載，從「中國」改為「台灣」。隔年3月16日在台北召開的「世界台灣人大會」，主題為「台灣正名、國家制憲」。2002年4月23日，支持台灣的日本國會議員提出首次有關登錄證國籍登錄問題的質詢，而後運動不斷擴大。2009年2月20日，主導者還要求日本

---

[47] 田中宏，《在日外国人——法の壁、心の溝 新版》，頁44-48。

法務省、外務省、總務省等官員，召開相關的討論會。最後，終於在同
年3月6日，由內閣向參眾兩院提出修訂過去入國管理法之新法律案，在
同年7月15日，正式通過法律第79號之「改正入管特例法」。根據新法的
規定，3年內將實施的外國人「在留卡」制度，新卡上「國籍・地域」欄
中，台灣出身者開始可以登記爲「台灣」。[48]

　　2012年7月9日，新的在留卡發行首日，不少台灣人興奮地前往品川
入國管理局申辦。[49]根據台灣記者的專書，有關在留卡的台灣表記，台灣
的官民各界都大表歡迎。[50]2013年3月18日，日本法務省出入國管理局發
表2012年在留外國人數統計，這次是設置「台灣」欄目後首次發表的統
計數字（到2011年末爲止的「中國」人數統計包括台灣在內），這份統
計表顯示：2012年台灣籍人數總計22,779人，占在日外國人中1.1％的比
例。[51]因爲是新制實施後初次統計結果，未來推測會再微幅地增加，這項
改變確實解決了不少在日台灣人在認同上的困擾。從在日台灣人的歷史角
度而言，這項變化應該是一個重要的里程碑。

　　當然，或許也對某些日本華僑帶來困擾。例如，部分擁有中華民國籍

---

[48]　〈台湾正名運動の歩み（2001年6月11日-2012年7月9日〉，《台湾の声》（2012年7月
　　10日）。URL：http://www.emaga.com/info/3407.html（2013年6月30日閱覽）。新的
　　「改正入管特例法」全名爲：「出入国管理及び難民認定法及び日本国との平和条約に
　　基づき日本の国籍を離脱した者等の出入国管理に関する特例法の一部を改正する等の
　　法律案」。

[49]　連根藤，〈日本政府還台僑和台湾住民台湾国籍〉，《台生報》第559号，2012年7月25
　　日，第一版。

[50]　張瑞昌，《啊！日本　平成年間的巨變與羈絆》（台北：INK印刻，2012），頁58-
　　61。

[51]　日本法務省入國管理局網頁第1表：「平成24年末における国籍・地域別在留外国人
　　数」。URL:http://www.moj.go.jp/nyuukokukanri/kouhou/nyuukokukanri04_00030.html
　　（2013年6月30日閱覽）。這個表中附有以下的說明：「平成23年爲止『中國』的人數
　　包含台灣，平成24年的『台灣』人數，是指中長期在留者與特別永住者已經領取在居留
　　卡或特別永住者證明書，並在其國籍・地域欄改爲『台灣』者之人數。」

的華僑，一家三代都未曾居住於台灣，如何能說服他國籍欄填寫台灣呢？這也是認同中華民國華僑的困境。[52]但是，這也不是包括在日台灣人在內所有中華民國籍華僑的真正問題所在。因為，「在留卡」的變更只是一時權宜之計，並非根本解決之道。眾所周知，試圖解決台灣的國際地位問題，採用「國籍・地域」一詞，本身就是一個妥協的產物，台灣成為一個「地域」的稱呼的本身，剛好突顯自身所處的困境。未來，唯有台灣的國際地位明確化，海外台灣人的身分與地位才能獲得真正的保障。筆者相信，以上探討在日台灣人法律地位之變遷，不僅是歷史研究的課題，同時也是思考台灣未來發展時重要的實務性課題。

---

52 伴隨著台灣民主化，許多象徵中華民國的國家符碼出現很大的變化，一部分熱愛中華民國的所謂「愛國華僑」不太願意接受，其中以韓國的華僑最為明顯。有關這個問題，請參閱：王恩美，《東アジア現代史のなかの韓国華僑》（東京：三元社，2008），頁433-478。

第六章　歸化日本籍台灣人的返鄉之路

一、前言

　　戰後，不少戰前即移居日本的台灣人持續居留，在媒體的報導中，這些舊殖民地人往往都被稱爲「日本華僑」。但是，台灣人與華僑的歷史經驗不同，因此還是有必要分開討論。日本帝國瓦解後，舊殖民地住民持續居留母國，是一種特殊情況，華人「僑居」的概念可能無法充分說明其處境。而且，殖民地時期台灣人原本即非以華僑身分居留日本，戰後也不可能一夜之間就融入華僑社會。「在日台灣人」是相當特殊的存在，但其「在日」問題未受重視。日本學界所謂「在日」，幾乎等於指在日朝鮮人問題。台灣人與朝鮮人「在日」，其歷史背景不同，戰後的處境也不太一樣。在日朝鮮人爲了爭取自己權益，許多社會菁英與團體都奮起抗爭。相對地，台灣人並未展開激烈的抗爭。與在日朝鮮人的處境比較起來，台灣人面對的問題也不少，他們如何在夾縫間求生存？這段歷史應該要深入地探討，不應任其湮滅而遺忘。

　　爲了尋訪戰後在日台灣人的足跡，近年來筆者曾投入有關1946年發生在東京的「澀谷事件」之研究，該事件是日本警察粗暴鎮壓在日台灣人攤商之事件，而後在審判過程中又突顯出在日台灣人法律地位不明的問題。筆者認爲若從時間順序來看，「澀谷事件」是在日台灣人受時局擺弄的序曲，而後的二二八事件、國共內戰之擴大與延續，以及東亞冷戰體制的確立等，才是製造台灣人國家認同分歧與國籍選擇困擾的主要原因。了解這個歷史脈絡，才能體認在日台灣人的處境與心境。然而，分析一個群體國族認同的變化，勢必出現無法既詳述其時代背景，又兼顧不同人物認同分歧的問題。或許尋找一名代表性人物進行討論，是一個可行的解決辦法。因此，筆者選取一位在日台灣人蔡朝炘（日本姓名：三吉勝夫）爲代

表，試著透過其生平事蹟，介紹並說明在日台灣人在各階段的處境及其國家認同之轉折。[1]

　　經歷數次國籍變更的蔡朝炘先生，1925年出生於彰化和美庄月眉，1938年台中師範學校附屬公學校畢業後，即赴東京進入明治學院中學部就讀，1944年考入青山學院工科專門學校，隨即因戰時動員被派赴東京近郊海軍研究所工作，戰爭結束後再回專門學校繼續求學，直到1947年3月才畢業。戰後，因東京住宅短缺，故復學後即遷入清華寮（戰前的高砂寮），畢業後到貿易公司上班仍繼續住在學寮，並積極參加宿舍內外的學生政治運動。直到1952年8月8日，蔡氏因參加是年5月1日勞動節的示威遊行遭到逮捕，才離開清華寮。這次日警的搜捕，是選在「日華和平條約」生效三日後，即台灣人正式喪失日本國籍後才採取逮捕行動。雖然，蔡氏被拘留20天後無罪獲釋，但往後還是繼續遭日本公安警察監視，直到1972年日本與中共建交才解除。這次被捕獲釋後，他依然繼續從商並參與華僑團體的政治社會運動。

　　由於蔡氏對社會主義的嚮往，並對新成立的中共政權抱有高度的期待，故積極參與支持中共的活動。1972年日本與中國建交之後，他取得了中華人民共和國之護照，但是隨後他對中國的嚮往日漸消逝，反而是返鄉的期盼日漸提高。因爲過去長期親共的政治傾向，蔡氏也被國民黨政府監視，並列入黑名單而無法返台，即使他在1985年歸化日本籍，還是無法拿到返台的簽證。直到1993年初，在親人熱心地奔走下才得以入境，在家鄉見到高齡93歲的母親。從1941年暑假最後一次返台，相隔52年才得以回到故鄉，如此特殊的經歷，充分見證了在日台灣人被時局擺弄的命運。[2]以下就以蔡氏之經歷爲主軸，回顧戰後在日台灣人各階段所面臨的

---

[1]　有關公開介紹蔡朝炘生平事蹟一事，獲得其本人之同意，本書之研究主要也是來自蔡先生的鼓勵與協助，謹此表達誠摯的謝意。

[2]　《蔡朝炘先生手稿文件集》（未刊稿，2010）。文件集除彙整蔡先生提供之手稿與文件之外，筆者也進行口述訪談。這段簡歷介紹是整理以上相關資料而成。

問題。筆者相信，一個人的生命歷程之故事，比任何學術性分析與詮釋，更能說明歷史問題的複雜性。

二、清華寮學生的組織與活動

　　戰後，在日台灣人變成華僑，因而造成日本華僑社會之人數出現劇烈的變化。由於統計上的分歧，詳細的人數不擬介紹。若以整體趨勢來看，戰後華僑與在日台灣人的人數，隨著遣返作業的進展而快速遞減。以1949年前後較穩定時的人數為準，包括留學生的日本華僑將近5萬人，其中半數為台灣人。根據當事人的印象所述，4萬多的華僑之中留學生估計約2千多人，其中台灣學生居半數以上。再以社會人士與學生整體而言，台灣人資產階級或知識分子的比例相當高，而中國大陸出身者，以勞工或餐飲與商店經營者之比例較高。[3]

　　若從居住區域來看，華僑與台灣人主要都是集中居住在東京橫濱地區與京都大阪神戶地區，第三位集居地為長崎。日本與世界各地的華僑社會一樣，大致有其共通性。例如，日本華僑社團並不排斥歸化日本籍者，所謂血緣、地緣、業緣等三緣團體林立，還有共同墓地及關帝廟信仰等，所謂華僑三寶僑團、僑校、僑報全部具備。但是，日本華僑社會也有其特色。例如，全日本統合性華僑聯合會是戰時被迫成立，而延續到戰後的團體。留學生方面則包含台灣出身者、中國出身者、華僑子弟等三大類。由於新留學生未到，人數隨著時間遞減，但大多數人畢業後並未返國而成為了華僑。這群留學生與華僑曾組成各類的團體，戰後初期兩類團體都出現台灣人與華僑間的磨合問題，經過一番重組，到1950年初再度分裂為支持中共僑團與支持國府僑團，兩個系統對立的局面。這種對立延續至今，未來如何演變還有待觀察。

---

[3]　戰後日本華僑與在日台灣人的人數有各種統計數字，但何者準確很難判定。本文所提推估數字參閱：菅原幸助，《日本の華僑（改訂本）》（東京：朝日新聞，1991），頁111。

　　1945年8月15日以後，日本戰敗的消息在各地傳開，許多在日台灣人立即積極地組織同鄉會與學生會等互助組織，試圖以團體交涉方式維護自己的權益。同年9月，東京出現了兩個「台灣同鄉會」，其中被認為主流派的是以高天成為會長的同鄉會，該會接收了東京車站前大樓內原本是台灣總督府東京事務所，以此作為據點，迅速地展開解決在日台灣人生活方面與歸國問題之交涉聯繫工作。隔年，部分同鄉會內幹部認為，要保衛同胞的利益，必須組織統一的僑民團體，因此台灣同鄉會與華僑團體開始討論合併問題。該年5月，東京台灣同鄉會正式與東京華僑聯合會合併，執行委員台灣人20名，中國人15名，由此可知台灣人在人數與幹部人才都居於優勢地位。[4]此外，在此之前的4月21日，中國出身華僑與台灣人共同組成的「留日華僑總會」已先成立，同時也決定要求各都道府縣之地方團體統一稱為「○○華僑聯合會」，此後大部分台灣人都參加了地方華僑團體，雖然許多團體是由台灣人掌握領導權，但實質上台灣人全體也被納入華僑團體，而後日本各地再度出現的台灣同鄉會，都是日後重新成立的團體。

　　另一方面，在日台灣留學生也迅速集結，1945年10月28日「台灣學生聯盟」在東京女子大學講堂召開成立大會，入會的成員約達2千名。學生聯盟為開展業務，除了與台灣同鄉會取得緊密聯繫外，也將原本由台灣總督府設立掌控的「高砂寮」（東京文京區茗荷谷車站附近）接收，並採納曾任教於東京高等師範學校的陳蔡煉昌[5]之提議，將宿舍更名為「清華寮」，由住宿生自組營運，這裡也成為往後台灣學生參與政治社會運動的根據地。

　　當時住在清華寮的蔡朝炘不僅參加台灣學生聯盟，也擔任第二期執行

4　日本華僑華人研究會編著，陳焜旺主編，《日本華僑‧留學生運動史》（埼玉：日本僑報社，2004），頁219-221。

5　根據2006年國立台灣師範大學國文系六十週年時完成的編年史稿記載，陳蔡煉昌1912年生於台中豐原。戰後，自日返台後，1946年7月1日就任省立師範學院國文專修科教授。

部的聯絡部長。[6]但隔年起,台灣學生聯盟和同鄉會一樣,開始與中國留學生團體洽談合併之事。當時,雖然有部分聯盟幹部有不同的意見,但因以中國留學生可擁有戰勝國國民身分一事,還是具有相當大的吸引力,在此情勢下,1946年台灣學生聯盟併入中國留學生團體。[7]從蔡氏的證言可知,促成合併的最主要原因在於,與中國留學生團體合併成為戰勝國國民可以解決最迫切的經濟問題。但是,因殖民地差別待遇進而強化了台灣人的漢民族意識,應該也是選擇認同中國的一項重要因素。

　　1945年11月26日,東京地區中國出身的留學生也舉行「中華民國留日學生東京同學會」成立大會,會場選在由「大東亞學寮」改名而成的中華青年會館。翌年,透過東京同學會與日本各地留日學生的聯繫後,決定在5月22日成立「中華民國留日同學總會」,成立大會上駐日代表團第二組副組長謝南光親臨致詞。隨後,各地方自行組織區域的留日同學會,留日學生團體聯繫上的組織架構由此確立。此時,台灣學生聯盟也與「留日東京同學會」進行接觸,洽談合併之事。12月間,學生聯盟正式納入留日東京同學會,並成為留日總會

圖6-1　1946年底的清華寮,看板右邊為蔡朝炘
　　　　(蔡朝炘／提供)

6　《清華寮OB會會報(1)》(東京:清華寮OB會,2002),頁24。會報由蔡朝炘先生提供,僅發行一期。

7　日本華僑華人研究會編著,《日本華僑・留學生運動史》,頁54-64。

之加盟單位。留日同學總會由中國學生出任會長，台灣學生出任副會長，幹部也幾乎各占一半。在此留學生團體整合時期，盟軍總部對日本政府指示，必須對戰勝國留學生發放救濟金與糧食特別配給。這項盟總的救濟辦法，對生活窮苦的學生有很大的幫助，最初救濟金的發放還算順利，清華寮也成了發放留學生救濟金的重要據點。雖說台灣學生聯盟已經解散，但是以清華寮為據點的活動還是持續展開。並在日後，透過台灣出身者的住宿生的人際網絡，其聯誼聚會仍然活躍。例如，離開學寮後少數人的聚會不斷，2000年以「清華寮OB會」之名再度聚會，2002年發行會報等等，便是最具體的證明。

　　清華寮是台灣學生的活動據點，但大部分台灣學生並不支持國民黨政府，這其中有諸多因素所造成。首先，有關救濟留學生之事各界都有共識，而救濟金或救濟物質的統籌，主要都是交給中國駐日代表團負責，但很快地就傳出代表團負責人將救濟金中飽私囊的消息，這是台灣學生對國民黨政府失望的主要原因之一。[8]同一時期，有關二二八事件的消息也陸續傳來，國府腐敗、獨裁等反民主的負面形象更為強化。根據住宿生的描述，當時宿舍內就如同是大家庭，共同開伙，許多人熱心學習「國語（北京話）」，經常串門子談論祖國發展與自己的未來，許多人崇拜毛澤東，確信共產主義革命必將獲得勝利，整個宿舍的氣氛簡單地說就是「信奉社會主義的青年集團」。[9]根據學者的研究，在國共內戰期間國民黨在媒體的宣傳上，國府一直處於劣勢。[10]不僅在中國，國府在日的宣傳顯然也是失敗的，為何國府無法獲得日本僑界的支持，只要從清華寮變成左翼青年據點的例子就可看出端倪。根據住宿生回憶，清華寮沒有正式的政治性團體組織，但是支持中共的氣氛濃厚。連同包括埋首讀書不管時局變化的住

8　日本華僑華人研究會編著，《日本華僑・留學生運動史》，頁70-74。

9　《清華寮OB會會報（1）》，頁10。

10　有關國民黨宣傳失敗的因素，請參閱：高郁雅，《國民黨的新聞宣傳與戰後中國政局的變動（1945-1949）》（台北：台灣大學出版委員會，2005）。

宿生在內，反對國民黨統治應該是大多數人的共同想法。

　　根據寮規，寮生是結婚後才必須退寮，而非畢業後就要馬上搬離，因此許多寮生畢業後還是繼續住在宿舍內，蔡朝炘就是其中之一。蔡氏畢業前原本獲得日本公司的採用，但因已不具日本國籍而被取消資格，不得已只好到華僑開設的貿易公司上班。在他打聽後得知，可利用戰勝國民的特權從事進出口貿易，這項工作讓他獲得了相當豐厚的收入，甚至還購買當時稀有的汽車代步。戰後日本經濟衰退，許多在日台灣人生活相當困苦。但是，也有部分華僑與在日台灣人，利用戰勝國國民或「第三國人」[11]的特權，私自占用土地房屋或以靈活的手腕做生意，而累積了不少財產。甚至也有少數人在成為暴發戶之後，以此財力迎娶當時沒落華族之女兒，打入日本上流社會。透過蔡朝炘的證言，我們可以進一步了解，戰後在日台灣人境遇的多元面貌。他們並非全都成為受害者或被壓迫者，部分在日台灣人在亂世之中迅速累積財富並獲得階級上升的機會，這項讓人意料之外的事實也不可忽視。[12]

　　蔡朝炘在從事進口貿易活動同時，也獲得外界報導關於中國局勢的消息，這時他一直努力地將消息傳遞給清華寮的學生。隨著國共內戰國民黨政府節節敗退，更證實各界對其即將沒落瓦解的預言，青年學生當然也都敏銳地感受到這個氣氛。在此同時，日本學術界與新聞界對於中共的崛起，也都抱著相當的期待並給予高度的評價。在以上這些資訊傳遞因素的結合下，自然促使台灣留學生急速傾向支持「新中國」，左傾留學生勢力更加膨脹。面對這樣的情勢，1950年以後國民黨開始逐步強化對華僑與留學生的監控，並著手組織效忠國府的僑社和留日學生團體。[13]

---

[11] 台灣人取得中國駐日代表團發給的「華僑臨時登記證」，即可被認定為中國籍，若未登記則屬未取得新的國籍的原日本人，因非戰勝國亦非戰敗國國民，故稱為「第三國人」。

[12] 《蔡朝炘先生手稿文件集》（未刊稿）。

[13] 《蔡朝炘先生手稿文件集》（未刊稿）。日本華僑華人研究會編著，《日本華僑‧留學生運動史》，頁83-88。

三、「新中國」成立前後之衝擊

　　戰後經過整合的華僑團體，各地「○○華僑聯合會」紛紛成立，統合全日本僑社的留日華僑總會也積極地展開活動。1947年4月26日，華僑總會召開第二次大會，選出的幹部從會長以下台灣人居多數。總會爲了強化會務，新設下列各組各室，其負責人也幾乎都是台灣出身者，包括經濟組長：劉啓盛，股長：吳修竹；社會組長：林澄沐，股長：陳蕚芳；會計室長：林清文，股長：蔡錦聰。[14]經過了澀谷事件的衝擊、二二八事件屠殺台灣人，以及代表團官員私吞留學生救濟金等問題之後，國民黨的腐敗與無能飽受台灣知識分子的批判。這群包括華僑總會副會長甘文芳、執行委員劉明電等激進派台灣人，可以說都是屬於親共人士，總會在這些人掌握下，其活動當然日益左傾。

　　在日台灣人與留學生支持中共，二二八事件的消息傳遞應該是一項關鍵因素。國府對於二二八事件，一開始就採取定位爲共產黨陰謀事件，且政府採取宣撫與寬大處置辦法，因此不准台灣民眾再持續討論。然而，對於人在異邦的留學生而言，最迫切需求的當然是家鄉現況、親人安危的消息，封鎖消息或避而不談，勢必加深對政府的不信任感。1948年2月，東京華僑聯合會在京橋公會堂舉辦「二二八起義」的集會，除了追悼死難者，也聲討國民黨的暴行，此時日本各地華僑團體也有類似活動。[15]1949年2月，親共的台灣學生爲核心所組成的「民主中國研究會」，印發一部署名林木順的《台灣二月革命》，詳細說明二二八事件之前因後果。《台灣二月革命》是一本在香港出版的日文著作，眞正的作者應該是台共幹部楊克煌，該書內容強烈批判陳儀政府統治與國府武力鎮壓。此種觀點的書籍流傳，當然更加增強對於國府統治的不信感。在日台灣學生基本上是以日文來掌握世界情勢，當時日本的媒體對新中國的報導充滿善意，因此在日台灣人受到新中國所宣傳的內容而受吸引，應該是很自然的一件事。

14　日本華僑華人研究會編著，《日本華僑‧留學生運動史》，頁223-228。
15　日本華僑華人研究會編著，《日本華僑‧留學生運動史》，頁261-265。

　　各地華僑團體大多會發行刊物，這些刊物都掌握在台灣知識分子幹部手上，他們對二二八事件都相當關懷並積極報導。以下的歌謠，多少可以反映他們對事件共同感受。1949年神戶發行的《華僑文化》中，出現一首描述事件後的「台灣紀行歌」，作者署名：憔悴兒，其真實身分已不可考，故不知其是否為台灣人。歌詞內容如下：

> 風絲絲，草離離，乾坤不變世事移。
> 美麗島，地盤肥，四時八節風景好，春耕夏種足維持。
> 鄭先民，費心機，整頓蓬萊稱寶島，教民以禮讀詩書。
> 清朝官，壞東西，將我台灣送外夷，五十一年酸和苦。
> 思祖國，暗傷悲，忽傳解放喜光復，哪知暴政換陳儀。
> 二二八，連環殺，賢明志士半西歸，英魂地下冤難訴。
> 望同胞，善為之，建設自由開活路，發揮手腕救鬚眉。
> 普教育，定規章，政綱自主收權益，造成幸福莫遲疑。[16]

　　這是一首描寫台灣之行相關感觸，雖韻律不完全合體例，但應該可說是具現實主義精神的新樂府詩。前半對台灣歷史的認識，或許與現在有些落差，但是對於事件後的描述，充分反映出在日台灣人的悲憤與期待。[17]

　　1948年10月16日，前述華僑總會中台灣出身的幹部集結起來，另外成立「華僑民主促進會」（簡稱「民促」），該會之綱領明確標舉：「支

---

[16] 《華僑文化》第10號，1949年9月21日，第6版。戰後初期台灣人與華僑發行的報刊雜誌，部分收藏於日本國會圖書館憲政資料室「プランゲ文庫」：http://www.ndl.go.jp/jp/data/kensei_shiryo/senryo_prange.html（瀏覽日期：2010.12.10）。

[17] 有關古典詩的體例，學友黃惠禎提供說明，謹此致謝，相關文獻請參閱：褚斌杰，《中國古代文體學》（台北：台灣學生書局，1991），頁134-137。有關以古典詩表達台灣人對二二八事件的感觸之研究已有專論發表，請參閱：廖振富，〈猶有宿根摧未了，春來還可競芳菲——與「二二八事件」相關之台灣古典詩內涵析論〉，中正大學主辦《張達修暨其同時代漢詩人學術研討會論文》，2005年6月25日。

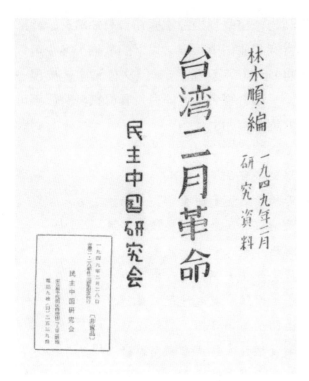

圖6-2　《台灣二月革命》1949年東京版之封面與版
　　　　權頁（蔡朝炘／提供）

持共產黨的『祖國解放戰爭』」，實際上也是中國共產黨在日代言團體，成立後開始迅速展開支持中共的聯絡與宣傳。民主促進會設立後，各地區華僑也熱烈回應。隔年初，在大阪成立「華僑新民主協會」本部，而後又於京都設立分部，4月2日再成立神戶分部。這類標榜追求「民主」的傾共團體，在其他地方也有呼應的團體成立，其較溫和的口號是：「促進國內眞正之和平統一，建設富強之新中國。」其活動之具體目標爲：「反對日本政府欲實施的新外國人稅金制度、外國人財產取得政令」等，以保障華僑之生活權。[18]但這類團體在活動過程中極力攻擊國民黨政府，抨擊駐日代表團無力保衛華僑權益，並干涉華僑民主自治運作。同時，民促也大力宣揚共產黨的和平宣傳攻勢與組織聯合政府之主張。在中共政權成立的前一年，隨著共軍的優勢日益明確，日本東、西兩大華僑聚居地的僑民，在以台灣人爲核心的激進幹部帶領下，僑社支持中共的勢力也迅速擴大。

　　除了標榜「民主」的僑社串連支持中共外，1949年7月11日，華僑民主促進會還發行機關誌《華僑民報》旬刊。該刊第一期題爲〈在日華僑何

18　〈華僑新民主協會神戶分會發會式〉，《華僑文化》第5號，1949年4月21日，第6版。

處去〉之專欄文章，文中明確指出：「中國人民民主革命的全國性勝利已
經是時間的問題，因此華僑聯合會或華僑總會，到底要成為進步的自治機
關還是成為反動的御用機關？如今正站在重大的分歧點上。」[19]這裡所謂
的「進步」是指中共，而「反動」則是指國府，其論述上之政治立場已經
清楚表明。同年10月11日，《華僑民報》發行第8號，大力慶祝「人民政
府」的誕生。[20]從這一期的內容可看出，該刊已經成為宣揚中華人民共和
國建國之刊物。

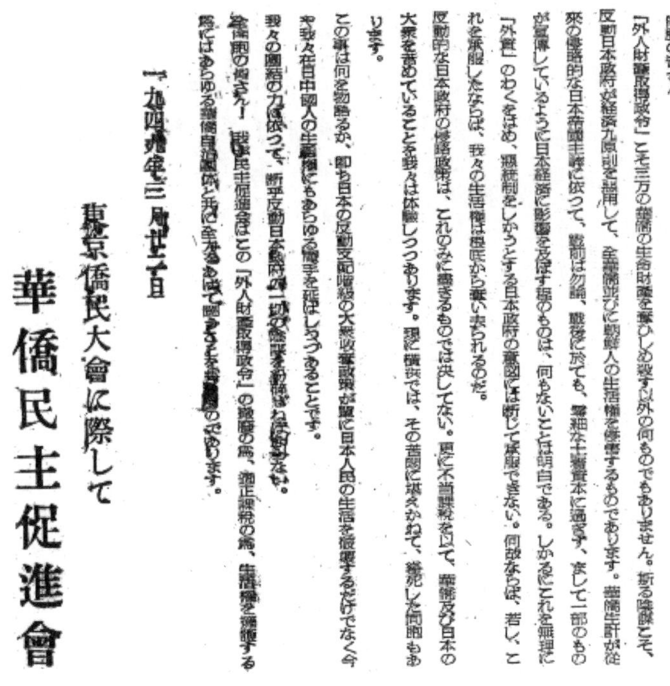

圖6-3 華僑民主促進會之宣傳單（蔡朝炘／提供）

---

[19] 〈主張 在日華僑はどこへゆく〉，《華僑民報》第1號，1949年7月11日，第1版。引文
之日文原文：「進歩的自治団体か反動的御用機関か華僑連合会ならびに華僑総会はい
ま重大な岐路に立っている」。

[20] 〈われわれの解放なる 堂々「人民政府」誕生〉，《華僑民報》第8號，1949年10月
11日，第1版。

　　戰後，日本華僑經營的日報有兩種，一為在東京發行的《中華日報》，一為在大阪發行的《國際新聞》，兩報發行量最初各約三千份，主要負責人都是在日台灣人。其中《國際新聞》較為左傾，1947年以後親共言論日益明顯，而《中華日報》則屬支持國府的報紙。戰後日本新聞用紙不足，故採配給制，華僑為戰勝國民，故新聞用紙配額甚高。[21]中華日報社長羅錦卿眼見報社經營無利可圖，而剩餘的用紙配額奇貨可居，1949年1月竟將配額轉賣讀賣新聞社。此一親國府的社長圖利自己的行為，引發社員抗爭與親共僑社幹部聲援。除此之外，同年7月京都發生留學生無故被日警毆打重傷，前一年10月大阪也發生日警侮辱中國國旗事件。[22]對於這兩年發生的大小事件，駐日代表團都未積極處理，當然無法撫平華僑不滿的情緒，最後僑社都將原因歸諸於國府的腐化與無能，或許親共人士的宣傳也有影響，結果是造成華僑更加期待新中國的到來。

　　到了1950年，正當以華僑民主促進會為首的各地「進步的」僑社團結起來，自稱要帶領著華僑總會與同學會走向「民主化」，並積極展開「反蔣愛國鬥爭」之時，不料6月25日韓戰爆發，以美國為首的盟軍參戰，這個轉折讓國共爭奪華僑的攻守出現了變化。首先，日本對共產黨的活動更加嚴格取締，其次國民黨政府也透過駐日代表團，開始積極地試圖控制僑社活動。諸多華僑表明支持新中國，讓國府控制的中國駐日代表團內也出現動搖，各界傳聞團長朱世明因為立場不夠堅定，而遭到撤換。[23]新任團長何世禮中將到任後，開始干涉華僑總會的選舉。例如，對於東京

---

[21] 有關戰後華僑發行的報刊情況與新聞紙配給問題，請參閱：渋谷玲奈，〈戰後における「華僑社会」の形成——留学生との統合に関連して〉，《成蹊大学法学政治学研究》32（2006年3月），頁1-32。

[22] 日本華僑華人研究會編，《日本華僑‧留學生運動史》，頁272-276。

[23] 中共政權成立後，代表團中第二組組長吳文藻，其夫人為著名作家謝冰心，還有副組長謝南光（謝春木），第三組組長吳半農等皆陸續前往中國大陸，選擇支持中共政權。由此可見，代表團重要幹部對國府忠誠度不足，而華僑幹部留學生幹部不支持國府的情況，更加嚴重。

華僑聯合會副會長陳焜旺，以其「爲匪宣傳」爲由要求他辭職，同時也要求罷免支持中共的華僑總會劉啓盛、于恩洋副會長，這幾位都是台灣出身者。另外，代表團僑務組也直接要求總會各地聯合會，必須採用官方指定的統一章程與選舉辦法。而後，在親共僑社幹部以「東京華僑總會」爲據點持續對抗下，華僑社團逐漸分爲支持中共與國府的兩個系統，這樣的對立架構至今依然持續。[24]面對華僑團體的對立問題，以及隨後中華民國與中華人民共和國的對立情況，日本政府在處理外國人登錄辦法時，主管機關只好採取將國籍欄同樣註記爲「中國」。這個便宜措施，或許對日本官方處理相關問題時比較有利，但是對於認同台灣的人顯然有欠公允。到了1990年代台灣人意識抬頭後，日本才出現在日台灣人主導要求正名爲「台灣」的運動。

　　在國府介入僑社運作的同時，也開始要求日本警方展開取締留學生的親共活動。1950年12月底，日警任意地搜查留日同學總會辦公室，隔年秋天以違反關稅法之嫌疑，搜查中國留學生幹部居住的後樂寮，其目的都是在打擊親共勢力。1952年8月8日，因「日華和平條約」已於8月5日生效，獨立自主的日本政府可毫無顧忌地管理華僑與台灣人等外國人，故日警全面地展開對清華寮與中華青年會館的搜查，逮捕了蔡朝炘等三名留學生。逮捕的理由是，參加同年5月1日勞動節

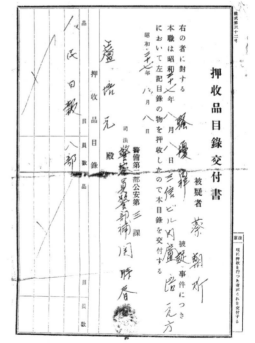

圖6-4　蔡朝炘被捕後被查扣物品目錄第一頁
（蔡朝炘／提供）

---

24 日本華僑華人研究會編，《日本華僑‧留學生運動史》，頁266-294。

示威並攻擊警方人員。蔡氏被拘留後，立即獲得人權律師布施辰治的關切，因此引起警方的側目。[25]雖然蔡氏被拘禁20天後即無罪獲釋，但是往後長期被日警監視，這次被捕可說改變了他的命運，促其更進一步投入「日中友好」等親共之政治運動。

四、「日中友好」的想像與幻滅

在日台灣人與華僑的主要政治活動，除了選擇中共與國府之外，也有部分人是投入台灣獨立運動。戰後，海外台灣人的台獨運動應該要從廖文毅等1948年在香港組織「台灣再解放聯盟」開始，直至1949年底廖氏將活動基地轉移到了東京，日本的台獨運動者便逐漸地集結起來，爾後台灣獨立就成爲在日台灣人國家認同的一個選項。有關海外台獨運動已經有許多專論，本文不予詳談。[26]在此要強調的是，此時親共的華僑刊物之中，因而出現許多反台獨的言論。以《華僑民報》爲例，該刊對台灣歸屬問題一再討論報導，主導者顯然是反對任何國際共管、台灣獨立等陰謀主張。[27]另外，以神戶華僑文化經濟協會發行的《華僑文化》爲例，1949年9月就出現理事長陳義方署名的文章〈台灣獨立運動的錯誤〉，陳氏爲台灣出身者，他認爲：「若是照民主集中制的辦法，我們台灣省民自己選出自治台灣的人才爲政府機構，就可以沒有問題了！哪有獨立的必要呢？獨立的錯誤是出自外國不願台灣讓中共解放的藉詞，要先出手爲強，

---

25 《蔡朝炘先生手稿文件集》（未刊稿）。蔡氏表示，布施辰治是左翼人權辯護律師，此時正爲當年「流血勞動節」被捕者展開救援辯護行動，運動圈知名人士的關切，讓他更引起警方的注意。

26 廖文毅與其推動的台獨運動，請參閱：張炎憲、胡慧玲、曾秋美，《台灣獨立運動的先聲——台灣共和國（上）（下）》（台北：吳三連台灣史料基金會，2000）。

27 〈陰謀を排す 台湾問題で総会対策〉，《華僑民報》第5號，1949年8月21日，第2版；〈総会声明 国際的陰謀を排す 抗戦基地化にも反対〉，《華僑民報》第6號，1949年9月11日，第2版。這是以華僑總會發出的聲明，實際上幕後指導爲華僑民主促進會。

煽動台灣省民的自決要求獨立，或託管以占漁人之利。」[28]這段話充分代
表親共台灣人對中共的期待，以及對美日等國陰謀的批判論調。總言之，
當時在日台灣人雙方的台灣前途論爭，應該是台灣知識分子第一次的統獨
爭辯，歷史研究者有必要將當時各家言論彙整，並進行內容的分析，以供
各界參考。[29]

　　在韓戰的戰火漸息後，由於中共加強宣傳攻勢，日本的華僑與留學生
掀起一股「集團歸國運動」，亦即號召在日學有專精的人才前往中國以建
設新中國。華僑的歸國運動與殘留在中國的日本人遣返問題有密切關聯，
北京政府抓住日方弱點，要求讓願意回到中國的華僑，利用回航中國的船
隻載運願意回中國的華僑。透過這個管道與巧妙的宣傳，留日華僑與留
學生，從1953-1955年間出現「集團歸國」的熱潮。根據統計，三年之間
約有三千多名華僑在舞鶴港搭乘興安丸到天津返國，其中留學生共計242
人。如果再加上1950-1952年間個別的返國的部分，人數更為可觀，這段
時期留學生的返國估計也超過兩百名，1956年以後陸續歸國的知識分子
也不絕於途。[30]這種嚮往社會主義祖國的熱潮，確實大大強化了中共統治
的正當性，當然也對日本社會所謂「日中友好運動」有正面的影響。

　　1949年以後，在日台灣人與華僑支持中共政權似乎成為主流，而台
灣的留學生更是其中的主力，其原因確實值得進一步探討，以下僅能就既
有的線索略加討論。根據清華寮住宿生王文三表示，面對清華寮等眾多留
學生親共的問題，國民黨政府曾派遣監察委員丘念台到日本進行宣傳工
作。1952年3月，為了讓留學生了解台灣的情況，國府策劃組成「在日留

---

[28] 義方，〈台灣獨立運動的錯誤〉，《華僑文化》第10號，1949年9月21日，第1-2版。義
　　方應為旅居神戶的新竹帽子商人陳義方。

[29] 以陳義方的文章為開端所展開的一連串有關獨立運動支持與否的論辯，有關陳義方與神
　　戶華僑的政治對立問題，請參閱：許瓊丰，〈戦後日本における華僑社会の再編過程に
　　関する研究──在日台湾人と神戸華僑社会を中心に〉（日本兵庫縣立大學經濟學研究
　　科博士論文，2009），頁198-211。

[30] 日本華僑華人研究會編，《日本華僑・留學生運動史》，頁266-294。

學生歸國參觀團」，並以國府軍艦載送回鄉訪問。但王氏表示，經過一個
月的停留，大部分留學生回去後對國府更加失望。因此，對建設新中國號
召就更加嚮往，最後進而付諸行動。[31]相較之下，華僑與留學生集團返國運
動，比起在日朝鮮人回歸北韓（朝鮮民主主義人民共和國）的「集團歸國」
還早。雖然朝鮮人的返國人數較多，但是兩者對於回去建設社會主義祖國
成為「人間樂園」的想像是共通的，而最後夢想破碎，甚至喪命的慘狀也
很類似。然而，在目前的台灣史研究中，這一段紀錄並未被充分重視。

多位在日台灣人在這段歸國運動期間前往中國，但其中許多人在文革
期間遭迫害後，而又失望地再回到日本。目前較為人熟知的有鄭翼宗先
生，他是新竹鄭家的後代，在日本行醫期間嚮往祖國而前往中國，最後落
寞而返。他為了平復心理的創傷，以日文寫下回憶錄，該書描述非常詳
實，早已被翻譯為中文，可謂最具代表性的證言。[32]另外，戰後有一群集
體住在「清風寮」的台灣少年工當中也有部分成員被「集團歸國」所號
召而前往中國。在紀錄片《綠的海平線：台灣少年工的故事》出現的林文
瑞，就是在1953年從舞鶴港登上興安丸前往中國的一員。林氏到了北京
後就學並不順利，1958年被逮捕以後，就遭到判刑、監禁與下放新疆等
迫害，直到1982年才藉機逃到日本，1988年才得以回到故鄉屏東。紀錄
片中還提到同樣經歷的李生欽，不幸在文革期間下放病歿。[33]這些小人物
的苦難，並未受到台灣社會應有的關注。

當大家都嚮往社會主義祖國，紛紛前往中國的時候，蔡朝炘也將從事
貿易所得的財富投入各項政治運動，散盡家財準備投入建設新中國的行

---

[31] 《清華寮OB會會報（1）》，頁8。
[32] 鄭翼宗，《歷劫歸來話半生》（台北：前衛出版社，1996）。
[33] 郭亮吟導演，《綠的海平線——台灣少年工的故事》（台北：智慧藏學習科技，
2007）。該片自播映以來獲得許多好評，並在台灣與日本獲得多項大獎。片中描寫的對
象「台灣少年工」，其中部分戰後未返台或再度來日之人士，也可稱之為在日台灣人。
同時可參閱：林文瑞，《私はスパイ！呪われたタクラマカン砂漠新疆建設兵団は土匪
団だ！》（東京：自費出版，2009）。

列。但就在此時，卻接到新的工作指示：繼續留在日本負責接待中國來日訪問團。蔡氏在1952年被捕並離開了清華寮後，除了繼續從事貿易工作，也參與華僑的酒吧與餐飲等娛樂界的事業，甚至也參與規劃「音樂喫茶」的經營，在其靈巧經營手腕下獲利不少，累積了相當的財富。可能是這樣的財力，才被賦予接待中國訪日代表團的工作。戰後，中國訪日的團體，從1954年的紅十字會代表團接待起，幾乎每年都有重要的團體到訪，其訪日行程需要相當知日的華僑來招待。蔡氏表示：當時中國出身的華僑，大多屬於「連字也不會寫，無知無學之徒」，對於「日中友好運動」既不願意也沒有能力協助，真正出面接待中國訪日團的僑社幹部大都是在日台灣人。由於當時日本為反共國家，對於共產主義者的活動相當在意，這樣的招待活動使得蔡氏被日本公安警察視為不受歡迎的人物。[34]

有關蔡氏參與日中友好運動最具體的例子，應該是1961年在東京舉行的「亞非作家大會」，他負責接待中國作家代表團。「亞非作家會議」站在第三世界的立場，大力抨擊美國帝國主義的團體，不僅反對美日安保條約與協防台灣條約，要求排除日本的美軍基地，同時也反對美國將中國人民所擁有的台灣當成要塞基地。在日台灣人與親共的僑社，基本上是站在這個反美帝的立場，批判蔣介石政權與美日同盟關係。[35]如蔡朝炘提供的照片顯示，當時中國作家代表團主要成員包括知名作家巴金與謝冰心，日本方面參加歡迎會人士包括中國研究所所長平野義太郎、日本共產黨領導人宮本顯治、當時年輕作家大江健三郎等。而親共的僑領中，台灣出身者呂漱石、劉啓盛也都出席，一同扮演接待僑社的角色。

---

[34] 《蔡朝炘先生手稿文件集》（未刊稿）。

[35] 有關這次會議的講稿與活動報導，請參閱：アジア・アフリカ作家会議日本協議会東京大会議事録委員会編，《アジア・アフリカ作家会議東京大会》（東京：同委員會發行，1961）。

圖6-5　1961年3月27日東京椿山莊歡迎中國作家代表團酒會（蔡朝炘／提供）
後排右起：呂漱石、蔡朝炘；前排右起：謝冰心、巴金（其餘不詳）

圖6-6　歡迎中國作家代表團酒會（蔡朝炘／提供）
大江健三郎（左）與巴金（右）

對於在日華僑接待中國代表團的貢獻，中共統戰當局也沒有虧待他們，其主要的攏絡方式就是，給與這些親共貿易公司某些進出口商品的代理權。蔡朝炘雖非開設進出口大陸貿易公司，但也曾在受其他貿易公司委託之下，自1970年起三次參加廣州交易會。由於他出錢出力長期接待中國派來的各種訪日團，因此在廣州交易會後的歡迎宴會上，一直都被奉爲上賓。在這類經貿利益的誘導，對於促進「日中友好」具有一定的效用，加上國際局勢的轉變，日本與中共建交原本就是遲早會發生的事。

1972年田中角榮首相上台，受到美國對中國政策出現轉變的衝擊，日本政府也開始摸索儘速與中共建交的途徑。同年9月，在田中首相親訪北京時終於達成協議，正式宣布與中共建交，同時也宣布與台灣斷交，這件事對在日台灣人的國籍選擇產生了相當大的衝擊。前一年國府被逐出聯合國時，許多持有中華民國國籍的在日台灣人就開始擔憂，不知未來到底會產生何種變化？因此，許多台灣人考慮選擇歸化日籍。辦理歸化手續時，必須先取得「國籍離脫證明書」，國府爲爭取華僑的支持，在此時也配合需求，加速行政作業程序發出這項證明，讓許多感到不安的台灣人順利歸化日籍。在同一年，美國將沖繩統治權歸還日本的問題，因此也加深引發居留在沖繩的台灣人惶惶不安，以致於同樣地出現大量歸化日籍的現象。[36]

相反地，對支持中共的蔡朝炘而言，因中日建交才讓他取得中華人民共和國籍。在此之前，蔡氏一直以舊殖民地人身分居留日本。因未取得中華民國護照，故他除了曾以日本發行的身分證件經香港到廣州參加「廣州交易會」之外，從未前往其他國家。蔡氏不會說北京話，也沒有購買閱讀中國大陸書報，但是透過1970年代起多次前往中國的經驗，以及文革期間知識分子的悲慘際遇逐漸曝光，蔡氏開始對中國抱持懷疑的眼光。因此，中共與日本建交後雖正式取得中華人民共和國之國籍，但卻已經沒有

---

36 有關居留沖繩的台灣人歸化日籍之經過，請參閱：松田良孝，《八重山の台湾人》（沖繩縣石垣市：南山舍，2004），頁126-178。

喜悅感了。中日建立後，中共爲加強對在日台灣人進行統戰，1973年在東京籌組「台灣省民會」，此時蔡氏雖有掛名，但已不再積極地參加。省民會創辦機關誌《台灣省民報》，最初經常組團前往大陸訪問。1980年代以後，該會活動力大幅降低，1988年省民報停刊後，該會的活動才日漸沉寂下來。以目前的情勢來看，繼續將在日台灣人稱爲「台灣省民」，大概很難獲得大家的同意吧！

　　蔡氏幾次往來香港與廣州之後，再度與幾位陸續從中國逃回日本定居的好友聯繫上，開始從不同角度觀察中國，加上隨後也輾轉與台灣親人展開聯繫。因此，1970年代等於是他重新認識「家鄉台灣」與「共產中國」的階段。1980年代以後，蔡氏生活重心轉到家族親人，不僅完成歸化日籍手續，也開始規劃退休後的生活。就在這時，1989年爆發天安門事件，此一事件可說是驚醒了夢中人。至此，蔡氏徹底拋棄了對中國的幻想，轉而以台灣爲自己國家認同的對象。

　　從1970年代起，許多在返國運動中前往中國的台灣人，陸續離開中國再度回到日本，這些人大多不願意提起在中國的遭遇。他們很多人在文革時期遭到迫害，有些人被認爲是「日本間諜」而關入監牢中。而後，只要有任何機會都會設法離開中國，許多人利用人脈關係再回到日本，很自然地就選擇歸化日本。這群年輕的知識分子，原本想把自己才能奉獻給熱愛的「祖國」，沒想到竟遭到祖國「人間煉獄」的折磨，有這類相同遭遇的人，自然不可能再對祖國抱持任何好感，但他們也無法公開地說出心中的苦楚。[37]蔡朝炘認爲，長期與這些朋友的交往，自己最了解他們的心境，自己的任務就是清楚地把他們的境遇傳達出來，讓這段慘痛的歷史不要被遺忘。

---

[37] 《清華寮OB會會報（1）》，頁5-15。

五、返鄉的阻隔與認同之轉折

　　由於蔡朝炘長期參與政治活動，生活缺乏了安定感，致使婚姻大事也無暇顧及。1965年，他年過40歲後才終於結婚，婚後隔年生下一子，有了家庭之後讓他思鄉愈加濃烈。由於本人無法獲准回來台灣，首先在1970年代初，只能試著由太太帶著小學生的兒子返台。這樣的探親計畫，當時執行起來可是心驚膽跳，隨時擔心親人可能被捕成為人質。蔡氏表示，當時日籍夫人帶著小孩返家時，似乎馬上被情治單位發覺，因為他兒子與自己小時候長得非常像，只要是老一輩看到，馬上就會知道那就是他兒子。蔡氏至今依然認為，當時周邊的熟人似乎有人向情治單位通風報信，使得情治人員查覺，只是礙於國籍的規定，又沒有明確證據下，無法隨意逮捕。但也因為這樣的擔心，所以往後也不敢再冒然採用這種方式探親。這項探親兼探險之旅，到底是否曾遭到情治單位監控呢？至今還是一個謎。到1970年代末，透過弟弟在沖繩貿易往來的關係，才終於能安排母親到沖繩那霸與妻兒會面，至此思鄉與探親的問題才稍獲紓解。

　　此外，由於家族中有人被列入黑名單，似乎也影響到家人出國簽證的申請。即使部分親人以商務為由取得赴日的簽證，到了日本還是不敢跟他聯絡見面。例如，一同就讀明治學院中學部的同年齡叔父蔡玉柱，戰後因為擔任日商公司經理，工作上經常出差到日本，同時也定期參加明治學院中學部同學會之「白金一九會」。但是，直到解嚴前都還不敢聯繫相會，戒嚴時期的恐怖統治何以至此，實在令人難以相信。[38]由於居留日本長期被拒於國門之外，除探親之外還衍生另一項財產繼承問題。蔡氏父親1966年去世，家人才發現家族財產繼承問題的急迫性。因此，家人只好向戶政單位申報失蹤，然後再以死亡人口除籍，如此才得以完成家族

---

[38] 蔡玉柱，《記憶を喚起して》（台北：自費出版，2009）。明治學院中學部位於東京都港區白金台，蔡朝炘與蔡玉柱同齡，但蔡玉柱為其叔父輩，兩人同樣是在昭和19年（1944）畢業，故同學會名為：「白金一九會」。

財產的繼承手續。1966年10月19日，台中地方法院批准如下公示催告：
「（略）失蹤人蔡朝炘住同右。右申請人因失蹤人失蹤滿十年，聲請宣
告死亡，應准予公示催告，該失蹤人應於本公示催告最後登載新聞紙之
次日起，七個月內向本院陳報現尚生存，如不陳報，本院將宣告其為死
亡。」[39]結果經《徵信新聞報》刊載三天，因期限內無人陳報，隔年6月
28日才完成這項手續。[40]蔡氏一再表示，家人因他的理念與行為受到太多
的傷害，不僅出國受限、服公職受到干擾，就業後還要承受莫名的恐懼陰
影。因此，能以拋棄繼承權給予家人一些補償，正好也可稍減自己的愧疚
感。

　　蔡氏日常生活中隨時感受到，國府情治人員長期對他進行嚴密進行監
視，他認為自己隨時必須提防遭到暗算。例如，即使到了台日斷交之後，
日本的「日中友好」運動已經不足以打擊國府外交時，國府情治人員還是
企圖誘捕他。為了誘騙他返台，當時情治人員曾偽裝成其弟寫信給他，第
一封信是在1978年2月24日寄出，其內容佯稱從日本友人處得知其地址，
並表示：「大哥早在日治時期東渡日本後，一幌三十餘年。（略）父親已
過世，母親安在，居住台中，姐姐們均已出嫁，弟現在台北經營貿易。
（下略）」接著信中非常突兀地說：「台灣自光復以來，經政府正確領
導，各方面突飛猛進。政治民主，社會安定，經濟繁榮，人民安居樂業。
弟在事業上能有成就，這全憑政府大力輔導所及。大哥久居海外，國內
進步情形想不甚明瞭，所謂百聞不如一見，盼望大哥能抽暇返里一聚，一
睹真象。尤其年高老母，姐弟及小孩們均殷切盼望你歸來，共敘天倫之
樂。」蔡氏收信後判斷，這封信必定是由情治人員捉刀，弟弟根本不可能
寫出這樣的中文，其目的無非要將他誘引返台。由於受件人蔡氏輕易識破
非其弟本意，當然不會回覆並答應返台。結果，同年5月6日寫下的第二

[39] 《蔡朝炘先生手稿文件集》（未刊稿）之中，收藏《徵信新聞報》失蹤公告之剪報。
[40] 《蔡朝炘先生手稿文件集》（未刊稿）。根據法律規定，死亡宣告生效三年後，才得以
　　完成財產繼承的手續。

封信函又再寄達，信中首先表示去信三個多月未見回覆，非常擔憂想念。接著訴諸親情表示：「老母年邁，思兄心切，渠在有生之年深望與兄晤面，兄念在骨肉情深，盼能儘早返里一聚。」[41]雖然用詞懇切頗爲動人，但明眼人還是可以輕易看出其中破綻，蔡氏當然不爲所動。當時蔡氏持用中華人民共和國護照，若不變更國籍並向駐外單位表示悔改，根本無法取得入台簽證。情治人員或許爲了搶功，才以如此此拙劣手法進行勸降，企圖爭取蔡氏的來歸。另一方面，蔡氏似乎也過於敏感，而將週遭的任何風吹草動，皆視爲被監視或欲加害他的陰謀，雙方鬥法之詳情爲何，似乎還有待進一步的釐清。

　　1970年代後半，隨著中國文革黑暗面的曝光，在日台灣人對中國更加失望。蔡氏過去雖然積極支持中華人民共和，但也開始逐漸遠離中日友好相關的活動。在此期間，其夫人也積極地打聽讓他歸化日籍的辦法。由於蔡氏曾有被捕的紀錄，且曾受到日警長期監控，雖無入獄紀錄，但還是不符合申請歸化條件。到了1980年代，日本對外國人歸化的限制較爲放寬後，蔡氏才有機會申請歸化，1985年終於正式取得日本國籍。歸化日籍後，他第一件事就是向駐日代表處申請返台的簽證。沒想到代表處領事部的主管竟表示，其在日的反政府行爲都留有紀錄，必須簽下「悔過書」才能給予返台簽證，蔡氏自認未曾犯罪何以必須寫悔過書，當場一口回絕，結果也因而喪失了返鄉的機會。數年之後，子姪輩再度爲其返鄉奔走，因其子姪輩中有人在留學筑波大學時認識的好友，正好任職於東京的駐日代表處，經過一段時間的聯繫交涉，在不必簽下悔過書的前提下，終於在1993年初獲得返台的簽證，實現相隔52年的返鄉之行。[42]

　　返鄉之後，蔡朝炘終於能重新認識台灣，對於台灣的認同也逐漸強化，回顧過去恍若一場夢。然而，遺憾地是這段過去卻很少人能理解。爲何當初有許多台灣的青年學生熱烈的支持中共政權？甚至前往北京，立

---

[41] 《蔡朝炘先生手稿文件集》（未刊稿）。信函由蔡氏提供並詳加解說。

[42] 《蔡朝炘先生手稿文件集》（未刊稿）。

清華寮OB会会報（1）

2002-9-1

圖6-7　2002年9月編印之《清華寮OB會會報（1）》之封面（蔡朝炘／提供）

志投入建設「新中國」的大業呢？而後，大多數的投共者皆大失所望，有人客死異鄉，有人有幸再回到避難所日本安度晚年。但是，不論其餘生的日子是否滿意，大家對自己的過去大致都保持沉默。當然，也有少數人希望以回顧過去來療傷止痛，奮力撰述自己的生平事蹟。但是，因為這群人在日本社會原本即屬於邊緣人，若無特殊的寫作能力，其回憶錄不太可能受到出版界的關注，能夠以自費出版已屬幸運，大多數留下的手稿還是無法公諸於世。

年輕時因政治熱情而採取的行動，對於家人造成了傷害，對故鄉台灣也感到愧疚，因此大部分人都不願提及過去。在這種情況下，蔡氏更覺得有必要將這段自己見證的歷史紀錄下來。因為他曾任台灣學生聯盟聯絡部長，又住在清華寮七年之久，因此能夠掌握不少住宿生的動向，其中他最關心的是1950年代「集團歸國」的台灣青年。依照他自己掌握的名單中，確定前往中國的台灣學生共計76名，而後陸續又回到日本的共計52名，另外11名已在中國去世，2002年間確定還定居中國的僅有13名。[43]這個人數比例，充分顯示戰

---

[43]　《蔡朝炘先生手稿文件集》（未刊稿）。這是蔡朝炘個人之統計，可能有誤差，但概略數據已充分反映前往中國的在日台灣人之遭遇。

後到台灣知識分子到中國受到嚴重打擊，然而其境遇卻不爲人知。這段歷史似乎有待進一步的補白。

六、結語

　　經過以上歷史性的回顧，大略可以回答：「爲何有許多在日台灣人支持中共政權？」之問題。戰後初期，台灣人在人數上與學識等素質上都高於華僑，但卻選擇融入華僑社會，藉以確保身爲在日弱小族群的權益。而後，因爲對國民黨政府的反感，激發許多知識分子選擇支持中共，意圖爭取故鄉台灣的解放，但這個理想不久就破滅了。當然，也有部分社會菁英投入獨立運動，但其受到各界的打擊也是連續不斷。此外，還有在利益誘引下或情勢所迫而選擇支持國府者，當然有些人參與親國府團體，但潔身自愛不圖名利，但不可否認有一些人是逢迎投機者，無法受人敬重。或許，在日台灣人的最佳情況只能獨善其身，隱身於日本社會。爲了不讓這群人遭到台灣社會的遺忘，我們必須重新提起這群人的歷史經驗，以豐富我們的歷史記憶。

　　最後，我們還要進一步思考，未來在日台灣人社群會有何變化呢？戰後初期，台灣人在華僑社會是屬於領導階層。但是，經過僑社在政治上的分裂與對立，加上世代交替，日本殖民時代出生的台灣人大多已經隱退。不僅上一代在日台灣人日漸凋零，僑居者總人數也未見大幅成長。根據統計，居留日本外國人之中過去一直是朝鮮人最多，但是最近中國籍已經占第一位。1982年外國人登錄中，在日韓國・朝鮮人共66萬9854人（83.5%），在日中國人（含台灣人）共5萬9854人（7.4%）；但過了二十五年後的2007年底，在日韓國・朝鮮人減少至59萬人，在日中國人（含台灣人）已變成61萬人，由於中國人增加的速度不減，未來即使扣除內含的台灣人，中國人必定是在日外國人中最大集團。[44]在這種情況

---

44 〈どう向き合う　日本社会の変貌追う〉，《朝日新聞》，2009年2月10日，第三版。

下，台灣人意識或存在感似乎出現了新危機。

實際上，目前在日台灣人已經獲得「正名」。2009年7月，日本國會通過「改正入管難民法」，變更現行地方政府發給「外國人登錄証」方式，改由中央主管機關發給外國人「在留卡」。隨著這項制度的變革，卡片中的「國籍‧地域」欄之註記，來自台灣的居留者都登載爲「台灣」，不必再用「中國」之國名。這項制度變革是在日台灣人展開台灣正名運動的成果，從2012年7月已開始實施，如此變化對在日台灣人的國家認同有何影響呢？筆者認爲，只要台灣持續在政治與社會的自由民主發展上領先中國，在日的「台灣人」就不會因人數比例差距拉大，而逐漸消失。總言之，族群意識的存續、國家認同的轉變在於周遭政治經濟條件的變化，而非人數的多寡。

雖然，未來統計上在日台灣人將可擁有一個欄位，不再與中國糾纏不清。但是，「在日台灣人」的歷史並非如此即可獲得重視，甚至可以斷言，未來在日本學術界還是無法擺脫被納入「華僑華人研究」範疇之問題。日本學界在2003年3月成立「日本華僑華人學會」，隔年發行《華僑華人研究》機關刊物，有關華僑華人研究的學術社群已經建立。在此之前，日本學界華僑研究者，除日本人之外，大多是台灣出身者，他們對台灣人問題具有一定的認識。但是，當前年輕世代的華僑研究者中，中國出身者占了很高的比例。這些來自中國的學者，大多忽略歷史發展的脈絡，直接將台灣人納入全體華僑來討論。

例如，福建出身的廖赤陽在探討在日中國人社會組織與網絡時，認爲日本華僑社會一貫具有中國人社會的特質。他主要的論點是：「在日中國人社會，並非限定某特地的社會實體。其對象以中國大陸與台灣爲首，包括兩岸四地（大陸、台灣、香港、澳門）出身者，不論是擁有中國國籍或是取得日本國籍者皆屬之。但是，東南亞等地出身的華人，基本並未介入

在此之後《朝日新聞》大福連載「在日華人」之特集，由此次特集報導可見，日本近年來各界對華僑華人勢力大增的關注。特集中在日台灣人的事蹟也占相當大的篇幅。

在日中國人社會，故不宜納入。」接著他更進一步歸納說：「在日中國人社會已形成四極多元社會，所謂四極爲大陸系、台灣系、新華僑、老華僑。所謂多元則是指出身地、職業構成、教育水準、在留資格、認同等多樣化問題之存在。」[45]這樣的定義看似周延，但如此內包式統合論，很容易抹殺複雜的歷史脈絡並排除少數民族，包括不願進入華人網絡之台灣人，以及來自中國境內之蒙古族、朝鮮族、維吾爾族、藏族等非漢民族之中國籍移民。

　　此外，還有研究華僑的中國學者，以1980年代中國改革開放前後爲界線，將在此之前的僑民稱爲「老華僑」，而在此之後移居海外的僑民則稱之「新華僑」。[46]實際上，戰後初期台灣出身者就曾被稱爲「新華僑」，而後經過磨合才融入日本華僑社會。再者，部分在日台灣人根本未進入華僑社會，他們建構了自己的社群網絡。如今新的區分逐漸被採用，戰後在日台灣人曾與戰前來日老華僑的糾葛將被逐漸被淡忘；戰後以來，在日台灣人內部差異與認同分歧，原本就是相當複雜難解，而且至今依然處於變動的過程中，這是不能輕易下定論的未來問題。實際上，本文多次引用的專書《日本華僑・留學生運動史》，初稿完成於1998年，編輯策劃過程中蔡朝炘也曾參與其中。然而，等到草稿完成後，包括蔡氏在內有許多人發現，在主事者的取捨下，其內容明顯太過於傾向中共愛國主義論述。蔡氏對這本書也頗爲不滿，但卻也無可奈何，只能默然退出。2004年該書正式出版，隨著該書的流布，許多錯誤與曲解還有持續擴散的可能。如何消除這種偏頗的歷史認識呢？大概只有盡力挖掘更可靠的史實，才能稍加彌補吧！

---

[45] 廖赤陽，〈在日中国人の社会組織とそのネットワーク──地方化、地球化と国家〉，收於游仲勳先生古希記念論文集編集委員會編，《日本における華僑華人研究　游仲勳先生古希記念論文集》（東京：風響社，2003），頁282-283。引文原爲日文，筆者翻譯。

[46] 譚璐美、劉傑，《新華僑　老華僑──変容する日本の中国人社会》（東京：文芸春秋，2008），頁161-163。本書介紹的新華僑是指1980年以後來日者，爲了與在日台灣人被稱爲「新華僑」進行區隔，這批人應該稱爲「最新華僑」。

　　筆者認為，「在日台灣人」的研究原本就是跨領域的研究，既是台灣史的一部分，也可以成為華僑華人研究的課題。但是，不應單純地將在日台灣人視為華僑研究的一部分。透過這樣跨領域的研究，或許我們可以更了解蔡朝炘與清華寮住宿生的歷史，同時也可以擴展台灣史的研究領域。

 總結

　　從「在日台灣人」研究擴展出來的議題，涵蓋的層面甚廣。首先，舊殖民地出身者如何在宗主國成為外國人？其法律地位之變化，原本便是一個相當值得探討的課題。在日台灣人如何融入華僑社團？又如何適應日本社會？這又是另一項值得挑戰的研究課題。接著，在東亞冷戰體制之下，在日台灣人問題也牽涉到日本的中國政策、台日與中日外交等國際關係之發展。對於涉及層面如此廣泛的議題，本書具體研究成果為何？未來還有哪些問題尚待釐清？彙整系列論文成為本書各章之後，在此必須進行初步的整理。

　　本書以在日台灣人為研究主題，而且以支持北京政府的台灣人為主要對象，並以GHQ占領期情況為討論重點。因此，較少提及台獨運動相關人物與支持國民黨政府之僑民。選定左翼知識分子為研究之焦點，是本書最大的特色。有關早期投入台灣獨立運動的人物與史事，目前已經有不少相關論著出版。[1]為避免研究主題的重複，本書儘量聚焦在一群長期被忽略的台灣知識青年。各章撰寫過程中，主要是運用各種華僑與留學生之出版品，探討在日台灣人的媒體經營及其言論活動。另一個主軸是，在日台灣人國籍轉換與法律地位之變化。藉此，不僅可掌握在日台灣人的政治理念，也能了解他們嚮往「新中國」之原因。彙整本書各章研究成果之後，筆者大致歸納出以下幾項具體的論點。

一、台灣前途論辯之起源與轉折

　　戰後，大國主導下的國際政治，原本的安排是將台灣主權移交給中國，但後續程序尚未完備之際，國共對立就已浮現，這種情勢最初讓在日台灣人左右為難。但是，從1947年二二八事件發生後，台灣人已開始對

1　有關台灣獨立運動研究之專書，請參閱：陳銘城，《海外台獨運動四十年》（台北：自立晚報，1992）。陳佳宏，《台灣獨立運動史》（台北：玉山社，2006）。陳慶立，《廖文毅的理想國》（台北：玉山社，2014）。

圖7-1　1972年6月編印之《舊台灣留日同學會會員名簿》（蔡朝炘／提供）
　　　　這批戰前赴日留學台灣青年為本書研究之主要對象

　　國民黨政府感到不滿。再加上1948年國共內戰以後，國民黨軍隊一路潰敗，部分在日台灣人，特別是部分留日青年明顯開始傾向中國共產黨。中華人民共和國成立前後，到隔年6月25日韓戰爆發之間，學生報與華僑刊物的左傾化言論隨處可見。然而，在韓戰爆發後，美國為了圍堵共產圈的擴大，開始壓制日本的所有左翼勢力，並選擇支持「蔣介石政權」，這樣的國際情勢是「台灣問題」出現的根源。

　　1950年代，東亞冷戰體制形成，隔著台灣海峽「兩個中國」對峙的情勢確立，進一步還出現「台灣法律地位未定論」，台灣成為東亞國際政治的難題。因此，往後探究台灣的困境或前途，一直是海外台灣知識分子思索的起點。這些相關論述中，有時還會出現企圖在兩個中國選項之外，尋找包括台灣獨立等「第三選澤」之論點。然而，其中卻很少有人真正投

入問題起源及其演變之探討。[2]回顧戰後初期，在日台灣人的教育程度與
社會地位等都高於「老華僑」，但大多數還是選擇融入華僑社會，接受成
為中國人的政治安排，這應該是身為日本社會中的少數者，為確保權益的
當然選擇。不僅如此，許多台灣知識分子基於對國民黨政府的反感，積極
支持中共政權，尋求台灣之解放。因此，從1947年二二八事件以後，到
1956年台灣共和國臨時政府成立之前，支持北京政府的在日台灣人聲勢
頗大。目前台灣學術界，對於戰後初期在日台灣人與華僑的關係，以及他
們的政治動向等，並未充分了解。本書的研究成果，大致可提供各界認識
這段時期之概略情況。

　　經過本書各章從多種角度探討在日台灣人之後，大致上可以整理出一
些相關問題與答案。首先，我們必須思考的問題是：「為何有不少在日
台灣知識分子選擇支持中共政權？」筆者認為，在日台灣人積極支持中
共可視為，二二八事件後海外台灣人「族群性的政治化（politicization of
ethnicity）」的一環。戰後國府的台灣統治，不僅造成島內省籍間之族群
對立，同時也激發海外台灣人展開一連串反政府運動。所謂台灣人的「族
群性」，主要是指在台灣出生並經歷五十年日本統治的住民，已經成為具
有「共同的歷史經驗」的群體。這個群體面對外來者欺壓時，被迫必須採
取反抗的行動，行動中社會菁英提出政治目標，訴求確保台灣人全體之利
益，即為「族群性」政治化的過程。[3]值得注意的是，雖然寄望中共「解
放台灣」與追求「台灣獨立」的路線不同，但其外在政治環境相同，故兩
種選擇都是「族群性政治化」之現象。這是筆者對於台灣問題之「難問」
提出的「明答」，但是這個概念只能說明戰後台灣政治史上的因果關係，

2　有關台灣問題或台灣前途的討論，請參閱：郭煥圭，《台灣的將來——國際政治與台灣
　問題》（台北：致良出版社，2005）。丸川哲史，《台湾ナショナリズム——東アジア
　近代のアポリア》（東京：講談社，2010）。
3　李光一，〈エスノポリティックス復興の政治的文脈〉，《岩波講座　社会科学の方法
　第Ⅶ卷　政治空間の変容》（岩波書店，1993年）。Jeseph Rothschild *Ethnopolitics: A
　Conceptual Framework*. New York: Colombia University Press 1981.

無法預知未來發展之可能。[4]

　　大致而言，在日台灣人國家認同的變化，1972年是一個轉折點，許多人放棄中華民國籍，然後辦理歸化取得日本籍，也有部分取得中華人民共和國籍。但是，更大的轉折點是1989年的天安門事件，事件發生後民主台灣與專制中國，出現了極為明顯的對比，因而更強化在日台灣人對台灣的認同。1990年代以後，台灣或台灣人在日本媒體的曝光率日益增加。但是，不能以今日的情況衡量早期在日台灣人的處境。戰後初期，確實有不少旅日台灣知識分子支持中共，即使其影響力相當有限，這段史實卻不容輕忽，因為這樣才能看到歷史的全貌。當然，也有部分的社會菁英投入台灣獨立運動。但是，這方面的運動卻不斷受到國府的干擾，而且美日政府也從未給予支持。此外，也有部分台灣人選擇支持中華民國政府。在那反共的時代，有一些華僑應該是迫於無奈或利益誘引之下，才選擇中華民國國籍，這些當事人心境與選擇問題，還有待進一步探討。不論是哪種政治傾向，除了少數運動核心人物或僑團領袖之外，大部分在日台灣人還是對政治保持沉默，甚至隱身於華僑之間。

　　數年來，筆者研究在日台灣人的議題中，經常被日本學者問到，為何在1990年代以前台灣人像是隱形的居留者？亦即：「戰後在日台灣人隱身於日本社會中，無法讓人感受其存在？」這個問題確實很難回答，大致上看來，在冷戰時期，也就是1990年代台灣民主化逐步落實之前，除了少數菁英投入政治運動之外，大部分在日台灣人若非深交，都不會刻意強調自己是台灣出身者。而且，大部分人都有歸化日籍的意願。當然，更值得注意的是，除了極少數融入日本上層社會者之外，不論是否已經歸化，在日台灣人為了擴展社會網絡，大部分還是會參加華僑團體。當然，若有

4　所謂「難問」，是指前述丸川哲史在其著作中提出，台灣民族主義或尋找台灣前途的出路，面臨類似「アポリア（aporia）」這種兩難困境。筆者認為，面對此一「難問」，給予台灣「住民自決」是最好的解決之道。但是在大國主導的國際社會，台灣很難獲得這樣的機會，這才是真正的問題所在。

台灣同鄉會之團體，很多人也會同時成為會員，眾多團體並存互不排斥。
如此靈活的應變方式，或許是少數者在異國生存之道。[5]

除了探討日本華僑社會的台灣人處境，我們也可以從這個角度，重新
檢視日本社會的問題。日本社會原本就有濃厚的排外氛圍，因而迫使外國
人不得不尋求「歸化」，下一代進而承受著被「同化」的壓力。例如，日
本法務省入國管理局在1980年代以前，對於華人或韓僑的歸化，要求改
用日本姓名是基本條件，讓許多在日外國人覺得受到屈辱。這種企圖抹除
非大和民族印記的要求，對台灣人來說明顯是一種壓力，這也是迫使他們
「隱身」的原因之一。

回顧一百多年來的台日關係，殖民地時代的壓迫暫不討論，戰後台灣
人以外國人身分在日受到的壓迫，亦相當值得關注。我們必須認識到，過
去日本政府的外國人管理政策，不公平地對待舊殖民地出身者，因而造成
在日台灣人的苦惱。如今，台灣社會中已有大量的外籍配偶與外籍人士定
居台灣，故批判日本的管理外國人法令之同時，是否應該要引為借鏡，給
予新住民或外國人更多的保障，讓台灣可以建構多元共生的社會。

二、發掘失落的新聞雜誌史

跟一般華僑比較起來，在日台灣人擁有高學歷與專門技能者之比例相
當高。因此，在GHQ占領期，台灣人掌握華僑報紙、雜誌與通訊社等媒
體之經營權與論述主導權。這些印刷媒體主要都是使用日語，而媒體刊載
的內容，特別是有關中國大陸情勢的報導都有一定的比例。更值得注意的

5　有關華僑社會的報導中，也可以經常看到台灣人的身影，但受訪者與報導人都是將台
　　灣人納入華僑社會的一員，而非突顯其存在，包括英文的專書研究成果也是一樣，請
　　參閱：菅原幸助，《日本の華僑（改訂本）》（東京：朝日新聞社，1991），頁111。
　　読売新聞社橫浜支局，《橫浜中華街物語》（東京：アドア出版，1998），頁170-
　　176。Eric C. Han *Rise of a Japanese China Town: Yokohama 1894-1972*. Cambridge, MA：
　　Harvard University Asia Center Press 2014.

是，隨著時間的推移華僑報刊雜誌之言論逐漸左傾化。國民黨政府警覺到這樣的變化之後，從1950年起開始干涉華僑之新聞媒體，並打壓其言論自由。最後，在日台灣人幾乎徹底喪失了出版媒體的經營權與言論的主導權。過去這段華僑出版史或報業史從未被提起，本書透過在日台灣人言論活動之研究，大致描繪出這段被遺忘的新聞事業史。同時，也發掘出戰後在日台灣人出版的各種新聞雜誌。

然而，從僑務委員會在1965年出版的《日本華僑志》一書中可發現，官方不僅完全抹消戰後曾出現眾多華僑報紙雜誌的光榮史，同時也避開左傾華僑報刊遭到駐外機關打壓的黑暗史。此外，官方論述中還不斷強調：日本輿論界完全左傾，人民思想亦多傾向親共容共態度。同時也批評僑胞，認為他們受環境的影響，以閱讀日文書報為滿足，在日本媒體充滿容共色彩之下，精神受其麻醉等。[6]這樣的敘述，掩蓋許多重要的史實。實際上，戰後日本華僑新聞事業曾有很好的發展機會。然而，在國府反共國策的壓制下，華僑的新聞事業中挫，新聞自由也受到箝制。要挖掘這段被埋沒的華僑新聞事業史，最好的方法就是從在日台灣人切入，如此我們將可看到，當時僑界擁有一個言論自由的論壇。

對於在日台灣人的新聞雜誌史，如何納入台灣的媒體史呢？個人認為若能將這些媒體視為「另類媒體（alternative media）」，就可以納入台灣的媒體史。何謂另類媒體，新聞學者成露茜的定義是：「與主流對抗的媒體就是另類媒體」。[7]但是如此定義，更大的問題是何謂「主流媒體」？在此先拋開新聞學者的定義，讓我們重新界定。筆者認為，在標舉反共國策的獨裁專制年代，符合反共國策的媒體就是「主流媒體」，只要

---

6 華僑志編纂委員會編，《日本華僑志》（台北：華僑志編纂委員會發行，1965），頁174-175。本書批評的論點，跟戰後初期陳儀政府與外省籍官員批評台灣人被「奴化」的論述，十分相近。因此，這裡批評的華僑主要應該就是指抗國府之在日台灣人。

7 成露茜，〈另類媒體實踐〉，收於夏曉鵑編，《理論與實踐的開拓——成露茜論文集》（台北：台灣社會研究雜誌，2012），頁357-374。Chris Atton *Alternative Media* London: Sage Publications. 2002.

能堅持客觀報導，批判權力壓迫之媒體，就可稱之爲另類媒體。目前，台灣的政治思想史或報業史之研究，大致上都極力推崇雷震的《自由中國》、李萬居的《公論報》等，在威權體制下爭取新聞自由，批判當權者的勇氣，他們獲得肯定的主因，就是發揮知識分子良知或新聞工作者落實另類媒體之實踐。在媒體素養的課程中，提到有關如何提高媒體識讀能力問題時，最被強調的就是培養「另類觀點」。[8]報禁時期，在海外抱持另類觀點的媒體，可以視爲另類媒體，應該給予肯定。

　　肯定《自由中國》與《公論報》的學者還強調：他們的堅持新聞自由與民主理念，是繼承中國自由派知識分子的精神。[9]1950年代這批中國自由派的思想傳承，對台灣民主化的影響深遠，其貢獻確實不可抹滅。但是，這樣的論述是把台灣史嫁接到1949年以前的中華民國史。實際上，海外的台灣人傳承著戰前台灣人的報業精神，也值得一提。台灣的報業是從1920年代開始，日治時期由台灣人本土資本所創辦的《台灣民報》，號稱「台灣人唯一的言論機關」，它起源於留日學生創辦的《台灣青年》（1921年4月至1922年4月），這份雜誌逐步發展爲《台灣》（1922年4月至1924年5月），《台灣民報》（1923年4月至1930年3月）。1930年台灣民報社擴大改組爲台灣新民報社，接續發行《台灣新民報》（1930年3月至1941年2月11日）。戰爭時期，本土報業雖然受到打壓，但戰爭結束後，本土報人就迫不及待地創辦《民報》，並公然宣稱繼承了過去的「民報精神」。不幸的是，這份民間報業在二二八事件的武力鎮壓中，遭到最

8　菅谷明子《メディアのリテラシー——世界の現場から》（東京：岩波書店，2000），頁154-163。

9　呂東熹，〈李萬居與新聞自由——《公論報》在戰後報業發展史上的角色〉，收於氏著，《政媒角力下的台灣報業》（台北：玉山社，2010），頁624-647。任育德，《雷震與台灣民主憲政的發展》（台北：國立政治大學歷史學系，1999）。薛化元，《《自由中國》與民主憲政——1950年代台灣思想史的一個考察》（台北板橋：稻鄉出版社，1996）。

嚴酷的打擊。一般研究都認爲,台灣人報業傳承在此畫下句點。[10]然而,透過本書撰寫過程中,大量運用僑界的報刊雜誌之後,明顯可以感受到,在日台灣人雖旅居海外,卻心懸台灣。雖然只是小衆的異議媒體,但社內的新聞工作者還是傳承著「權力批判」之精神,並持續追求「新聞自由」的權利。

1945年以後,日本華僑報業發行包括日刊化的《國際新聞》、《中華日報》、《内外タイムス》等,以及東京地區的《中國留日學生報》、《中國公論》、《華僑民報》、《東京華僑會報》(後改稱《華僑報》)等小型報,還有1970年代的《台灣省民報》、神戶地區發行的《華僑文化》等刊物。當然,同時筆者也盡力搜尋並閱覽台獨運動者發行的報刊,這方面種類更多而且發行期間更長。包括台灣民主獨立黨《台灣民報》、台灣青年獨立聯盟的《台灣青年》、《台灣》、《Independent Formosa》等,以及神戶發行的《台灣公平報》、《台灣公論》等。整體而言,不論哪個陣營的海外刊物,都大量報導台灣的消息,似乎可以稱之爲當時的「另類媒體」。未來台灣的媒體史,應該將這段海外台灣人的新聞雜誌史納入,如此才能更豐富台灣史的內涵。台獨運動者的新聞雜誌事業,從期刊物名稱就可知道,明顯有意延續戰前民報精神,雖然後續發展是日漸凋零,但還是有許多值得表彰肯定之處。此外,支持北京政府的在日台灣人,也同樣發行多種新聞雜誌,其報導與評論都有一定的史料價值。整體而言,這些刊物都是台灣新聞雜誌史上的另類媒體。

從本書的研究還可以發現,海外與島內在媒體史上有許多的聯結。例如,戒嚴時期的報禁政策下,國府嚴重戕害言論自由與新聞自由,這種壓迫也波及海外華僑與台灣人社群,甚至嚴重打擊僑界人士報業經營,但這樣的史實卻鮮爲人知。官方如何檢閱進口報刊雜誌?如何利用補助僑報政策拉攏僑胞?諸多問題尚待釐清。彙整本書目前的研究成果,我們不僅可

10 何義麟,《跨越國境線——近代台灣去殖民化之歷程》(台北板橋:稻鄉出版社,2006),頁159-186。

以找回失落的戰後華僑新聞雜誌事業史，同時也可以豐富戰後台灣的印刷媒體發展史。這樣的成果只是開端，相信未來還有很多可以進一步拓展的空間。

三、在日台灣人之研究歷程與前瞻

以上本書各章的主要課題都是在於探討戰後在日台灣人的處境與認同，同時也試圖分析「形塑台灣人」的外部因素。所謂的外部因素，不僅是指外部環境或歷史條件，同時也包括海外台灣人動向。眾所周知，在歷史上「台灣人」的自我認同，主要是受到外來統治者的影響。但另一方面，台灣人身居海外，也會受到各種刺激，同樣會對自我認同產生相當大的衝擊。

戰前從殖民地來到日本的台灣人，在GHQ占領時期，除了面對生活困頓的問題，同時也被迫必須表明其國家認同。1953年7月韓戰停戰協定簽訂，但國共對立的情勢並未和緩，華僑與台灣人要選邊站的問題更加嚴峻。到1972年台日斷交為止，部分在日台灣人為了國家認同問題，引發多次受到各界矚目的事件，例如，從1955年「洪進山事件」到1970年「劉彩品事件」，都是當事人選擇認同中華人民共和國而引發抗爭。還有1968年的「柳文卿事件」，則是因參與台灣獨立運動而被強制遣返之事件。這些抗爭不僅要檢討日本外國人管理政策問題，同時也可以檢視在日台灣人之國家認同問題。但是，這些問題都不在本書討論的範圍，因為他們都是戰後才來到日本的台灣人。以下簡單敘述，從1950年代後半到1970年代前半大約20年間，所發生的有關在日台灣人國家認同問題之重大事件簿。

1954年2月，洪進山由警察當局派遣，從台灣到日本警察學校就讀。隔年，其本人希望繼續留在日本求學，但國內派遣單位不斷召喚其返國，當事人不僅拒絕返台，而且表明要前往中國大陸。面對這種情況，日本的入國管理局預定將他強制遣返，但是親共的東京華僑總會等團體出面阻

圖7-2　1955年12月10日《國際新聞》報導洪進山事件最新發展（吳修竹 / 提供）

止。經過一番激烈抗爭之後，1956年2月1日洪進山搭乘山鳥丸從門司離境，4日抵達上海。這樣的處置辦法，是根據日本出入國管理令第52條第2項之規定，違反出入國管理令者必須強制遣返時，本人可以選擇其希望被遣送的國家，而非其入境前之國家。[11]這是日本面對分裂國家所採取的保障人權的辦法，但整個親共華僑團體的抗爭過程中，也突顯了國共爭奪華僑支持的問題，同時也夾雜著日本中國政策的政治考量問題。此事件之經過與影響等，還有待日後持續地探討。

　　在日台灣人選擇認同中華人民共和國的案例，以「劉彩品事件」最為著名，同時也呈現台灣人國家認同問題的嚴重性。劉彩品，1936年嘉義

---

[11]　日本華僑華人研究会編著，陳焜旺主編，《日本華僑‧留學生運動史》（埼玉：日本僑報社，2004），頁367-373。

出生，1956年以私費留學生（4-1-6簽證）身分抵日，隔年進入東京大學
就讀，1961年進入大學院，1965年博士班期間與木村博結婚，1967年申
請在留資格變更而被拒之後，簽證過期，以非法身分居留。發生這個問題
的根源在於，劉彩品企圖藉此抗議國府特務在日橫行，壓迫旅日政治異議
分子。由於申請在留資格延長或變更，必須提出有效護照，國府特務調查
僑民之忠誠度，藉此刁難異議分子。劉彩品表明拒絕中華民國，並以中華
人民共和國國民身分，申請居留簽證。日本各界人士為了支援她的行動，
組成「劉彩品支援全都連絡會議」等團體，華僑界也組成「支援劉彩品留
日華僑會」。整個簽證申請過程之抗爭活動，主要從1970年4月6日提出
申請展開，一直到9月24日獲得簽證更新為止，期間有密集的相關辯論紀
錄，隨後也有許多媒體的報導，最後並彙整成專書出版。[12]全書收錄這期
間各界對國府的批判言論，可說是一本歷史清算的重要史料集。而後，她
還與夫婿同往中國大陸發展的行動，嚴重打擊國府主張代表全中國的正當
性。[13]

　　前述支援劉彩品運動全紀錄的專書，收錄其申請簽證的〈理由書〉，
其中詳述國府壓迫台灣人的罪狀，包括1967年的「劉佳欽、顏尹謨事
件」、1968年「柳文卿事件」與「陳玉璽事件」、1969年「陳中統事
件」等。這些事件中，除了陳玉璽事件主角有意前往中國大陸，政治傾
向為支持北京政府之外，其他都是牽涉台灣獨立運動。陳玉璽原本到夏威
夷大學留學，1967年以觀光簽證來日，進入法政大學，但因無法取得留
學簽證而逾期居留，1968年遭強制遣返，台灣軍事法庭認定，他在日本
期間曾經在《大地報》撰稿為匪宣傳，因而被判7年徒刑。另外，劉彩品

---

[12] 劉さんを守る友人の会編，《日本人のあなたと中国人のわたし——劉彩品支援運動の
　　記録》（東京：ライン出版，1971）。

[13] 1970年劉彩品放棄中華民國護照，並獲得在日居留資格後，隔年同丈夫木村博遷居南
　　京，任職於紫金山天文台，而後並被選為全國人大代表。1989年六四天安門事件後，可
　　能是對中共政權的失望，舉家返回日本定居。1983年起，她率先主張贈送一對大熊貓給
　　台灣，這個提案直到2008年才實現。

在其〈理由書〉的附注中，也提到幾位台獨運動者遭到的迫害。包括劉佳欽（東大農學系大學院研究生）、顏尹謨（東大法學系大學院研究生）兩人，他們都是在1967年暑假返國期間被捕，而後兩人都以參與台灣獨立運動的罪名，被求處死刑。此外，陳中統（岡山大學醫學部大學院生）也是在1968年返台期間被捕，因他被通報曾接觸日本的台獨分子，審判結果被判15年有期徒刑。劉彩品彙整以上案件，控訴國府情治人員之惡劣，這些實例也成爲她要求脫離中華民國籍的正當理由。[14]

　　1960年代，海外台灣獨立運動勢力日益壯大，日本政府配合國府的要求，對台灣旅日政治異議分子的壓迫也更加嚴重。前述事件之外，1967年8月，發生日本政府企圖強制遣返張榮魁、林啓旭等兩名台灣留學生之事件。1966年3月，張、林兩人分別從國立音樂大學與明治大學畢業，但因他們都參加台灣獨立運動，擔心返台遭到政治迫害，故持續地申請延長居留。但是，日本政府竟利用兩人定期到入國管理事務所報到時，將他們拘禁並準備遣返台灣。而後經過各界人士的救援，呼籲保障其政治自由與基本人權，才得以持續居留日本。不料緊接著在1968年3月27日，又發生了柳文卿被強制遣返的事件。1962年4月，柳文卿赴日就讀東京教育大學，隔年加入台灣青年獨立聯盟並擔任幹部，1967年3月碩士課程結

圖7-3　支援劉彩品運動紀錄專書封面（筆者／翻攝）

---

[14] 劉さんを守る友人の会編，《日本人のあなたと中国人のわたし——劉彩品支援運動の記録》，頁14-26。

束後，無法繼續獲得法務省核發的居留許可，而且還在報到時遭拘禁。東京入國管理事務所基於前次的教訓，決定隔天一早立即進行強制遣返。得知以上消息後，獨立聯盟成員共20多人前往機場搶救，但還是無法阻止。[15]

　　戰後在日台灣人的國家認同分歧，各自有不同的選擇，自然形成對立的情勢，但各自的活動必然會互有影響。例如，參與台獨運動的學生被拘留或遣返的問題，必然影響到劉彩品的簽證申請問題，因為兩者同樣遭受外國人管理體制的壓迫。此外，在日台灣人與朝鮮人居留問題也有相關，特別是戰前移居日本的舊殖民地住民，其在留資格的核定適用同樣的法令。從日本政府的立場來看，這是官方面對分裂國家的外交政策問題，也是對國內外國人管理辦法是否充分保障人權的問題。[16]若從社會運動史的角度來看，1960年代華僑青年的鬥爭也是被視為以「1968年」為轉折點的世界史或日本學生運動史之一環。因為，1967年日本的新左翼引進毛澤東主義，引發居住在留學生宿舍「善鄰會館」學生的動搖，出現中國派與日本共產黨派的分裂鬥爭，最後變成支持文化大革命的中國派學生，與日共動員群眾衝突事件。接著在1969年，日本的新左翼支援成立的「華僑青年鬥爭委員會」，還展開了粉碎「入管體制」的鬥爭。此運動不僅批判戰後日本外國人管理體制的壓迫，同時也藉此追究戰前日本殖民統治之責任。這是身為被壓迫的華僑與朝鮮人等少數者，聯結安保學生運動之勢力，共同對抗日本的國家體制之運動。但是，最後各勢力間不歡而散，且未獲得任何具體成果。[17]這一連串「善鄰學生會館鬥爭」與「華青鬥」的參與者，雖然大多是日本出生的華僑，但是與在日台灣人問題也有密切的

---

15 宮崎繁樹，《出入国管理——現代の「鎖国」》（東京：三省堂，1970），頁18-52。

16 有關日本外國人管理政策對人權的壓迫問題，請參閱：宮崎繁樹，《出入国管理——現代の「鎖国」》一書。

17 有關華僑學生捲入日本學生運動的問題，請參閱：絓秀美，《1968年》（東京：筑摩書房，2006），頁154-190。森宣雄，《台湾／日本——連鎖するコロニアリズム》（東京：インパクト出版、2001），頁181-203。

關聯。以上諸多問題，還有待日後進一步的研究。

　　關於這群海外台灣人的身分認同，以及如何思考台灣前途等，都是相當值得探討的課題，其中戰後居留日本的台灣人，自然就成為最佳的觀察分析對象。循著這群人的軌跡，台灣史的研究當然也要踏出本國史的範疇，展開跨界交錯的旅程。例如，筆者同時進行台北師範的校史研究，當進行校友訪談時，赫然發現很多人旅居日本，成為在日台灣人。[18]如何兼顧校史與台灣史，變成一個新的課題。本書目前彙整的相關成果，只是跨界研究的開端而已，相信未來還有許多值得持續延伸的課題。

　　本書共分三部六章，各章都已分別在不同學術研討會與期刊發表，在論文發表與期刊投稿時，承蒙多位評論人與審查人之指正，謹此致謝，尚有不備之處完全是作者之責任。重新彙整為本書時，並未依照發表時間順序排列，並盡力將重複之處彙整，研討會發表時間與原題目，都已在單篇論文中提及，在此省略。各章之原題目與公開發表的情況簡單說明如下：

　　第一章，日文版：〈戦後台湾における海外ニュースの報道と規制──渋谷事件の報道を中心に〉《現代台湾研究》第32号，2007年9月，頁3-19。中文版：〈戰後初期台灣的國際新聞傳播與管制──以澀谷事件之報導為中心〉《文史台灣學報》第6期，2013年6月，頁75-100。（國科會94年度專題研究計畫成果，計畫編號：94-2411-H-152-002）。

　　第二章，〈GHQ占領期における在日台湾人の出版メディアと言説空間〉，發表於「日本台湾学会学術大会16回学術大会」，2014年5月24日，會場：東京大學山上會館。（國科會102年度專題研究計畫成果：計畫編號：NSC 102-2410-H-152-001）。

　　第三章，中文版：〈戰後初期台灣留日學生的左傾言論及其動向〉

---

[18] 例如，新發現的實例之一，筆者服務的台北教育大學前身「台北第二師範學校」畢業生青木高明，竟然在「ジレンマ　台湾に生まれ、皇民に育ち……」之報導中現身，這樣的人物就值得持續追蹤。詳細報導，請參閱：読売新聞社横浜支局，《橫浜中華街物語》，頁158-161。

《台灣史研究》第19卷第2期，2012年06月，頁151-192。日文版：〈戰後台湾人留学生の活字メディアとその言論の左傾化〉，收於大里浩秋編，《戰後日本と中国・朝鮮──プランゲ文庫を一つの手がかりとして》（東京：研文出版，2013年），頁120-168。（國科會98年度專題研究計畫成果：計畫編號：NSC 98-2410-H-152-016）。

　　第四章，〈在日台灣人的二二八事件論述──兼論情治單位監控報告之虛實〉《台灣史料研究》第44期，2014年12月，頁20-51。（國科會102年度專題研究計畫成果：計畫編號：NSC 102-2410-H-152-001）。

　　第五章，〈戰後在日台湾人の法的地位の変遷──永住権取得の問題を中心として〉《現代台湾研究》第45号，2014年12月，頁1-17。（國科會103年度專題研究計畫成果：計畫編號：NSC 103-2410-H-152-001）。

　　第六章，〈戰後在日台灣人之處境與認同──以蔡朝炘先生的經歷為中心〉《台灣風物》第60卷4期，2010年12月，頁161-194。（國科會98年度專題研究計畫成果，計畫編號：98-2410-H-152-016）。

　　以上各章之研究過程，皆獲得國科會（現：科技部）之專題研究計畫補助。整個相關研究課題，必須運用各種文獻資料，除了最基本的外交機關公文書之外，更重要的是僑團與留學生會出版之新聞雜誌的蒐集分析，同時也訪問了蔡朝炘、吳修竹等幾位在日台灣人，並取得其個人書信、照片、報紙雜誌、油印刊物與未刊行的回憶錄等史料，謹此對所有提供協助的前輩與各單位負責人，表示最誠摯的謝意，然圖檔出處說明與著作權處理若有不周，尚請指正。希望本書的成果，能些許回報大家的期待。

參考文獻

一、基本史料

（一）公文書（檔案、公報、法令集）

〈KAKYO MINPO（Huachiao minpo-Overseas Chinese People's Newspaper）
（1950.8-1951.4）〉，GHQ民政局文書GS(B)04247，國立國會圖書館所
藏。

〈八重山在住台湾出身者の処遇〉，《沖縄関係 出入域，外国人の法的位地
在沖縄外国人の法的地位（1）》，日本外務省公開之外交記錄，外交史
料館所藏，分類番号：A.3.0.0.7-1。

〈台灣獨立運動（一）—（二十四）〉，《外交部檔案》，檔案管理局收藏，
檔號0037/006.3/002～0045/006.3/025。（https://aa.archives.gov.tw/index.
aspx）

〈在日元台湾人の法的地位〉，《沖縄関係 出入域，外国人の法的位地 在沖
縄外国人の法的地位（1）》，日本外務省公開之外交記錄，外交史料館
所藏，分類番号：A.3.0.0.7-1。

〈在沖外国人の在留資格〉，《沖縄関係 出入域，外国人の法的位地 在沖縄
外国人の法的地位（1）》，日本外務省公開之外交記錄，外交史料館所
藏，分類番号：A.3.0.0.7-1。

〈旅日台籍僑胞居留權〉，《外交部檔案》，中央研究院近代史研究所檔案館
收藏，檔案：061/89003。

《日本占領重要文書第二卷》，東京：日本図書センター，1987復刻。

不著撰人，《在日朝鮮人管理重要文書集（1945-1950年）》，東京：湖北
社，1978。

台灣省行政長公署秘書處，《台灣省行政長官公署公報》，第1卷第1期-第
39期夏字號，1945年12月1日-1947年5月15日。（http://gaz.ncl.edu.tw/
browse.jsp?jid=34240081）

台灣省政府秘書處，《台灣省政府公報》36年夏字第40期-39年多字第77
期，1947年5月16日-1950年12月30日。（http://gaz.ncl.edu.tw/browse.
jsp?jid=79002356）

外務省編，《日本占領重要文書 第二卷》，東京：日本図書センター，1987。

外務省編，《日本佔領及び管理重要文書集 第二集》，東京：外務省，1949。

行政院僑務委員會編，《僑務法規》，台北：台北市文獻委員會發行，1956年。

林清芬編，《台灣戰後初期留學教育史料彙編 留學日本事務（一）（二）》，台北：國史館，2001。

法務省民事局第五課国籍実務研究会編，《新訂国籍・帰化の実務相談》，東京：日本加除出版社，1990。

最高裁判所事務総局渉外課編，《台湾人に関する法権問題》，東京：最高裁判所事務総局渉外課發行，1950。

（二）報紙雜誌

《キング》7月号，1957年7月。

《人民報導》，1946年2月至1946年6月。

《大明報》，1946年9月至1946年12月。

《中央公論》第829號，1957年7月。

《中国公論》創刊號-第2卷第2号，1948年6月至1949年3月。

《中國留日學生報》第5號-第112号，1947年5月1日至1957年3月10日。

《中華日報》，1946年5月至1948年8月。

《中華日報斗争ニュース》第1號-第5號，1949年2月27日-3月13日。

《中華民國留日學生旬報》第1-4號，1947年2月1日-3月30日。

《文藝春秋》1-2月號，1939年1-2月。

《文藝春秋》4月號，1955年4月。

《日中》第2卷第8號，1972年7月；第4卷第1期，1973年。

《世界評論》9月號，1949年9月。

《世界週報》第28卷第8-10號，1947年3月26日-4月9日。

《台生報》第559号，2012年7月25日。

《台湾》第1卷第3号，1967年3月；第1卷第5号，1967年5月。

《台湾公論》第1卷第3号-第1卷第5号，1959年9月至1960年2月。

《台湾民報》第1号-第67号，1956年2月28日至1960年2月28日（多缺號）。

《台灣月刊》創刊號，1946年1月。

《台灣春秋》第3號，1948年12月。

《台灣省民報》第1号-第186号，1973年7月1日至1988年12月30日。

《台灣新生報》，1946年1月至1947年5月。

《民主朝鮮》5月號-7月號，1949年5月至1950年7月。

《民報》，1945年10月10日至1947年3月6日。

《自由朝鮮》第2卷第2號-第2卷第8號，1948年2月-8月。

《和平日報》，1946年8月至1947年1月

《東京華僑會報》第3號-第63號，1951年9月1日至1957年4月11日。

《國聲報》，1946年12月至1947年1月。

《朝日新聞》復刻版，1946年7月至1947年3月。

《華文國際》第2卷第4-5合併号，1948年8月；第9號，1948年9月21日。

《華僑文化》第5號，1949年4月21日；第10號，1949年9月21日。

《華僑民報》第1號-第42號，1949年7月11日至1950年9月4日。

《華僑報》第118號，1958年11月21日；第120號，1958年12月11日。

《新日本文学》第5卷第6號，1950年8月。

《新台灣》第2期，1946年2月；第3期，1946年4月。

《新華報》改題第12號，1952年3月18日。

《讀賣新聞》復刻版，1947年2月至1947年3月。

（三）時人回憶（未出版）

吳修竹，《私の履歴書》，未刊稿，1997。

林文瑞，《私はスパイ！呪われたタクラマカン砂漠新疆建設兵団は土匪団
　　だ！》，東京：自費出版，2009。

林鐵錚，《追憶の旅》，未刊稿，2006。

清華寮OB會編，《清華寮OB會會報（1）》，東京：清華寮OB會自費出版，
　　2002。

蔡玉柱，《記憶を喚起して》，台北：自費出版，2009。

蔡朝炘，《蔡朝炘先生手稿文件集》，未刊稿，2010。

二、專書

P. G. アルトバック（Philip G. Altbach）著，喜多村和之譯，《政治の中の学生——国際比較の視点から》，東京：東京大学出版会，1971。

アジア・アフリカ作家会議日本協議会東京大会議事録委員会編，《アジア・アフリカ作家会議東京大会》，東京：アジア・アフリカ作家会議日本協議会東京大会議事録委員会，1961。

コクサイ友の会文集編集委員会編，《国際新聞の思い出》，東京：コクサイ友の会文集編集委員会，1997。

丸川哲史，《台湾ナショナリズム——東アジア近代のアポリア》，東京：講談社，2010。

大類善啓，《ある華僑の戦後日中関係史——日中交流のはざまに生きた韓慶愈》，東京：明石書店，2014。

小林聡明，《在日朝鮮人のメディア空間——GHQ占領期における新聞発行とそのダイナミズム》，東京：風響社，2007。

山本武利，《占領期メディア分析》，東京：法政大学出版局，1996。

不著撰人，《廖文毅及其活動內幕》，光華出版社編印，1962。

中華会館編，《落地生根——神戸華僑と神阪中華会館の百年》，東京：研文出版，2000。

日本華僑華人研究会編著，陳焜旺主編，《日本華僑・留学生運動史》，琦玉：日本僑報社，2004。

王育徳，《台湾——苦悶するその歴史》，東京：弘文堂，1964。

王育徳著，近藤明理編，《「昭和」を生きた台湾青年》，東京：草思社，2011。

王恩美，《東アジア現代史のなかの韓国華僑》，東京：三元社，2008。

王雪萍編，《戦後日中関係と廖承志——中国の知日派と対日政策》，東京：慶應義塾大学出版会，2013。

內外タイムス社50年史編纂委員会編，《內外タイムス50年》，東京：內外タイムス社発行，2000。

內田直作、塩脇幸四郎編，《留日華僑経済分析》，東京：河出書房，1950。

台灣省行政長官公署宣傳委員會編，《外國記者團眼中之台灣》，台北：台灣省行政長官公署宣傳委員會，1946。

本田善彦，《日・中・台視えざる絆──中国首脳通訳のみた外交秘録》，東京：日本経済新聞社，2006。

永井芳良，《大阪ジャーナリズムの系譜──西鶴・近松からネット時代へ》，大阪：フォーラム・A，2009年。

田中宏，《在日外国人──法の壁、心の溝　新版》，東京：岩波書店，1995。

任育德，《雷震與台灣民主憲政的發展》，台北：國立政治大學歷史學系，1999。

何義麟，《跨越國境線──近代台灣去殖民化之歷程》，台北：稻鄉出版社，2006。

佐藤卓己，《現代メディア史》，東京：岩波書店，1998。

佐藤勝巳，《在日朝鮮人　その差別と処遇の実態》，東京：同成社，1974。

吳圭祥，《ドキュメント　在日本朝鮮人連盟1945～1949》，東京：岩波書店，2009。

吳濁流，《アジアの孤児──日本統治下の台湾》，東京：新人物往來社，1973。

吳濁流，《夜明け前の台湾──植民地からの告発》，東京：社会思想社，1972。

吳濁流，《泥濘に生きる──苦悩する台湾の民》，東京：社会思想社，1972。

呂東熹，〈李萬居與新聞自由──《公論報》在戰後報業發展史上的角色〉，收於氏著，《政媒角力下的台灣報業》，台北：玉山社，2010。

李世傑，《台灣共和國臨時政府大統領廖文毅投降始末》，台北：自由時代出版社，1988。

足立巻一，《夕刊流星号》，東京：新潮社，1981。

林文堂，《台湾哀史——蒋介石と戦い続ける独立運動家の手記》，東京：山崎書房，1972。

林炳耀，《ブキテマ》，東京：大新社，1943。

林景明，《台湾処分と日本人》，東京：旺史社，1973。

林景明，《知られざる台湾——台湾独立運動家の叫び》，東京：三省堂，1970。

林歳德，《我的抗日天命》，台北：前衛出版社，1996。

林歳德，《私の抗日天命——ある台湾人の記録》，東京：社会評論，1994。

林獻堂著，許雪姬主編，《灌園先生日記22》，台北：中央研究院台灣史研究所、中央研究院近代史研究所，2012。

林獻堂著，許雪姬主編，《灌園先生日記24》，台北：中央研究院台灣史研究所、中央研究院近代史研究所，2012。

林獻堂著，許雪姬主編，《灌園先生日記26》，台北：中央研究院台灣史研究所、中央研究院近代史研究所，2013。

松本邦 解說、翻譯，《GHQ日本占領史16 外国人の取り扱い》，東京：日本図書センター，1996。

松田良孝，《八重山の台湾人》，沖繩縣石垣市：南山舍，2004。

法政大学大原社会問題研究所編，《証言 占領期の左翼メディア》，東京：御茶の水書房，2005。

邱永漢，《邱永漢短編小說傑作選——見えない国境線》，東京：新潮社，1994。

実藤恵秀，《中国人日本留学史》，東京：くろしお出版，1970。

城田千枝子，〈日本華人的公民地位與人権〉，收於陳鴻瑜編，《海外華人之公民地位與人権》，台北：華僑協会総会，2014。

施惠群，《中國學生運動史（1945-1949）》，上海：上海人民出版社，1992。

洪桂己，《台灣報業史的研究》，台北：台北市文獻委員會，1968年。

畑野勇等，《外国人の法的地位》，東京：信山社，2000。

若林正丈，《台湾の政治——中華民国台湾化の戰後史》，東京：東京大學出
　　版会，2008。

宮崎繁樹，《出入国管理——現代の「鎖国」》，東京：三省堂，1970。

高郁雅，《國民黨的新聞宣傳與戰後中國政局的變動（1945-1949）》，台
　　北：國立台灣大學出版委員會，2005。

國分良成等，《日中関係史》，東京：有斐閣，2013。

張良澤、張瑞雄、陳碧奎合編，《高座海軍工廠台灣少年工寫眞帖》，台北：
　　前衛出版社，1997。

張良澤譯，《二‧二八民變》，台北：前衛出版社，1991。

張炎憲、胡慧玲、曾秋美採訪紀錄，《台灣獨立運動的先聲——台灣共和國，
　　（上》（下）》，台北：吳三連基金會，2000。

張恒豪編，《台灣現當代作家研究資料彙編（2）　吳濁流》，台南：國立台
　　灣。

張瑞昌，《啊！日本　平成年間的巨變與羈絆》，台北：INK印刻，2012。

郭承敏，《秋霜五〇年——台湾‧東京‧北京‧沖縄》，那霸：ひるぎ社，
　　1997。

郭煥圭，《台灣的將來——國際政治與台灣問題》，台北：致良出版社，
　　2005。

陳木杉，《二二八眞相探討》，台北：博遠出版，1990。

陳佳宏，《台灣獨立運動史》，台北：玉山社，2006。

陳英泰，《回憶‧見證白色恐怖（上）》，台北：唐山出版社，2005。

陳銘城，《海外台獨運動四十年》，台北：自立晚報，1992。

陳慶立，《廖文毅的理想國》，台北：玉山社，2014。

陳鵬仁，《日本華僑概論》，台北：水牛出版，1989。

曾永賢口述，張炎憲、許瑞浩訪問，《從左到右六十年——曾永賢先生訪談
　　錄》，台北：國史館，2009。

森宣雄，《台湾／日本——連鎖するコロニアリズム》，東京：インパクト出
　　版会，2001。

菅谷明子，《メディアのリテラシー——世界の現場から》，東京：岩波書

店，2000。

菅原幸助，《日本の華僑（改訂本）》，東京：朝日新聞社，1991。

華僑志編纂委員會編，《日本華僑志》，台北：華僑志編纂委員會發行，1965。

絓秀美，《1968年》，東京：筑摩書房，2006。

楊秀菁，《台灣戒嚴時期的新聞管制政策》，台北：稻鄉出版社，2005。

楊威理，《ある台湾知識人の悲劇　中国と日本のはざまで　葉盛吉伝》，東京：岩波書店，1993。

楊國光，《ある台湾人の軌跡――楊春松とその時代》，東京：露満堂，1999。

楊國光，《一個台灣人的軌跡》，台北：人間出版社，2001。

楊逸舟，《台湾と蔣介石――二・二八民変を中心に》，東京：三一書房，1970。

楊肇嘉，《楊肇嘉回憶錄（下）》，台北：三民書局，1970。

過放，《在日華僑のアイデンティティの変容――華僑の多元的共生》，東京：東信堂，1999。

廖文毅，《台灣民本主義（フォモサニズムFORMASANISM）》，東京：台湾民報社，1956。

翟作君、蔣志彥，《中國學生運動史》，上海：學林出版社，1996。

褚斌杰，《中國古代文體學》，台北：台灣學生書局，1991。

閩台通訊社編，《台灣政治現況報告書》，香港：閩台通訊社，1946。

劉さんを守る友人の会編，《日本人のあなたと中国人のわたし――劉彩品支援運動の記録》，東京：ライン出版，1971。

劉智渠述，劉永鑫、陳萼芳記，王陵節譯，《花岡慘案》，北京：世界知識社，1955。

劉智渠述，劉永鑫、陳萼芳記，《花岡事件――日本に俘虜となった中国人の手記》，東京：岩波書店，1995。

鄭宏泰、黃紹倫，《香港將軍何世禮》，香港：三聯書店，2008。

鄭翼宗，《歷劫歸來話半生》，台北：前衛出版社，1996。

歷史教科書在日コリアンの歷史作成委員会編，《歷史教科書在日コリアンの
　　　歷史　第2版》，東京：明石書店，2013。

戴國煇、葉芸芸，《愛憎二‧二八　神話與史實　解開歷史之謎》，台北：遠
　　　流，2002。

薛化元，《《自由中國》與民主憲政1950年代台灣思想史的一個考察》，台
　　　北：板橋：稻鄉出版社，1996。

謝南光，《敗戰後日本眞相》，台北：民報印書館，1946。

藍博洲，《沈屍‧流亡‧二二八》，台北：時報文化，1991。

譚璐美、劉傑，《新華僑老華僑──変容する日本の中国人社会》，東京：文
　　　芸春秋，2008。

讀賣新聞社橫濱支局，《橫浜中華街物語》，東京：アドア出版，1998。

三、論文（專書論文、期刊論文、學位論文）

アンダーソン‧B，關根政美譯，〈「遠隔地ナショナリズム」の出現〉，
　　　《世界》586，1993年9月。

クリスチャン‧ダニエルス，〈雲間の曙光──『明台報』に見られる台湾籍
　　　日本兵の戦後台湾像〉，《アジア‧アフリカ言語文化研究》51，1996。

三谷太一郎，〈まえがき〉，《岩波講座近代日本と植民地アジアの冷戦と脱
　　　植民地化》，東京：岩波書店，1993。

大森實，〈鹿地亘（作家）流浪の祖国革命家〉，收於大森實，《戦後秘史4
　　　赤旗とGHQ》，東京：講談社，1975。

川島眞，〈東アジアの脱植民地化‧脱帝国化〉，收於川島眞、服部龍二編，
　　　《東アジア国際政治史》，名古屋：名古屋大学出版会，2007。

川島眞，〈過去の浄化と将来の選択──中国人‧台湾人留学生〉，收於劉
　　　傑、川島眞主編，《1945年の歴史認識──「終戦」をめぐる日中対話の
　　　試み》，東京：東京大学出版会，2009。

王雪萍，〈留日学生の選択──「愛国」と「歴史」〉，收於劉傑、川島眞主
　　　編，《1945年の歴史認識──「終戦」をめぐる日中対話の試み》，東

京：東京大学出版会，2009。

成露茜，〈另類媒體實踐〉，收於夏曉鵑編，《理論與實踐的開拓──成露茜論文集》，台北：台灣社會研究雜誌，2012。

羽生祥子，〈海外移住大計画〉，《日経マネー》第346号，2011年9月。

何義麟，〈台灣省政治建設協會與二二八事件〉，收於張炎憲主編，《二二八事件研究論文集》，台北：吳三連台灣史料基金會發行，1998。

何義麟，〈戰後在日台灣人之處境與認同──以蔡朝炘先生的經歷爲中心〉，《台灣風物》60：4，2010年12月。

何義麟，〈戰後初期台灣留日學生的左傾言論及其動向〉，《台灣史研究》19：2，2012年06月。

何義麟，〈戦後台湾における日本語使用禁止政策の変遷──活字メディアの管理政策を中心として〉，收於古川ちかし、林珠雪、川口隆行編，《台湾・韓国・沖縄で日本語は何をしたのか──言語支配の言語支配のもたらすもの》，東京：三元社，2007。

何義麟，〈戦後台湾における検閲制度の確立──検閲関連法とその執行機関の変遷を中心にして〉，《Intelligence　インテリジェンス》Vol.14，2014年3月。

吳密察，〈「歷史」的出現〉，收於黃富三、古偉瀛、蔡采秀主編，《台灣史研究一百年回顧與研究》，台北：中央研究院台灣史研究所籌備處，1997。

李光一，〈エスノポリティックス復興の政治的文脈〉，《岩波講座 社会科学の方法 第VII巻 政治空間の変容》，東京：岩波書店，1993。

沈覲鼎，〈對日往事追憶（27）〉，《傳記文學》，第27卷第6期，1975年12月。

和田英穂，〈戦犯と漢奸のはざまで──中国国民政府による対日戦犯裁判で裁かれた台湾人〉，《アジア研究》49：4，2003年10月。

林清芬，〈戰後初期我國留日學生之召回與甄審（1945-1951）〉，《國史館學術集刊》10，2006年12月。

若林正丈，〈台湾の重層的脱植民地化と多文化主義〉，收於鈴木正崇編，

《東アジアの近代と日本》，東京：慶應義塾大学東アジア研究所，
　　2007。

孫安石，〈上海の《亜洲世紀》から見た戦後日本の政治〉，收於大里浩秋
　　編，《戦後日本と中国・朝鮮──プランゲ文庫を一つの手がかりとし
　　て》，東京：研文出版，2013。

張炎憲，〈戰後初期台獨主張產生之探討──以廖家兄弟爲例〉，收於二二八
　　民間研究小組編，《二二八事件研討會論文集》，台北：二二八民間研究
　　小組，1992。

清河雅孝，〈（研究ノート）日本における台湾人の国籍表記に関する法的問
　　題──台湾人のアイデンティティの確立を中心として〉，《産大法学》
　　40：03/04，2007年3月。

許育銘，〈戰後留台日僑的歷史軌跡──關於澀谷事件及二二八事件中日僑的
　　際遇〉，《東華人文學報》7，2005年7月。

許瓊丰，〈在日台灣人與日本神戶華僑的社會變遷〉，《台灣史研究》18：
　　2，2011年6月。

許瓊丰，〈戰後日本華僑社會重組過程的研究──以在日台灣人與神戶華僑社
　　會爲中心〉，日本兵庫縣立大學經濟學研究科博士論文，2009。

郭譽孚，〈東京澀谷事件與其時代──被犧牲在美蘇冷戰中一段當代台灣
　　史〉，收於氏著，《自慯的主體的台灣史》，台北：汗漫書屋籌備處，
　　1998。

陳来幸，〈神戸の戦後華僑史再構築に向けて──GHQ資料・プランゲ文庫
　　・陳德勝コレクション・中央研究院 案館文書の利用〉，《海港都市研
　　究》5，2010年。

陳来幸，〈戦後日本における華僑社会の再建と構造変化──台灣人の台頭と
　　錯綜する東アジアの政治的歸属意識〉，收於小林道彦、中西寬編，《歷
　　史の桎梏を越えて──20世紀日中關係への新視点》，東京：千倉書房，
　　2010。

陳昱齊，〈國民黨政府因應海外台獨運動之組織建置──1950年代至1970年代
　　初期〉，《台灣史料研究》42，2013年12月。

陳昱齊，《國民黨政府對美國台灣獨立運動之因應（1961-1972）》，台北：
　　國立政治大學台灣史研究所碩士論文，2011。

陳慶立，〈廖文毅在日台獨活動與國民黨政府的對策〉，《台灣風物》63：
　　2，2013年6月。

渋谷玲奈，〈戦後における「華僑社会」の形成──留学生との統合に関連し
　　て〉，《成蹊大学法学政治学研究》32，2006年3月。

湯熙勇，〈日本東京澀谷事件的發生及國民政府的交涉──戰後台灣人與日本
　　警察衝突的個案研究（1946-47）〉，《東亞歷史轉型期中的台灣：紀念
　　馬關條約110週年暨台灣光復60週年國際學術研討會》，台灣國際學會籌
　　備會主辦，2005年10月23-24日。

湯熙勇，〈恢復國籍的爭議──戰後旅外台灣人的復籍問題（1945-
　　1947）〉，《人文及社會科學研究集刊》，17：2，2005年6月。

楊子震，〈「中国人の登録に関する総司令部覚書」をめぐる政治過程──戦
　　後初期日台関係への一考察〉，《現代中国》86，2012年9月。

楊子震，〈中國駐日代表團之研究──初探戰後中日、台日關係之二元架
　　構〉，《國史館館刊》19，2009年3月。

楊子震，〈帝国臣民から在日華僑へ──渋谷事件と戦後初期在日台湾人の法
　　的地位〉，《日本台湾学会報》14，2012年6月。

廖赤陽，〈在日中国人の社会組織とそのネットワーク──地方化、地球化と
　　国家〉，收於游仲勳先生古希記念論文集編集委員會編，《日本における
　　華僑華人研究游仲勳先生古希記念論文集》，東京：風響社，2003。

廖振富，〈猶有宿根摧未了，春來還可競芳菲──與「二二八事件」相關之台
　　灣古典詩內涵析論〉，中正大學主辦《張達修暨其同時代漢詩人學術研討
　　會論文》，2005年6月25日。

鶴園裕基，〈日華断交期における「僑務問題」──分裂国家の外交危機と在
　　外国民〉，《次世代アジア論集》7，2014年3月。

四、西文文獻

Anderson, Benedict. "*The New World Disorde*." *New Left Review*, No.193, 1992.

Atton, Chris. *Alternative Media*, London: Sage Publications. 2002.

Han, Eric C. *Rise of a Japanese Chinatown: Yokohama 1894-1972*. Cambridge, MA: Harvard University Asia Center Press 2014.

Rothschild, Jeseph. *Ethnopolitics: A Conceputal Framework*. New York: Colombia University Press 1981.

五、其他（工具書、資料庫、網頁、影視資料）

可兒弘明、斯波信義、游仲勳編，《華僑・華人事典》，東京：弘文堂，2002。

周南京主編，《世界華僑華人辭典》，北京：北京大學出版社，1993。

張炎憲編，《二二八事件辭典》，台北：國史館，2008。

郭亮吟導演，《綠的海平線──台灣少年工的故事》（台北：智慧藏學習科技，2007）。

《台湾の声》（バックナンバー一覧）。URL：http://www.geocities.jp/taigu_jp/koe/。

日本法務省入國管理局網頁。URL：http://www.moj.go.jp/nyuukokukanri/kouhou/nyuukokukanri04_00030.html。

日本國會圖書館憲政資料室「プランゲ文庫」：URL：http://www.ndl.go.jp/jp/data/kensei_shiryo/senryo_prange.html。

國家發展委員會檔案管理局URL：https://aa.archives.gov.tw/index.aspx。

台灣省議會史料總庫URL：http://ndap.tpa.gov.tw。

聯合知識庫URL：http://udndata.com。

索　引

事項索引（依筆劃順序）

人名索引（依姓名筆劃順序）

國家圖書館出版品預行編目資料

戰後在日臺灣人的處境與認同／何義麟著
－－初版. －－臺北市：五南圖書出版股份有
限公司，2015.03
　　面；　公分. －－（台灣BOOK；11）
　ISBN 978-957-11-8020-5（平裝）
　1.華僑　2.國家認同　3.日本
557.231　　　　　　　　　104001621

台灣BOOK　11

1XAK　戰後在日台灣人
　　　　的處境與認同

作　　　者 ― 何義麟（49.4）

總 經 理 ― 楊士清

總 編 輯 ― 楊秀麗

副總編輯 ― 蘇美嬌

校　　對 ― 許宸瑞

封面設計 ― 童安安

出 版 者 ― 五南圖書出版股份有限公司

發 行 人 ― 楊榮川

地　　　址：106台北市大安區和平東路二段339號4樓

電　　話：(02)2705-5066　　傳　　真：(02)2706-6100

網　　　址：https://www.wunan.com.tw

電子郵件：wunan@wunan.com.tw

劃撥帳號：01068953

電　　話：(07)2358-702　　傳　　真：(07)2350-236

法律顧問　林勝安律師事務所　林勝安律師

出版日期　2015年 3 月初版一刷
　　　　　2022年12月初版二刷

定　　價　新臺幣350元

經典永恆・名著常在

五十週年的獻禮——經典名著文庫

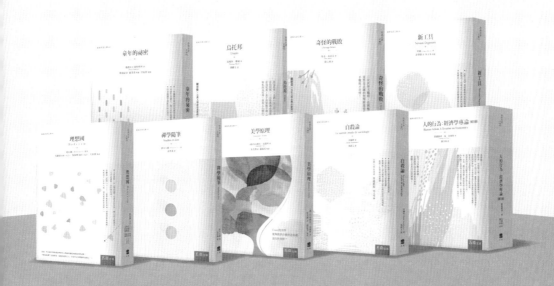

五南，五十年了，半個世紀，人生旅程的一大半，走過來了。

思索著，邁向百年的未來歷程，能為知識界、文化學術界作些什麼？

在速食文化的生態下，有什麼值得讓人雋永品味的？

歷代經典・當今名著，經過時間的洗禮，千錘百鍊，流傳至今，光芒耀人；

不僅使我們能領悟前人的智慧，同時也增深加廣我們思考的深度與視野。

我們決心投入巨資，有計畫的系統梳選，成立「經典名著文庫」，

希望收入古今中外思想性的、充滿睿智與獨見的經典、名著。

這是一項理想性的、永續性的巨大出版工程。

不在意讀者的眾寡，只考慮它的學術價值，力求完整展現先哲思想的軌跡；

為知識界開啟一片智慧之窗，營造一座百花綻放的世界文明公園，

任君遨遊、取菁吸蜜、嘉惠學子！